我的思辨人生

李永进／著

安徽师范大学出版社
·芜湖·

图书在版编目(CIP)数据

我的思辨人生 / 李永进著. — 芜湖:安徽师范大学出版社,2018.10
ISBN 978-7-5676-3494-7

Ⅰ.①我… Ⅱ.①李… Ⅲ.①李永进—自传 Ⅳ.①K828.27

中国版本图书馆CIP数据核字(2018)第089474号

我的思辨人生
WO DE SIBIAN RENSHENG

李永进◎著

责任编辑:王一澜
装帧设计:张德宝
出版发行:安徽师范大学出版社
　　　　　芜湖市九华南路189号安徽师范大学花津校区
网　　　址:http://www.ahnupress.com/
发 行 部:0553-3883578　5910327　5910310(传真)
印　　刷:江苏苏中印刷有限公司
版　　次:2018年10月第1版
印　　次:2018年10月第1次印刷
规　　格:700 mm ×1000 mm　1/16
印　　张:16.75　插　页:6
字　　数:250千字
书　　号:ISBN 978-7-5676-3494-7
定　　价:52.00元

精心办学

贺永进小辩左初著出版

工面六尹为书 王家琰志

著名书法家王家琰同志为本书出版题字祝贺

作者照片

作者所获证书

序

每个人都有自己的故事，每个故事都有不同的特点。记录这些故事，分析其中的特点，找出自己与众不同的地方，找出自己有特色的正面第一和明显的反面第一，即找出自己曾经有过的正反两方面的第一，不仅对自己而言是很有趣的一件事，而且对别人也很有可能会有一些关于学习、工作、生活等方面的启迪和帮助。

一、成长阶段

我7周岁多才上小学，在小学早期还转过一次学。新的小学规模不大，每个年级只有一个班。从小学的后半段开始，我在学校的影响有了进一步提高。在小学的最后一年——五年级的时候，我在学校的总体影响已是全校的第一了。

我读中学时，每个年级有四个班。我读初中时担任班级班长，高中任班级团支部书记。当时，在学校影响相对较大的班级算是我们班，我的总体影响应是学校的第一或是并列第一。我参加高考时，原本计划报考大学体育专业，最后报考的是大学理科本科，结果总分还是差了30多分，没考上大学理科本科。同年，我的哥哥通过复习考取北京大学文科哲学系，这给我带来了不小的影响。

中学毕业之后，我待业复习和补习文科一年。中学时，我的数学成绩在班级一直是第一，加上我对地理有很浓厚的兴趣，以及受哥哥考取北京大学文科的影响，所以我最终改报大学文科本科了。这一年中，我的学习总成绩确实有了一定的提高，尤其是数学和地理成绩特别好。最终，我于1980年考上了我自己十分满意而且是本省一流综合性的大学文科本科经济系政治经济学专业。

走入大学，我以前体育和数学的较好基础在学习中得到了很好的体现。我大学学习的总体成绩在班上虽然是倒数一至三名，但是我的大学体育、高等数学以及高等统计学这三门课的成绩在本班级、本专业以及全系的同年级学生中特别优秀，高等数学还考过第一名，而且后两门课还是大学所学的一般公认的最难的两门课。当时，我就已经有了一些点子和创意，这为以后打下了一定的基础。我对体育的兴趣一直保持到现在，我对数学的兴趣还令我后来购买了不少数学方面的书籍，前面所讲到的我对地理的兴趣也一直保持到了现在。数学的抽象思维对我后来撰写宏观综合经济等有关方面的论文起到了很好的作用，我对体育、地理以及天文方面的兴趣对我后来参加北京2008年奥运会开幕式、闭幕式创意方案征集等活动的成功也起到了重要的作用。

二、工作时期

工作与快乐紧密相连，一分耕耘，一分收获。不仅我父母的家和我的大学都在省城，而且就连我的工作单位也在省城。1984年7月工作以来，我早期积极备课，在本单位所属的职业培训学校比较顺利地完成了一年多的政治经济学代课任务。之后，单位内部调整了工作。1985年下半年，我比较顺利地完成了我人生中的第一篇经济论文，并得到了领导的肯定。随后，这篇文章在省级刊物很靠前的版面上发表了。之后的15年，我又主要在省级以上刊物和报纸上发表了关于通过长江内河运输发展大力促进东引西伸工作（1986年发表）、经济理论超前研究（1988年发表）、建立经济预警系统（1989年发表）、粮食转化（1990年发表）等十分有思想、有观点的经济论文近20篇。大约同一时期，我还在有关刊物和报纸上发表了20多篇也几乎是经济方面的思想、观点同样比较新颖的论文。

在工作中，由于我特别认真、特别细心，一些工作尤其是服务工作做得特别好，我曾先后获得过一些自己满意的荣誉称号。另外，我工作方面的综合服务水平，在全市、全省甚至在全国都有可能是一流的。

在工作的后半段时间中，我还积极、主动地参与社会活动。我先后参加了北京2008年奥运会开幕式、闭幕式创意方案征集活动，2008北京奥运会火炬接力合肥市传递路线方案征集活动，合肥市政务文化新区道路等有关命名活动，并都获得了很好的荣誉证书。

三、其 他

幸福的生活离不开创造，美好的人生少不了追求。业余时间，我经常为别人出点子和帮忙，为几个人找到了令他们满意的工作；还为几个人出谋划策并为他们在我所在的省城开办了一流的歌舞娱乐公司和美容培训学校；等等。点子多和方法多是我最大的特点。

在这段时间中，我还有一些极有趣的经历和收获。比如，在20世纪90年代早中期的股票成功操作；90年代中晚期的债券收益精准测算与买卖；2003年8月份前后，我在省城步行街附近的黄金地段帮助朋友开办的一个大约有10个员工的小门面至今好像没有亏损过，其效益比我们想象得更好、比预期得更好。

我们全家十几个人因为受我父亲的影响，除一人之外，其他人都是或当过教师——我们家是省城比较有名的教师之家。就是我本人也有数百个所谓的"奇谈怪论"和好玩的"癖好"，这些应该都是不常见的。其中，我对"鸡与蛋"先后关系的理解和对天文方面的有关猜想，则更应该是独一无二的。

我在大姐、哥哥、小姐的小孩培养上也动了不少脑筋。比如大姐的小孩是女孩，她特别优秀。可以说，她在小学、初中、高中的每次考试中都是省城的第一名，在北京大学本科学习期间每年又是班级的第一或学校的并列第一。她是北京大学毕业的硕士研究生，在北美硕博连读毕业后，现在香港科技大学担任教师。我哥哥的小孩也是女孩，从省城并列第一的一所中学（八中）毕业，大学本科毕业之后现在省城的省级重要单位工作。我小姐的小孩是男孩，现也在香港科技大学工作，其新婚爱人则是北京大学的博士毕业生。这样一来，我们兄弟姐妹四家中包括我哥哥在内就有3个人是北京大学毕业的了。

我爱人读书时的学习成绩也是很好的。她读初中时，是省城并列第一的一所中学（六中）的第一名。她读高中时，她的语文成绩是合肥一中的第一名。后来，她从本省师范大学毕业后成为省城教育科研领域的年轻专家，同时也是幼儿教育方面的专家。她曾主编并公开出版了有国内外相关学科专家参加的国家级教育创新课题子课题幼儿方面的小班、中班、大班全套教科书36册和教师指导用书6本（每本大约有40万字），共计42册（本）。

我本人将来很想给自己一个概括性的总结，这就是：有点与众不同，有点曾经第一，有点思想、有点狂想，有点奇才、有点天才，仅仅是几个"有点"而已，因为每一个人都有或多或少的智慧。

在业余时间，我也有几个宏大的梦想。比如我的"三永梦想"，即：一是"永动机"的发明梦想，这个梦想已经有30年了；二是"永进牌"人人需要的生活工具发明梦想，这个梦想已经有15年了；三是"永恒宇宙"的探索梦想，这个梦想也已经有15年了。

从20世纪90年代初期开始，我就有了写这本书的想法。但当时的写法与现在的写法有很大的区别，当时的书名与现在的书名也有区别。当时的书名是《我的与众不同》或《学会思考》，副标题为"青年实用方法入门"，准备用"方法论"的手法写。而现在的书名一开始是《独一无二——我的与众不同和我的曾经第一》，并改用"讲故事+评论"的手法写了，其中的一些思想和观点可能还有点接近"叹为观止"，所以更有可能值得读者一看。本书最后确定下来的书名则是《我的思辨人生》，还去掉了原先的副标题。

　　我知道自己是一个很普通的人，如果这本书能写成和出版的话，可能会受到一些对励志、综合、社科以及传记等方面图书感兴趣的读者尤其是学者或经济学专家的喜爱，这样我就很满意了。由于我的记忆力不好，文中用了一些"好像"、"大约"之类的词，另有少许精彩故事不宜写进或不宜细写，还有极少的内容前后有点相似，在此都需要说明一下。

　　下面，让我们看一看我的故事到底有什么与众不同的地方，到底有什么"所谓第一"或"曾经第一"的地方，又有怎样的"评论"，然后让我们再找一找其中哪些是正面的第一、哪些是反面（负面）的第一，争取使大家能从中受到有益的启迪和真诚的帮助。

二〇一六年八月初

目　录

第一部分

我的小学、中学、高考补习和大学

我兄弟姐妹四人，两男两女，大姐比我大11岁，哥哥比我大5岁，小姐只比我大2岁。我1961年上半年出生，属牛。我记忆中有比较清晰印象的第一件事应该说就是1964年前后那场大约有一尺深的大雪了，当时我们全家就住在省城北郊5里开外北五里井一所中学里的比较破旧的平房里。几年之后，"文化大革命"开始了，我父亲成了我们省城教育系统受到冲击最大的人之一，这对我们的影响也是不小的。

一、小　学

1968年9月，我已7周岁多，才开始上小学，是家里上学最晚的一个，这要比前面三人上小学晚了一两岁，所以我的年龄在小学、中学乃至大学都要比同班大多数同学略大一点。我们家住在城北，这所小学也在城北，我们家离学校却有一点远。后来听说，这所小学当时就是全市比较大的一所小学，直到今天还很有影响。我在这所小学只上了一年半的时间，之后就随父母工作的调动而转了学校。

新的小学在城南，是一所工厂子弟小学，学校规模很小，每个年级只有一个班，全校学生加在一起只有两三百人。班主任黄老师当时好像有40多岁，对我们特别关爱，我们这些小同学时常叫她妈妈，这是我记得最早的一位老师。

评论：我认为，当今小孩的父母普遍希望自己的小孩早半岁或早一岁上学，这一想法有好的一面，也有不好的一面。据我了解，其负面的作用主要体现在小孩的心理上、自信上和成长的机会上，就是在学习的理解能力上也存在着看得见的差距，容易造成"小同学"依赖"大同学"，"小同学"感知能力不如"大同学"以及"小同学"的成长锻炼机会没有"大同学"多。因此，早一点上学的想法未必正确，效果未必就好。

随后两年左右的时间中，还有两件事我记得比较清楚。一件事是一陈姓男同学送给我大约10张好像都是"文革"方面的邮票，他还在每一张邮票的背面都写上了他自己的名字。很遗憾的是，这些邮票现在一张都找不到了。另一件事是一次上体育课时，我们这些男同学在踢足球时有一同学腿部骨折，但不知道是什么原因或是哪个同学造成的，最后讲来讲去由我承担了责任。可以说，这是我第一次遇到的较大误会，但从一个侧面也反映出我当时就已经很老实。

在小学的四、五年级尤其是在最后一年——五年级中，我的乒乓球水平得到了较快的进步。再加上在转到城南这所新学校之前，我哥哥就已经带着我在城北练打乒乓球了，搬到城南之初，我周围基本上还没有什么人在打或会打乒乓球。所以，大约是在五年级的时候，我有幸代表学校参加了好像至少是全市化工系统的学校在合肥二中举办的乒乓球比赛。我在小学组的第一场比赛中赢了对方，但在第二场比赛中输了，并被淘汰了。但是总的来看，这仍然算是我人生中在体育运动方面的第一次尝试，并为我后来爱好体育打下了基础。

我已记不清楚小学早期的学习成绩了，只记得到了小学的五年级时，我的总成绩在班上最多可以算是较好的几人之一，但是我没有哪一门课的成绩特别好，所以那个时候，学习总成绩以及单科成绩好像都不是我的"最强项"，只是我的总影响应该是学校第一。

还是在小学的最后一年，学校进行了"红小兵"学校大队长的推选，最终我被推选为学校的大队长，我真正的起步、真正的成长应该就是从这个时候开始的。

大约在我被推选为学校的大队长之后不久，好像至少是全市的化工系统召开过一次年终表彰会，我作为子弟小学的一名代表参加了这次大会。在我的印象中，这次大会比较隆重，至少有三百人参加，中午好像还留了大家吃饭。

这已经是1973年年底前后一段时间的事了，当时是冬季毕业，眼看我们很快就要毕业离校，但是我好像还没有怎么"上任"，我的大队长职务就逐步由低一年级的中队长（班级的叫中队长，小组的叫小队长）代干或接任了。

　　另外，我读小学的时候，秋季入校的学生夏季毕业改成了春季入校的学生冬季毕业，我们在二年级的时候多上了半年，所以我们上了五年半的时间。一直到现在，我们还有好几位小学同班同学能够经常联系，有的时候还能够聚上一次。

二、中　学

新一年的春天，我进入了城南我们那一片唯一的中学。这所中学当时是五年制，每个年级有4个班。当时，我们是不需要经过考试而是按照划片的规定就近直接升入了中学。这所中学大约是在20世纪60年代底建的，早期校园面积还较大，七八十年代靠南边的一块地划给了当时的一所新的学院。现在，这所学院已成为一所大学，至今两所学校仍然只是一墙之隔。

(一)初　中

升入新的学校，我被分到初中一年级四个班中的第二个班。在我们班上，一开始一个年龄比较大的同学当我们的班长，这个班长带领同学干了两三个月的时间。后来，很快就由我这个副班长担任了班长。在这四个班中，好像我们这个二班的影响从进校以来就一直要略好一点。

在我们学校很有名气的一位张老师给我们一、二两个班代数学课。张老师是一位男教师，身材比较高大，当时只有30岁出头，好像是南开大学数学系毕业的高才生，不仅口才好，字写得好，课代得好，还与我们这些学生相处很好。我们这两个班整个中学阶段的几乎所有数学课都是张老师一个人为我们上的，我的数学成绩很好主要应该感谢张老师。张老师上的课，我几乎没有听不懂的。

有一次，张老师讲到一个著名的三视图，主视图、俯视图都是"回"

字形，张老师叫我们回答"左视图"是什么。结果，我很快就回答了出来。后来，我才知道我回答的只是正确答案中一个最常见的答案，又过了10多年，我有幸买到专门写这一类趣味题的科普书，这才最终知道其全部的合理答案共有100多个。张老师后来成了全市有名的教师之一。我的数学成绩应该说就是从这个时期开始得到了很快提高。在整个初中阶段，我实际上也只有这一门课的成绩是自己十分满意的，并保持了下来。

评论：我认为，要成为一个合格的好老师，知识水平和人格魅力一样不能少。像张老师这样的好老师，能给学生带来启迪和帮助，不仅是学校的一面旗帜，而且对学生的影响很大。张老师是我们最尊敬的老师之一。

初中的后一两年中，有一位比我大两三岁的男同学病重期间跟家人说很想见见班长，但他没能如愿就永远离开了我们。后来，他的妈妈来到学校向班主任说起这件事，因为我当时就在旁边，班主任对他妈妈说我就是班长。直到那时，我才知道这件既特别感人，又特别悲痛的事。

大概是在我上初三的时候，学校举办过一次乒乓球比赛。当时初中和高中是不是分开进行比赛的，我现在已经记不清楚了。我参加了比赛，最终我的成绩好像是第五名或第六名，这有可能是全校的名次，也有可能只是初中部分的名次，是否给前几名发了奖，我也记不住了。我对体育的爱好，应该说就是从打乒乓球开始的。

1976年，我们国家不仅先后失去了三位伟人，还先后发生了三次灾难性的大地震，其中包括大家都知道的唐山大地震。我国著名地质学家李四光预测的我国四个大地震中，只有我们合肥所在的地震带还没有发生地震。但当时合肥的大街小巷已到处都是防震棚，合肥有关中学根据上级要求积极行动，并好像在东、南、西、北四所中学各建立了地震测报站。我有幸成了我所在中学由学生兼任的几名地震观察与测报人员（简称"地震测报员"）之一。这是我第一次参与社会工作，每值班一天有两角钱的补助，这也是我第一次通过劳动获得报酬，学校的地理老师一直带着我们干了一年多的时间。这位地理老师，就是在我们学校很有影响的杨老师。后来，我还旁听过杨老师教的高考地理课，这对我影响很大。

记得有一次，我们正在挖一个埋设地震测报"地极"的深洞时，正当我们两三个同学挖到大约2米深、虽快见底但还需要同学轮换的时候，一个同学突然从上面洞口提前把铁锹甩了下来，而且正好从我一只脚的后跟主筋上划出了一道约2毫米深的伤口，虽然不是很严重，但是如果再深几毫米的话，那就十分严重了，我可能就永远站不起来了，这是我至今遇到的最危险的一件事。

评论：这件事虽然不是因为我"调皮"造成的，但是"调皮"一些也并不是一无是处。我的哥哥就曾经发生过好几次很危险的事，他小时候和很年轻的时候都十分"调皮"，我们常说，"调皮"的小孩一般比较聪明，他后来考上了北京大学。我幸亏后来也考取了大学，不然这次与"调皮"的"无缘"就有可能变成以后与"不聪明"的"有缘"了。

初三的时候，由于春季毕业改为夏季毕业，初三上了三个学期，上了一年半的时间。当时我们与其他三个班的同学联系还不多，一般只是在同班同学中交往，而且我与同班同学的关系都很好。现在，我们四个班的同学经常在一起聚会了。

初三快毕业的时候，由于一部分同学退学，好像最后一个班并到了我们前面的三个班中，大概就在那个时候，班上的学生干部进行了调整。调整后，我担任了班级团支部书记的工作。

（二）高　中

直到1977年9月，我升入高中，班级的学习氛围仍然很不浓。但时间不长，只过了一两个月，班上的同学就很快发生了大的变化，其主要表现在两个方面。

一个是现在大家普遍都知道的原因，这就是1977年我们国家恢复了高考。当时恢复高考的消息好像是在当年九十月份公布的，紧跟着就是报名以及复习，年底就完成了考试，第二年的春天学生就入学了。这就是我国恢复高考后第一年的大致情况。

　　另一个就是学校的学习氛围越来越好了，恢复高考对当时中学的影响很大，尤其是对高中的影响更大。我记得我们从那个时候起，在之后一年多的时间内先后进行过文理分班、班级调整，因为当时有时是本科、大专、中专分开报考，有时好像又是"一条龙"报考的，而且文科、理科当然是分开报考的。当时我大部分时间是在二班，且属于理科班。从那个时候起，学校的学习气氛就一天比一天浓厚了。

　　不像其他的课，我们的数学课不仅一直上得比较好，而且这时我们的成绩还有了提高。还是张老师代我们的数学课，他在课堂上认真给我们讲课，给我们布置课后作业，课后还经常带着爱好数学的同学做一些比较难、比较有意义的题目。我记得，数学书上的个别印刷错误（包括公式方面的错误）有时也能被我发现，有时去掉书后面练习题中的个别"已知"，我也能做出这道题目来。

　　大约是在1977年年底或1978年年底的时候，张老师曾带着我们几位数学成绩比较好的同学参加了在四中举办的有全市各学校学生参加的数学竞赛，这进一步提高了我们学习数学的兴趣。前几年，我听当年参加竞赛的一位同学说，我们几位同学当时合了影，他还保留着照片，但我一点都没有印象了——我的记忆力确实不够好，甚至可以说很差，这是我的特点之一。我一般情况下只是本班级数学最好的一个，其他班级还有三四位或四五位同学的数学要比我好一点。在张老师和我们几位同学的影响下，班上同学学习数学的热情空前高涨。后来听说，张老师被调到一所同一教育系统内部的中专学校当负责人去了。

　　虽然整个学校学习的气氛增加不少，但是学生学习成绩的提高很难一蹴而就，这少不了循序渐进的过程，尤其像语文这门需要平时不断积累的课程更是如此。

　　我的语文成绩是我所有成绩中最不好的，而且十分不好。记得高二的时候，我在一次语文综合测试中只得了19分，这不仅好像是全班的倒数第一，而且是我记得的有史以来最差的一次。不过，这很快就有了天翻地覆的"改变"——在后来的一次测试中，我居然得了91分的高分，而且好像是全班的第一名，老师还在课堂上宣读了我的成绩。不过，我相信语文老师肯定应该知道其中的原因，这就是我家住在学校里面，考前我就从校园里搞到了这份好像是外省的试卷并认真做过一遍（我的小姐姐语文成绩很好，她给了我不少帮助），那个时候社会上能搞到的复习试卷不多，这试卷又正好被我们语文老师选中了，我的父亲当时还是学校的主要负责人，所以老师宣读了我的分数，而且好像也没问我其中的原因，我当时好像也没想到要向老师解释一下。

评论：从很差的成绩一下子就变成了很好的成绩，一般是不太可能的。遇到这种情况，我们往往要认真考虑"事出有因"。所以，我们要想提高自己的学习水平，少不了平时的努力和长期的积累。

在整个高中阶段，我一直担任班级主要学生干部，虽然中间有过两次分班与并班，但总体上我是二班的学生，二班是我们年级里相对较好的一个班级。我具体担任的是班级的团支部书记。那个时候，只有极少数特别优秀的学生才能加入中国共青团，我们班级两年中只发展了几个团员。总的来看，在中学整个五年半（包括延长半年）的时间尤其是高中的两年时间里，我从在初中担任班长到改任高中担任团支部书记以来，还是为同学做过一点事情的。当然，高中时我们班的班长以及其他班的一两名班长或书记在各自的岗位上也做了一些工作。

那个时候，我父亲正好是我们学校的主要负责人。父亲除了能把本校管理好之外，有时还代一些历史、语文等课。父亲在合肥市教育系统有一定的影响。20世纪50年代的前期或中期，他在合肥师范学校工作，他的许多学生后来都成了合肥有关学校以及政府部门的领导。1957年年底，他作为安徽省教育界的唯一代表，作为安徽工会代表团（只有二十多人）的一名成员，光荣地参加了全国工会第八次代表大会（当时全国教育界好像只有三人参加了这次大会），毛泽东主席等有关中央领导亲自参加了这次大会。父亲回来之后在教育界还专门做过报告。他在教育界有一定的影响，所以在"文革"中受到的冲击也是较大的。父亲先后在合肥师范学校以及北门一所中学、南门一所中学、东门两所中学共五所学校工作过，并是后四所中学的主要负责人。其中，父亲最后工作过的一所中学，当时学校培养了所提方案被美国航天飞机实验选中的章同学，担任过中央电视台主播的计同学等优秀学生，父亲还做了创办当时全省第一家天然彩扩部等比较有影响的工作。

我们的老家在安徽省的寿县，20世纪50年代的早期举家来到了省城合肥。受父亲的影响，我们全家人以及和我们来往较多的叔叔、婶婶、舅舅、舅妈和堂伯父的大侄女十五人中，共有十四人是教师或曾经在学校工作过，现在又增加了两人，即我的两个姐姐的小孩——他们目前都在香港科技大学工作。我们家应该是合肥市教育系统比较有影响的教师之家。

20世纪70年代中期，我父亲一篇有影响的文章发表在《安徽日报》的头版头条上。大约在80年代，父亲在《合肥晚报》上发表了歌颂合肥的三十篇左右的古诗古词。父亲在有关报刊上也发表了一些诗词以及文章。

父亲先后出版了《合肥百咏》、《寿春新咏》、《教坛春秋》、《百官道德》、《唐人七绝选扩为律》五本书，其中写的对诸葛亮历史地位的重新认识，给我的印象最深。他认为应该重新评价诸葛亮在我国整个历史发展中的地位和作用：诸葛亮不仅没有推动历史的发展，而且阻碍了历史的发展，阻碍了国家的统一。当时，曹操属于先进势力和代表，北方统一南方是大势所趋，所以现在看来诸葛亮应该是历史的罪人，应该重新评价。诸葛亮应该投奔北方的曹操，那他的历史地位和作用将会大不一样。这是只讲义气不讲大方向造成的，从而他最终没能走出历史的局限性。

评论：我父亲身材比较高大，记忆力超人，工作能力和知识水平相对较好。父亲时常有一些独特的见解，而且在更早的时候就已经对晚清合肥人李鸿章的洋务运动给予了高度的赞许，《合肥晚报》的《教育视线》专栏和合肥电视台曾经专门采访和介绍过他。他对我们的要求很严，对我们的影响尤其是对我的影响应该最大。

高二的时候，我第一次参加了全校的运动会。我报了标枪、手榴弹，可能还报了铅球以及铁饼等运动项目。我的标枪投掷了41米多，名次很好并获得了奖励，手榴弹等项目好像也获得了奖励——其实我只有中等身材而已。

在那之前，我就开始喜欢体育，而且从这个时候起更加喜欢了。高二毕业时，我最想报考的志愿就是体育方面的，好像当时自己填报了体育专业但是随后又换掉了。后来，我回忆和分析，即使报了体育，考上的可能性也不大。在家人和朋友的建议下，我最终改报理科了。

当时，对大多数参加高考的同学来说不是报考理科，就是报考文科，报考体育和艺术的不多。我的学习总成绩并不是特别优秀，只是较好，像这样的情况在当时一般报考的普遍是理科，另外一些比如爱好文学、爱好文科和理科成绩不理想的同学一般则报考了文科。这就是那个时候的"学好数理化，走遍天下都不怕"对我们的影响。

为了提高学习成绩，我一方面仔细听课，另一方面认真做练习题（那个时候就有"题海战术"了）。复习参考书和习题集不仅不像现在印得这么好，而且就是搞到手都成问题。1979年我省高考的物理复习参考书共有四百面左右，是合肥一中孙老师编写的。孙老师不仅是合肥一中，而且应该是全省一流甚至第一的物理教师。他是我父母的熟人，我父母更是他和他爱人的红娘。所以，这本书刚印出来没多久，我就有了一本。全省第一的物理老师孙老师还从他家经过几里的路程到我家，专门为我辅导了不少次功课。孙老师后来还成了合肥一中的"一把手"。

恢复高考后第一年的考试是在冬天进行的，时隔半年就在第二年的夏天进行了第二次高考，夏天高考的这一模式一直延续到了现在，所以我们参加的1979年高考是恢复高考后的第三次高考。

1979年的高考时间与上一年一样，还是7月的7、8、9三天。这一年，我报考的是理科，考场好像在合肥的四十八中，总共考语文、数学、物理、化学、政治和外语（英语）6门课，前5门都是百分制的试卷，只是英语是按照成绩的30%计入总分的，所以满分只有530分。我的语文水平一直不好，考得比想象得还差，只有24分；数学比较满意，得了64分；物理一般，得了55.5分；化学一般，得了31.5分；政治差了一点，是52分；英语13分，按照30%计算只有4分，所以6门成绩合计是231分（含英语4分）。当年本科的理科分数线应该是262分或264分，结果我差了30多分没能考取本科。我为什么没上大专或中专，现在已经记不清楚了，好像是受那年本科、大专、中专各自分开报名这一主要因素影响的。

评论：分析没考取的原因，我认为其原因不在"数、理、化"三门，这三门课的得分虽然不高，但是也没有失分；真正原因应该是语文和政治这两门课分数不高。从中可以看出，我的"数、理、化"这三门课的基础还是比较不错的。

我兄弟姐妹四人中，我的记忆力最差，这在很大程度上造成了我的语文和政治成绩不好。当年的语文，一般较好一点的同学能考到50分以上，政治能考到60分左右，一般同学比较怕的是"数、理、化"这三门，且大家普遍不怎么会英语，而我在语文和政治这两门课中却多失了35分左右，这就最终造成了我第一年没有考上大学本科。

当年我们学校一两百名考生中，好像至少有好几名以上的同学在校成绩比我的要好。当年，高考本科、大专甚至包括中专好像都是分开报名的，但是试卷和考试好像是统一的，结果报考本科的同学中，只有一人考上，报考大专的只有两人考上，且三人都是理科，还有一二十人考上了中专。不论当时如何，我们现在仍然还有不少的同学能够时常相聚和联系。

三、高考补习

对大部分同学来讲，上一年没有考取大学是否再考或打算通过补习再次参加高考是一个比较困难的问题，因为那个时候不论如何努力考取的可能性都不大。所以，不参加补习就考取的可能性就更小了。然而，我参加补习再次参加高考的决定是很容易和很快就做出来了。

一般而论，高考是改变一个人命运的重要途径之一。既然如此重要，只要有一定希望能够考取，就不会有哪一位同学愿意放弃。我做出参加高考补习的决定还有几大具体原因：一是通过补习，我的考试成绩可能更好；二是我的学习能力尚可，从理科本科虽没考上但成绩仍属于较好的情况中可以看出；三是我家住在我毕业的学校里，学校里有学习氛围，有父母等人的支持，我来年考取本科的可能性较大；四是我受亲哥哥同年考取北京大学的影响，这进一步增强了我的信心。所以，我能够轻松决定继续参加高考。

然而，是继续报考理科，还是改报文科，这对我来讲却是一个十分艰难的选择。其原因主要有：一是我的"数、理、化"的成绩还可以，但这三门课的成绩明显难提高，语文、政治成绩可能会提高一点，可见理科仍有机会一试；二是我很喜欢数学、地理，这两门课有可能取得较好成绩，语文在上年很差的基础上会有一定的提高空间，历史、政治争取不失分，可见文科也有一试的可能。所以，理科和文科都有考上的可能性，再次去好好拼搏一下还是很有必要的，但是在理科和文科的选择上就显得非常不容易了。

如果改报文科，虽然我当时的条件不是很好，但是也有明显看见的两大优势：我的数学成绩一直很好，但在理科高考中没有考到很好的成绩（当时应该还能多考10分以上）。所以，通过进一步的努力，在高考文科相对比较简单的数学中，我有很大的可能会得到更好、更高的成绩，而且那时报考文科的考生一般在"数、理、化"的成绩上普遍不理想，因此他们的数学成绩不会怎样好，这样一正一反，我有很大的可能在这一门课中就能多赚30分。我对地理的偏好同样特别明显，通过刻苦努力，我的地理成绩也不会不高，很可能也能多考20分。总之，我估计这两大优势能让我在这两门课上多考50分。

我的语文成绩很不好，而且在理科语文高考中的发挥也不够好，还失了不少分。我想通过努力和正常发挥，在文科语文的高考中达到平均45分左右的分数可能不成问题。同样的道理，我之前的政治成绩一般，如果再通过一年的努力，提高一二十分达到60分以上估计不会有太大的困难，这样最多只会失一点分了。我的历史知识没有什么基础，又是第一次考文科历史，但根据以往学习相关课程的经验，在正常的一年努力之外，学习这一门课还可以合理采用考前突击——"死记硬背"的方法，所以我估计也不会失多少分了。英语成绩既然还是按照得分的30%计入六门总成绩，即使满分100分也只能折合成30分，所以我不打算花什么时间去过多准备了。

我在接下来的一年改报文科还受另外两大因素的影响，其一是我哥哥当年考取的不仅是北京大学，而且是北京大学的文科，这对我再次参加高考和改报文科都有直接的影响；其二是我家所在学校之前负责过学校地震测报站工作的杨老师是一名特别有水平的地理教师，我认为他很有可能会帮助我进一步提高成绩。

总之，我的数学和地理都有可能多考不少分，两门加在一起则更多；语文、政治、历史三门都有可能会失一些分，尤其是语文，但估计三门的失分加在一起不会怎么多，正反相互抵消之后应该还会有比较满意的收获。综合以上分析，我认为报考文科要比理科乐观一些。所以，在权衡利弊之后，我最终选择了报考大学文科本科，做出了报考大学理科向文科的重要转变。事后来看，这还成了我人生中第一个十分重要的正确决定。

评论：一个好的决定或方向的选择，在一定程度上就是成功的一半，能够十分"容易"影响事情的进展，我们必须高度重视。然而那些只是比较固定，又没有什么变化的细节或者只是较少的细节本身一般是"不容易"影响结果的，但是要考虑到细节在发展变化之后或者已有较多的细节，这时就有可能会影响结果了。"有限个无穷小是无穷小，无限个无穷小是无穷大。"从这个角度看，"细节决定成败"还是有一定道理的。"千里之堤，溃于蚁穴"中提到的关于量变、质变的有关问题也是这个道理。所以，大的问题和小的问题都要合理、正确对待，不论今后问题或矛盾怎样转化，大的原则定下之后，小的事情也不能忽视。"蝴蝶效应"静态来看没有什么，动态来看还是不容忽视的。

为此，如果要想提高复习成绩，参加补习班是一个重要的步骤或具体途径，而且我先后参加了学校内部和社会上两个班的文化课补习，并都得到了一定的收获。

我参加第一个补习班的补习方式是在所在中学高中文科毕业班跟班听课，当时我好像只听了地理这一门课。其原因主要是，教地理这门课的老师就是前面所讲的负责学校地震测报站工作的那位杨老师。杨老师不仅课讲得好、黑板字写得好，还能够双手同时在黑板上画相当好看的地图，真堪称一绝。我们的学校是一所很普通的中学，但杨老师的教课水平很高，这么高水平的老师全校只有寥寥几人。再加上我很快就要参加一个社会上的补习班，时间有限，所以我只专门选听了文科毕业班的地理课。

记得有一次在课后时间，我向杨老师请教。我说，根据合肥冬至晚上5点多几分天黑、夏至晚上8点多几分天黑，两者大约相差180分钟，而冬至到夏至相差大约是一年365天的一半，约等于180天，所以说冬至到夏至在我们这里是"吃了冬至面，一天长一线"，即一天长一分钟，而且"几乎分秒不差"。夏至到冬至也是这个道理，即一天少一分钟。早上天亮时间的变化，同样也是这个道理。当然，纬度不同的地方，会存在着一定的差别。

我还参加了全市学校文科毕业班高考前的两次地理统考，我这两次统考的成绩在所在班级好像都是近90分甚至更高，我都很满意，应该都是班级的第一名。说实话，我当时能够感觉到自己的地理水平已经相当好了，只等高考的检验了。虽然我对地理有浓厚的兴趣并有很好的基础，但是杨老师对我的帮助同样也是很重要的。就是现在，我还能一口气背出全世界二三十个比较有名的半岛名称，还能背出不少名山的名称和高度、一些大江大河的名称甚至包括长度，以及还能背出世界上一些地方的许多地理知识。同时，我也能简单画出一些有关地图。

杨老师的地理授课水平特别高，大概几年之后，他就被调到了合肥市中心一所较好的中学去了。我对地理的浓厚兴趣一直保持了20多年，21世纪初由于我对天文产生了兴趣，加上精力有限，从而比较"明显"地降低了对地理的兴趣。当然，还有一个更重要的原因，就是"天文"能够给我带来一种无比震撼的感觉——这就是"宇宙"带给我的感觉。

评论：20世纪70年代和80年代初期，杨老师积极主动、认真钻研业务，具有很强的工匠精神。杨老师是学校的优秀教师代表，是个人才，在全市的优秀地理老师中也应该是屈指可数的。

下面，让我们再来看一看我所参加的另一个补习班的情况吧。这是省城开办的一所社会上的业余补习班，规模不大，文科班只有一两个班，一个班有50人左右，有没有理科班现在已经记不清楚了。我们受我哥哥当年只用两三个月的时间参加这个补习班并考取北京大学文科的影响，我们家门口包括我在内的三四个熟人一同都上了这个补习班，并且这次时间长达半年以上。这次我所参加的文科补习班，其老师都是全省相关学科的"权威"，甚至是第一的老师，过去了这么多年，我现在仍然还清楚地记得几件事情。

我们的地理老师是一位姓陶的男老师，当时应该有50多岁，他是当年全省文科地理复习资料的第一主编，也是我父亲的老同事。有这样的好老师教我们的地理课，我们当然求之不得。他声音洪亮，讲课生动，思路清晰，我们听得轻松，学得愉快，效果很好。

一位当时有55岁以上的姓鲍的男老师教我们的历史课，同样，他也是当年全省文科历史复习资料的第一主编，也是我父亲的老同事。鲍老师备课很认真，讲得很熟，教得很好，声音洪厚，还时常为我们串讲有关历史知识。我们能听到鲍老师的历史课，简直就是一种享受。鲍老师好像是合肥一中的历史老师，记得我们有一次课还是在合肥一中上的，所以，我也算有幸——曾经在合肥一中听过课。

还有一位姓申的男老师教我们的政治课，申老师当时应该不到50岁，也是省内政治学科的权威老师，当年全省文科政治复习资料的几个主编名字中就有他的大名，后来听说，十多年以后他在本市的一所教育学院工作。

评论：在一个高考补习班中，有这么多的名师、有这么多的权威老师为我们教课和辅导，真是我们终身的荣幸。这不仅能够增强我们的自信，而且还能够打开我们的视野。这个高考补习班，应该是我们全省真正的第一补习班。

现在还清楚记得，我参加1980年高考文科的考试是在合肥三十二中进行的。我们一起去报名的3个人都被安排在同一考场第一组前后连续的考位上而没有被打乱，我基本上能感觉到我本人的数学和地理考试成绩可能要比这一全场的每一个人都要好一些甚至更多，因为当时全场总共只安排的两名监考老师都很喜欢走到我的旁边，并看我这两门课的答题且议论我应该是全场的第一。然而，其他几门课的考试中，我却没有得到这两名监考老师的看中和议论。在紧张的气氛中，三天高考很快就过去了。

我既盼望又担心的高考成绩终于下来了。我考的是文科，文科的普通大学本科分数线是340分，我考了355分，只超过分数线15分，而我的最高估分是390分以上，中等是370至390分，最低是350至370分，所以我对自己的成绩不能算太满意，但从我最终考上了本科这个角度看，我还是比较满意的。

　　我的每一门课具体得分和分析是：语文42分，超过了40分这一估分2分；数学92分，比估分少了3至6分；地理90分，比估分少了2至3分；历史59分，比估分少了5分；政治68分，比估分少了10分；英语14分，折合成30%后只有4分，和估分差不多。可见，六门课中我的语文基础虽很差，但考得或发挥得相对是最好的。这是因为我上年报考的是理科，相对比较简单的语文才考24分，我这次报考文科，相对更难的语文"一下子"就考到42分，提高明显，其中存在提高的"空间"是一个重要条件，所以说语文就成为我考得"最好"的一门了。最终，我的实际总分355分比我的合理估分即中等估分少了15至35分。平心而论，我能接受我的成绩，因为我的总成绩仍能排在全省文科第1050名左右的位置上。当时就已经分重点大学和普通大学录取，按照我的名次被普通大学中的较好大学录取，应该没有什么大的困难。

　　普通大学本科文科的高考志愿可以选择5个学校的各两个专业。我选择的第一个学校是本省一流综合性的大学，两个专业都是经济系的专业；第二个学校也是上面这一学校，专业有所不同了；第三个学校和第四个学校分别是北京的一所商学院和东部城市的一所商学院（其实就是当时杭州的一所商学院，好像现在因为某某电子商务名人从而使这所商学院更加出名，这所学校好像现已改为浙江的一所工商大学了），这两个学院哪个在前、哪个在后我早已记不清楚了；第五个学校则是本省北部的一所财贸学院。最终，我幸运地被所报的第一所大学第一个专业录取了。这就是我省一流综合性大学——安徽大学的文科本科经济系政治经济学专业。

　　如愿以偿考上大学，我要感谢所有曾经关心和帮助过我的人，没有他们的支持，我可能就没有今天。同时，我更要感谢直接给我们上过课的老师，尤其是张老师、杨老师、孙老师、陶老师、鲍老师和申老师等有关老师，可以说他们都是全市甚至是全省一流或第一的知名老师，完全可以用"极致"一词来形容他们。

　　"塞翁失马，焉知非福。"我这次参加文科高考取得成功，不仅是上次理科高考失败的转折，而且是我人生中一次大的里程碑，同时是我人生中一次新的大的起步。

评论：通过一年的补习和文科高考的成功，不难看出我的分析水平和判断力那时候就已经相当之高、相当之准确，这其中包括我是否要继续参加高考、是否要改报文科，报文理科相应的优势和劣势，文科要考的六门课中，哪门基础较好、哪门基础较差，文科每门考分的目标计划，等等。不难看出，我基本上是按照这个目标、这个计划进行的，中间几乎没有出现过明显的偏差。由于我的决策十分正确以及自己的努力，我如愿考上了大学，这为我以后两三个大特长之一"点子多"即"分析能力强、方法多"打下了重要的基础。

通过事后分析，我自己从中看出了一个很不容易被发现的问题。这就是我的文科在本校的补习和在社会上的补习实际上对我可能都没有起到什么大的作用，只有一点作用。当然，我通过补习增加的这一点关键的分，对于我报考的大学文科本科不仅起到了量变，还起到了质变的作用，并确保了不出万一的话，我就一定能够考上大学。

不过，我仍认为，补习对绝大多数的考生而言，应该能够在上一次考分的基础上增加10%左右甚至更多的考分，所以能参加补习班就尽量参加。只是我当时的数学基础已经很好，书本上的内容几乎没有不会的，加上我对地理的兴趣十分浓厚，几乎一看就能记住，所以可以说我在这两门课上再提升的空间几乎没有了。然而，我在这两门课上花的时间过多了。因此，补习对我的作用可以说是相对不大的，但是这几名一流老师对我打开视野、树立人生目标的影响却是终身的。

因此，有关考生针对自己相对较弱又容易提高的课程进行专门的补习应该是一种很好的办法。比如，我当时就应该重点补习我的历史和政治，突击补习这两门课往往见效很快，同时重点补习一下语文，这样"投入产出"的效果就会更明显了。所以，考生补习前要仔细考虑是全部补习，还是专门选择哪几门或哪一门课补习。不过，最好是一门课都不"拖后腿"，这在当今就更为重要了。

我的文科高考成绩有几个特别明显的特点：一是总分虽超分数线不多但被我比较满意的大学录取了；二是包含文科内容的语文、历史、政治三门得分偏低，我却被比较满意大学的"文科"录取了；三是我考的是文科，数学分却很高，语文分却很低；四是我的总分不高，却有两门超过90分的高分。其中，最后一个特点特别重要。

当年，全省数学90分以上的只有108人，地理90分以上的只有38人，政治90分以上的更是只有19人，也只有这三门有达到90分及以上的。然而，我一人就占了数学、地理两门高分。从概率上看，我这两门的成绩都是高分，在全省很大可能接近"第一"。实际上，我就是"被"这两门高分考上较好大学的，又因为被另外三门考得不怎么满意拖了后腿而没有考上更好的大学的。

受上年哥哥考取北京大学的影响，我曾经多多少少也有过一点"所谓"的会师"北大"之梦想。当时，上北京大学的一般都是各省的"学霸"，然而我只是数学、地理这两门课的"学霸"，我的语文、历史、政治基础并不好，个别还很差，我并不是真正的学习型的人，仅靠这两门"学霸"是上不了北京大学的，即使上了北大一般也很难跟上真正文科的课程，不然进了北大就一定会感觉到葡萄确实是"酸"的。

评论：总分高分或偏高固然重要，总分不高但有一两科或两三科高分同样也很重要。一般来说，学习型的学生各科成绩普遍都好，他们之中不乏真才实学的人，特别偏科的学生各科成绩普遍是"差的特别差"，"好的特别好"，其中部分几科成绩差固然不好，但他们之中应该也不乏很有偏好的，在某方面同样具有真才实学的人，他们还很有可能更具有特强的创造精神和水平，这些人往往更具有与众不同以及奇才、天才的特点或特质。

所以可以看出，我偏文科的基础不好、偏理科的基础反而较好一些，这既有缺点，又有优点。我的这一特点使我在后来的学习、工作、生活中，一方面由于受到缺点的影响而遇到了不少的困难，另一方面由于受到优点的影响又比较顺利。总之，我自己在不同方面的水平或能力反差很大：在不好的一方面，基本上可以说明我明显不属于学习型的，在好的一方面，也看不出我有多少学习精神，只能看出我特别爱动脑筋，那两门课的成绩特别好也只是因为我爱动脑筋而已。我认为，这种"爱动脑筋"的习惯就是典型的创造精神，并为我今后在学习、工作和生活中普遍具有比较明显的创造精神打下了重要的基础。

从我曾经有过打算报考大学本科体育专业的经历和体育基础，又有过参加理科高考的实战经验，再加上我最终考上了大学文科本科，可以看出我基本上具有"体、理、文"三方面的水平和"三合一"的综合素质，但是我在"体、理"方面相对较好，最终考的是文科，"文"的方面反而较差甚至很差。我当时就估计，"文"的基础不好，我以后上大学文科应该是不会轻松的。

四、大　学

我所在大学的经济系，比我进校之前想象得还要好一些。1980年9月，我进校之后很快就了解到，全校统招的本科生当时共有四千多人，有十几个系，文理学生大约各占一半，我们一个系就有一千人左右（其中包括部分是国家有关部委以及其他单位的各类委托培训人员），从而使我们系成了这所在全省既是一流又是综合性大学的真正第一大系。

当年我们学校的文科共录取了500人左右，其中90%以上的人第一志愿是填报我们经济系的，最终我们系共录取了130人，包括当年全校文科第一高分410分左右的那名学生也被我们系录取了。其中，第一专业政治经济学专业30人，第二专业经济管理专业60人，第三专业对外贸易专业40人。我终于成了第一专业政治经济学专业本科生中的一名新生。

我们一个专业就是一个班，全班有8名女生、22名男生，共3个小组，我被编在我们班的第一小组，也是全系13个小组中的第一小组，我们这个小组有3名女生和7名男生，小组的组长由我担任。

理所当然，我的寝室被安排在男生的第一寝室。我所在的第一寝室共有8名男生，除了本小组7名男生之外，还有我们班其他小组的一名年龄在全班算是很大的同学。我们8个人中，有4人是班委会主要成员，我是小组长（我后半段还被选为班级团支部的宣传委员），有1人是寝室长，还有2人共同创办了我校或系里的经济研究会，并且是主要成员。所以说，我们寝室的同学总体年龄很大，影响也很大。在校四年，我们的寝室在全校好像是唯一的一次寝室评比中荣获了全校的第一名，学校报纸上还登载了我们寝室的照片。所以，我们私下有时说我们的寝室很可能是我们第一大系的第一寝室，甚至还是全校的第一寝室。当时，离我校很近的中国科学技术大学的一名当时在全国知名的青年教授不仅来我们学校做过报告，还来过我们寝室两三次，同时给我们带来了不少本那时很难买到的《第三次浪潮》这一热销的书。我自己的这一本至今还保留在我的书柜里。

评论：环境影响人，环境造就人。进入大学之前，我们普遍是各个中学的佼佼者。进入大学之后，我们又回到了起点，又回到了同一条起跑线上。只不过这个起点要高一些，这个起跑线要靠前一些，这就是我们的"环境"，这就是我们新的"环境"。

我们的学校在省城，同学全部来自本省，其中只有我一个人家在省会。记得刚入学还没有几天的一个休息日，我在父母家附近正巧看见我们班另一男生寝室（当时我还叫不出他的名字，后来得知他的年龄比我小一点）的戴同学前来附近看望他的熟人，所以从那个时候起我和戴同学的交往就真正开始了。一年后的暑假，住在省城的我们家还吃到了他从我们省最北方的砀山县专门托运来的一大柳条筐且有多种品种的正宗砀山梨。

刚进校，我们白天只知道听课，只知道记笔记，晚上就是看书和看笔记，对其他事情知之甚少。从那个时候起，我几乎每天和同一寝室比我小一两岁的鲁同学一起去上晚自习。这么多年过去了，我们现在大约一两年还能见上一面。

同班同学之间很快就熟悉起来了，大家对每个人的故事和他或她家里的大致情况也有了一定的了解，并且我发现这其中有一个较大的规律，这就是不少最终都能考上大学的同学主要是受自己考上大学的兄弟姐妹的影响，比如张班长，学习委员杨同学，女生许同学、徐同学、汪同学、蔡同学，以及我本人等同学。另外，我很快就听说一名英语水平很好的男生张同学也在我们这个班。后来，女生李同学的家很快就搬到了省城。在课余时间，男同学和女同学都很喜欢到我们这个"第一寝室"来聊聊天、唱唱歌和跳跳舞，有时则是大家一起到校外溜溜冰、划划船或看看电影，住在我们寝室的班长、学习委员、班干卢同学和班干邓同学都是这方面的积极分子。这样一来，班长、班干、团支部书记、团干和同学之间就越来越熟悉了。

记得没过多久，有一次我外出回到寝室，班长问请我代买的小东西我是否买到了，我猛然说真的忘记了，班长不仅没讲我什么，反而讲我很诚实。能受到班长的称赞，我心里特别高兴。我一直感觉自己的记忆力不够好，有时记不住小事。除了诚实之外，我的认真和细心直到现在也经常能够得到班长和大家的认可。

班上只有6个男同学和2个女同学年龄比我大，因此我是班上的"老九"。同时，我的学号也是全系新生130人中的9号，大学生还应该是"臭老九"——知识分子，我在家族兄弟中的排行同样是"老九"。

我们经济系的一把手黄主任亲自给我们政治经济学专业讲授主课之一——马克思《资本论》一至三卷的主要内容，并由助教具体辅导我们。黄主任不仅是我们系，而且是全校的知名学者，曾经在20世纪三四十年代在延安抗大教过课。他告诉我们，《资本论》原先计划不是写三卷，而是写一至四卷，第四卷计划写"剩余价值学说史"，马克思没完成第四卷就去世了，恩格斯整理和补充了相关内容后把第四卷作为《剩余价值学说史》单独出版了，其本身又是三大本共百万字以上。

现在我们知道，《资本论》三大卷大约有两百万字，目前不仅我们国家在上这门课，有的主要资本主义国家，比如美国，也在上其中的有关内容。《资本论》加上《剩余价值学说史》，一共有三百万字以上，都是宏伟巨著。著名的《共产党宣言》就是马克思、恩格斯合写的。《马克思恩格斯全集》有数十卷。马克思不仅是思想家、政治家，而且是经济学家、哲学家、专栏作家和《莱茵报》的主编。

早年毕业于英国剑桥大学的藤教授不仅是我们系的"第一教授"，他在我们学校也有很大的知名度，同时还是我国高校国际金融学领域的著名教授。他与天津的藤教授被合称为我国国际金融学的"二藤"教授。有一次，我们系好像与中文系联合放映英文原版《红与黑》电影，就是请我们系的藤教授去现场用中英文给大家讲解的。

当时，我们的英语课是由外语系老师在外语系大楼给我们上的。第一天上课就出现一个与我有直接关系的奇怪事情。这就是我第一次到外语系大楼的教室上课，就看见黑板上有我的名字，再说当时我们同学相互之间基本上还叫不出名字，又怎么可能有同班的哪个同学会把我的名字写到黑板上？不管是什么原因，我只感觉到比较奇怪，就顺手擦掉了。过了半年或一年左右，我去图书馆借书，听见两个管理员一边忙一边在那说，外语系有一个叫李永进的，经济系也来了一个叫李永进的。这时，我才搞清了其中的真正原因。刚入学不久，老师就给我们进行过一次英语单词测验，我属于典型的发散型思维，我对这次成绩特别满意，但我之后的英语语法、课文学习的成绩就逐步降成一般甚至偏下了。我正规学了两年英语，之后还上了一年的英语提高班。大约也在这个时候，我还上过另外一门外语——日语一两天。

体育是我的强项。大学一年级第二学期的时候，全校新生进行过一次军训，其中打靶是每人5发子弹。我们全系130人的最高水平是44环，我和另一位同学两人并列第一。我打了2枪10环、3枪8环，共44环，而且接下来的一天正好就是"五卅运动"纪念日，这一天是我20周岁的生日，所以我至今都能记住这件事。

我爱好体育，我的体育水平很好，所以我对我们班大学两年体育课的印象到现在都还比较深刻。听说我们的体育老师章老师是全省高校里水平一流的体育老师，这么高水平的体育老师对我的体育水平很是欣赏。当时，我还不到120斤，身高1米71，但我的体育水平确实不错。比如，10斤的铅球能投11米半远，15斤的铅球也能投9米多，标枪能掷41至42米，手榴弹能甩55米左右（当时因为我把手榴弹甩到了校园的路上，所以老师向后重新划了投掷线）。我时常和同学们一起代表系足球队、排球队与其他系的同学进行比赛。一次排球比赛的单手惊险地面救球中，我的手背擦伤，我们班在现场的一名女同学用她的新花手帕及时为我包扎；一次大礼堂大会前的闲暇时间里，我还"表演"过打羽毛球；我的乒乓球技术一直也还可以；我还曾经作为铅球、标枪运动员代表我们这个大系参加过全校的运动会，虽没获奖，但成绩尚可；还有一次，我们几个同班的男同学围在一起站着吃饭（当时条件差，几乎没有饭桌）的时候，我的饭缸突然从我的手中向地面滑落，这时我条件反射地用两根手指很快就把饭缸夹住了，可见我的反应很快，还有一点"功夫"。另外，我虽然只是偏向轻量级的体育爱好者，但是在学校体育运动场上的单双杠水平特别好，而且健壮程度不仅在全班，甚至在全系新生130人中的89个男生中都有可能堪称第一。

我曾经有过打算报考体校的想法，有一定的体育基础，同时我们学校又没有体育系或体育专业，这些都是我获得成绩的重要原因。和我的同学相比，我的体育水平相对很好。章老师很认可我的体育水平，时常在上课时让我示范一些体育动作，还打算教我打桥牌。大学毕业以后，我对体育的爱好长期保持了下来，单双杠等方面的水平又有了一定的提高。

我们全系130人能够在一起上的主课应该只有高等数学这一门课，并在大一上了一年，这门课由数学系老师主讲，他的两名助教具体辅导我们。上半学期的"考试"成绩全系2人100分，其中一人是我，下半学期的"考查"成绩，全系有10人或12人100分，其中也有一人是我。因此，我有很大的可能在高等数学这门课上是全系的第一或两人并列第一。

我对自己高等统计学的成绩也很满意。我们同学普遍能够感觉到高等统计学比高等数学还要难一些、学习压力还要大一些，这从考试的成绩中也能大致看出。高等统计学这门课，我们全班的最高分还不到90分，我的成绩比最高分要低一两分，好像比最高分低一个名次。虽然我的分数不是最高的，但是我对自己取得的名次比较满意——只有一个人在我的前面。

评论：基础水平对人的影响十分重要。一方面，我曾经有过学体育的梦想，我的体育水平不差，所以我在大学体育课上表现得很好。另一方面，我曾经考过理科，数学基础本身就很好，从而大家普遍认为很难的大学高等数学以及高等统计学，我考得特别好。从这里可以看出，我在大学为数不多的体育、高等数学、高等统计学这几门课的特好成绩基本上是由以往已有的牢固基础带来的。我以前文科的偏文基础不好，对我在大学上的文科偏文课程的负面作用很大，从而使我后来较多或很多的文科偏文课程的成绩很不理想甚至极差。所以，打好基础对以后的发展十分重要。

其中，爱好体育和数学，对我后来参加有关的体育创意策划和拥有不少数学相关方面的书籍都有直接的影响，而且我的收获也不小。

我们大学文科四年总共上了大约三十门课，有必修课，也有选修课；有专业课，也有非专业课；有考试课，也有考查课。我的前期的三四门综合基础课成绩确实"正面"一流，但其余课程中的大多数都是"负面"、"二流"、一流的，甚至有一门课考了倒数第一。因此，总体上看，我大学四年的总成绩应该是全班的倒数一至三名。所以，我的同学一般感觉到我的成绩开始特别好，到后来则变得很差了，我这是典型的偏科。其原因，我前面已经分析过了。

评论：很多选拔都要通过考试，很多考试又要看总分。总分高的人，他们单门课的成绩一般不会低，这些人可以说具有"学习型"人才的素质。我认为，"学习型"人才在一定程度上就是"记忆型"人才，他们比较适合做一些相对规范有序的工作，当然其中也有一些人同时具有"创造型"人才的素质，这样他们就是"复合型"人才了。总分如果不高甚至较低，但有一门或少数几门课成绩特别好，他们往往具有更多"创造型"人才的素质。当然，总分能高一点更好，总分高到一定的程度也就成为"复合型"的人才了。总之，"学习型"、"记忆型"、"创造型"、"复合型"人才，都有各自的优点。

那个时候，考进大学较难，我的大部分同学在大学四年各门课的考试都能顺利通过。我的四年总成绩很不好，"经济管理"这门课虽然名次不是我各科的最低，但得分65分则是我各科成绩的最低。除了体育、高等数学、高等统计学，我其他课程的成绩一般很难超过80分，而我的同学普遍要比我多10分甚至更多。我们学的"政治经济学"这门课分为资本主义和社会主义两部分，好像是社会主义部分我考了76分，其中有一大题大概是回答"按劳分配的作用"，我全答错了，虽然得分还不是特别低，但名次是全班的倒数第一，这还是我们专业最主要的专业课或是之一。我虽然只有这一门课的名次是倒数第一，但另外一些课的名次也很接近最低的名次。所以，我大部分的课学得都很不好。

评论：我在大学文科四年中，除了3门课的成绩特好之外，其余都不好。我们学的是经济理论方面的专业，要背的知识不少，我的四年文科学习用一个字概括那就是"累"。所以，大家今后在遇到是选择"理科"还是"文科"或是什么"专业"的时候，一定要认真考虑自己的基础是否符合这门专业的要求。当然，这往往又和兴趣、爱好是联系在一起的。

20世纪80年代早期，学校的学习气氛仍然不算浓厚，基本上还属于"进门考试难、出门包分配"的状态。我们除了一些正常的书本知识学习之外，偶尔也有一些课外活动。

1983年，全国经济学年会在合肥市召开。当时全国最著名的经济学家可以说全部都参加了这个年会，我们班还有好几个同学被抽去负责年会简报的编写等工作。我们学校或是我们系还专门邀请了出席年会这些著名学者中的有关代表来到我们系为大家连续做了好几天共十次左右的专题报告，其中就有现在已经特别著名的厉教授等。会上，他们在有关方面，从多个角度，为我们做了详细的精辟论述。"人无我有，人有我好，人好我转"等一些话那时我们就已经听过。可以说，他们是我国经济学界第一梯队的代表。（刚写这本书时，我还把老笔记本找出来了，但到用的时候怎么也找不到了。不然，我还会多写写当时做报告的学者名字，当时的报告主题和当时的名言，以供大家了解和参考。）

我在大学只听过一次课外的课。大约在大二大三的时候，我们寝室一名比我大一两岁的邓同学带我去听了一次哲学系的哲学专业课，好像是当天的晚饭后我们还去了哲学系的一个女生寝室——这个寝室与我们听哲学课的班级的女生寝室可能没有关系。我们与这个寝室的女生探讨了一些关于"世界最终是否可知"的问题。在场的大多数同学认为世界总体上是"可知"的，我们少数人则认为世界总体上是"不可知"的，只能是接近

"可知"，即使是预测世界的发展，也只是"预测"，还不能是"等于"。因为，科学上讲究的就是精准。人类社会的时空可能只是有限的，时空可能有限的人类社会怎么能够真正掌握时空无限的宇宙或世界，充其量只能了解或掌握一定时空的宇宙或世界，何况时空还会不断发生变化，所以只能相对了解或掌握相对的宇宙或世界。这与一切事物的变化是绝对的，不变是相对的，是完全一样的道理。虽然，我的有关哲学的书本知识没有多少，但是我在工作和生活中形成的哲学思维方式、哲学思想或悟出的哲理比一般人可能要多一些。我比较爱动脑筋，这是我的一大特点。

我记得大二、大三的时候，学校举办过两次百科知识竞赛，内容主要包括科普知识、社科知识、文学知识等。我文学基础差，失了不少文学分，两次竞赛我都得了50分左右，只是一般水平。相对而言，我的科普知识较好，社科知识一般，文学知识明显差了一些。

还是在大二、大三的时候，我的《梦境集锦》只写了几篇就停笔了，后来的《我的过去、今天和未来》也只写了几千字就写不下去了，虽最终都未成，但都给自己留下了一点文字，这都算是我在这方面的第一次尝试吧。

我任班级团支部宣传委员以后，在班级开展了有关活动。其中主要的活动，一个是我在班上搞了一次民意调查，内容包括对当时社会上计划生育、人生观、大学生是否服从分配等30个有关现实问题的看法；另一个是我牵头组织了郊外登山活动，并为同学们留下了一些虽是黑白的，但很有纪念意义的照片。

我们快毕业的时候，一个特别重要的部队总部到我们这个系或我们政治经济学专业征兵。当时，我们同学认为我体育较好，我报名的可能性较大。不过，我们班只有我一个人是土生土长的合肥当地人，故毕业后我被分配在合肥的可能性很大，所以我就没有积极去争取了。不然的话，我的人生很可能就是另外一种模式了。

大学四年最后一件令我印象深刻的事，就是写文科毕业必备的社会调研报告了。我们这个小组的调研课题是省城部分乡镇企业发展现状的调查，时间有半个月左右。我们这个小组的成员是三个男同学，我比他们两位大一岁左右，前面提到的戴同学也在这个小组。他们两人文笔都很好，他们两人执笔共写了一万多字的调研报告，我的名字是放在前面，还是中间、后面，我已经记不清了。其中最不好的事，就是我"一个字"也没有"写"。

　　评论：我喜爱探讨有关哲学问题，这一善于思考的习惯可以说早就有了，并为我后来几乎所有的经济论文能够具有新颖的观点和丰富的思想提供了很好的方法。前面所说的《梦境集锦》应该是一个比较不错的书名，《我的过去、今天和未来》就是现在这本书最早的雏形和尝试。今后，我们在学习、工作以及其他事情中，建议遇事不要"推"，要有积极心理，每做一件事，都能得到一次锻炼和提高。当时我那么不喜欢文学、文字，不喜欢动笔，现在反而"敢"写这本书，我认为很大可能就是我自己太喜欢"思考"这一原因促成的。

第二部分
文章、思想、观点

我很早就发现自己比较爱动脑筋，比较爱思考，虽然文科基础不好，文学、文字基础较差或很差，但是经过不断努力，应该说我还是写出了一些很有思想、自己也很满意的文章。这些文章绝大部分是经济方面的文章，其中包括我工作早期大约15年中的主要在省级以上刊物和报纸上发表的关于通过长江内河运输发展大力促进东引西伸工作（1986年发表）、物价问题面面观（1988年发表）、经济理论超前研究（1988年发表）、建立经济预警系统（1989年发表）、粮食转化（1990年发表）等方面思想丰富、观点新颖的近20篇经济论文，还有我在这一时期发表的我也比较满意的20多篇其他论文。我准备在这里对其中的36篇文章进行比较详细的介绍和加以相应的评论，其余5篇将放在后面的篇章中分别给予简单介绍和评论。所以，这些文章都是按照"介绍"和"评论"的形式写进本书的，而不是比较单一、比较单调的"论文集"形式。我们常说，看一个人主要就是看这个人的思想和观点，可见介绍和评论这些文章是体现我的思想和观点必不可少的一个重要环节。总之，这些文章在我的人生中不仅占有非常重要的地位，而且很有可能还值得大家一看和探讨。

一、市场物价与收入分配问题

商品价格、市场物价是我最早关注的经济问题，我前后写有《肉、禽、蛋、菜价格放开以后》、《物价问题面面观》2篇文章，我还写有直接影响商品价格、市场物价的有关收入分配、按劳分配以及商品票证是否有价等方面的文章3篇，这组文章合计为5篇。

（一）我的第一篇文章——《肉、禽、蛋、菜价格放开以后》

我1984年参加工作，先是在合肥市财政局所属的一所职业中专学校代课，一年多之后，我被调到局里去开展市级综合经济研究与管理，有关学会、编辑部等工作还不到一个月，就于1985年11月19日至21日参加了省厅学会、科研所会同商贸处召开的"商品流通体制改革"方面的讨论会。与会代表20人共提交文章和调查报告12篇，我提交的文章就是《肉、禽、蛋、菜价格放开以后》这篇文章，这也是我大学毕业后撰写的第一篇文章。我在撰写过程中，得到了我们商贸科等有关科室同事的大力支持，前后只用两三天的时间就完成了4500字左右的这篇文章。这是我第一次真正撰写经济类的文章，我当时只有二十四五岁，写成之后自我感觉还是可以的，所以心里特别高兴。那个时候，打印包括油印不很方便，我就特地请我的嫂子仔细誊抄了一份，并复印了两份。我嫂子的字不仅是我们大家庭中最好的，而且在我身边的朋友、同学中也是最好的。她从小就受到了她良好家庭环境的熏陶，她现是省重要学校的负责人之一，我省黄梅戏的第一编剧就是她的父亲。

当时，随着全国经济体制改革的深入发展，我们省城的改革也在全面进行，并且取得了可喜的成绩。就拿广大人民群众最关心、最常见的肉、禽、蛋、菜这四大类商品市场来说，自从购销价格放开以后，总的来说市场发生了明显的变化，主要表现在购销适时、货源充足、品种多样、市场繁荣等方面。所以，价格放开对搞活经济、搞活市场以及进一步满足广大消费者的生活需要都有重要的作用。同时，市场上也出现了极个别不好的现象。在这篇文章中，我从"存在的问题"和"今后的对策"两大方面谈了自己的看法。

第一部分：存在的问题。针对这些存在的问题，我认为主要表现在市场价格上涨相对过快和财政补贴增加过多两方面。

其一，在"市场价格上涨相对过快"方面，我在文章中认为：

肉、禽、蛋、菜这四大类商品购销价格的放开，虽然在很大程度上搞活了市场，但是受多种因素的影响也造成了市场价格上涨相对过快。一是目前的生产水平还不够高，可以拿来供应的还不够多，所以在较短时期内，要想仅仅通过价值规律来调节市场商品的购销活动和价格高低，还是很不够的。二是我国经济的最大特征仍然是坚持以计划经济为主、市场调节为辅的方针，这就决定了价值规律只能是调节生产和流通的一种手段，如果我国目前价格改革不切合实际而过分强调价值规律和市场经济的杠杆作用，那么市场价格就会出现相对过快上涨。三是目前正在进行工资方面的改革，这项改革与物价改革一样都是整个经济体制改革中的关键一步，其目的都是给广大人民群众带来实惠，如果我们在工资改革的同时，不注意物价方面的科学管理，这样不仅改革不好工资和物价，还会引起整个改革的混乱，从而阻碍社会主义生产的发展。四是价格放开以后，使得国营市场四大商品在市场中的主渠道作用日益降低和失去了平抑市价的主渠道作用，甚至使得国营市场的价格在不同程度上相应上涨。

其二，在"财政补贴增加过多"方面，我在文章中认为：

在肉、禽、蛋、菜四大类商品价格放开以后，为了保证广大消费者的实际生活水平不受影响，国家不得不实行财政补贴的政策。财政补贴是通过商品购销流通渠道产生的，即以相对较高的价格买进，以相对较低的价格卖出。例如，我们省城的大白菜每斤购价已由1984年的0.03元上涨到1985年的0.08元，但是售价并不给予相应的提高，加上购销的运输费、管理费和正常的损耗费等，最终必然亏损。根据预测，省城对肉、禽、蛋、菜四大类商品今年的财政补贴总额可能要超过2000万元，这对我们省城财政收入目前只有5亿元来说是一个不小的负担。

所以，我们可以看出，以上既是当时不小的物价上涨问题，又是当时不小的财政负担问题。如果这两个问题在当时不能较快得到解决，那么可能引起恶性循环，即价格上涨带来补贴增多，补贴增多又反过来带来价格进一步上涨。

第二部分：今后的对策。针对存在的两大问题，我们就必须找出今后的对策，从而使价格趋于合理，减少不必要的财政补贴，最终尽量使财政收入能用在最需要的地方，同时能搞活市场，搞活肉、禽、蛋、菜这四大类商品的购销活动。为此，我在文章中认为必须搞好相应的两大对策。

其一，在"采取少环节、多渠道，充分发挥国营市场的主渠道作用"方面，我认为应该从两个方面具体着手。

一方面，减少环节，扩大和增加渠道，加速商品购销流通：

肉、禽、蛋、菜四大商品一般都是农村生产的，由于目前农村还比较落后，尤其是交通运输不便，这就造成城乡差距在时间和空间上的扩大，从而不利于商品的生产和发展。所以，要想在时间和空间不变的情况下，使每一个生产者直接把商品运到市场上零售，是不现实，也是不可能的。正是由于这个主要原因，造成农村商品流通率很低，从而抑制了农村商品的进一步生产和发展。但是，在现有条件基本不变的情况下，仍有可能缩小城乡之间在时间和空间方面的差别,这就是通过各种购销渠道去方便生产者和增加市场商品量的方法,这样就能使市场价格趋于合理,从而既能使生产者得到实惠,又能使消费者减少不必要的负担。我认为,在新渠道中最重要的是要开辟肉、禽、蛋、菜四大商品的批发市场,这些批发市场将在我国现阶段显示出日益重要的作用。随着我国农村经济体制改革的深入发展,农村经济已经开始进一步向专业化、商品化、现代化转变,这种形势迫切要求疏通城乡商品流通渠道,为日益增多的商品开拓市场。只要我们做好这方面的工作,做到既鼓励私人批发业,又支持国营和集体批发业,让批发市场成为生产者和消费者之间必不可少的购销桥梁。我认为,随着经济和分工的发展,必定使一部分人分离出来从事批发工作,服务于商品流通,从而又反过来大大促进商品生产的进一步发展,所以批发工作可以带来一种良性循环。另外,由于目前农村生产水平和商品率较低,以及经营分散等特点,就要求这方面批发市场应以"小而多"形式为主,并根据少环节、多渠道的原则进行,然后随着经济发展再逐步向大的方面发展。为了鼓励和支持批发市场的发展,我们可以通过适当的财政手段给批发行业以一定的实惠,从而进一步调动批发工作者的积极性。

实际上,因为当时从事批发行业的人比生产者要少得多,而且规模也不大,所以只要集中一些财政力量支持,就会使其得到较为可观的实惠。

评论:我在24岁时,第一次写文章就能写出上面这个对策,应该说是比较不错的,其中的一些观点明显可行,批发市场在实际中也基本上是这样发展起来的。

另一方面,必须继续充分发挥国营市场的主渠道作用:

肉、禽、蛋、菜四大商品的购销价格放开以后,有人认为现在强调价值规律,重视自由市场的作用,计划和国营市场就不重要了,这种观点显然是错误的。我国经济的最大特征就是计划性,这种计划性决定了国有经济从总体上必须实行计划经济。但是,计划经济不等于不要运用价值规律。实际上，上述国营市场在整个市场中仍然还具有一定的主渠道作用，所以必须充分发挥出来。但我认为，上述四大商品并不一定样样都必须有充足的货源，只要其中的一部分货源充足，就有可能平抑其他商品的市场价格。可采取如下措施：一是在本地扩大这方面商品的生产规模，相应增加货源。二是在四大商品的旺季或价格较低时适当地多收购一些加以储存，但时间不易提前过多，尽量减少管理费用等。三是适时从外地以较低的批发价格购买一定数量的商品来保证货源。总之，国营市场价格的制定，一般来说价格上限应保持稳定，不要随便变动，应该体现出科学的价格水平。

一般情况下，肉、禽、蛋、菜四大类商品的市场价格存在着上涨的趋势，这种情况从国内其他市场和国外发达国家市场中基本上可以得到证明。然而，我们不能因为其存在上涨的客观趋势，就任其发展。国营市场主渠道作用的大小，应以能够调节和合理平抑整个市场的价格为最低或最佳标准，不然整个经济改革很难进行下去。以上这个观点，在那个时候应该是比较科学的。

其二，在"加强管理，提高经济效益，是减少财政补贴的根本途径"方面，我在文章中认为：

肉、禽、蛋、菜四大商品的购销价格放开以后，一方面在较大程度上搞活了市场，另一方面给财政带来了较大的负担。因此，有人简单地认为，把这方面财政负担减少到最小甚至取消更好。这只是主观愿望，但在客观上暂时很难实现，也不利于搞活市场。就我们省城的财政补贴来看，不外分为三种。一是政策性补贴，如猪肉补贴和购销价格倒挂补贴等，其中前者影响很大。二是国营市场经营性补贴，其中管理混乱是核心问题。三是市场预测性补贴，如我们省城今年上半年的市场预测猪肉价格放开以后，市价会有较大的提高，因此大量收购并储存了4000吨，结果并没有提高到像我们预测的那样，自由市场肉价相对平稳，却给我们猪肉的储存带来了巨大损失。在肉价放开之前的1984年省城在这方面就已经出现亏损,今年这个亏损简单计算也有100万元左右。另外,第三种市场预测性补贴也可以归属于第二种国营市场经营性补贴之中。因此,今后财政对策的重点应该放在解决后两种补贴上,或放在包括预测性补贴在内的广义的经营性补贴上,也就是放在"加强管理和提高经济效益"上,这才是减少财政补贴的根本途径。我们决不能一味减少财政补贴,该减的一定要减,不该减或目前不能减的就不能减。随着经济管理的加强和经济效益的提高,再逐步减少第一种政策性补贴,最终使一切不合理的财政补贴全部取消。

到现在可以看出,以上两个大对策实际上分成了三个具体的对策,每一个对策应该都很可行,而且其原文比上面的摘录还要详细不少。所以,只要我们减少环节,增加渠道,加速商品购销流通,继续充分发挥国营市场的主渠道作用,同时再加强管理,提高经济效益,不仅能够增加生产、增加货源、平抑商品价格,还能够从根本上减少财政补贴。

评论:这是我的第一篇文章,我写这篇文章时比较年轻,大学毕业教了一年多的政治经济学课之后,才刚刚在省城综合经济研究等岗位上工作还不到一个月的时间。虽然我的工作经验和阅历不多,但是经过努力,我还是写出了这篇我比较满意的经济文章,并在相关会议上得到了领导很好的肯定,会后他们还把我的文章在省厅《安徽财政研究资料》半月刊1985年第24期很靠前的版面上发表了三四千字。不过,我后来逐步放弃了这篇文章中以"存在的问题"和"今后的对策"为篇章结构的模式。然而,这篇文章的文笔力度,基本上为我后来撰写的文章奠定了比较扎实的基础。

(二)《浅谈新时期的按劳分配》

有了第一篇工作文章的成功撰写和发表,我在这方面的兴趣就猛然增加了,而且兴趣越来越大,并坚持了15年左右,之后写的文章除个别是和工作有关的,其余的都不是工作任务方面的,而是根据自己的兴趣撰写的。完成第一篇文章之后的四五年之内,我很快又撰写和发表了大约20

篇文章。《浅谈新时期的按劳分配》这篇文章（我和他人合写，我是第一作者）就是其中的一篇文章。其实，这篇文章是在我大学6000字左右毕业论文的基础上压缩修改之后而在1987年以3000多字的内容发表的。

在这个先修改、后发表的文章中，篇章结构与前面第一篇发表的文章仍有接近。我们先提出三个问题，然后就这三个问题展开了比较详细的探讨：一是要搞好新时期按劳分配思想教育方面的内容，二是要宣传清楚按劳分配不是唯一分配原则方面的内容，三是要科学确定"劳"的依据和定额方面的内容。其中，在第二个对策探讨中，我们提出了以下观点：

> 我们认为，在社会主义生产力发展到一定程度，物质财富相当丰富以后，就不应再扩大按劳分配，而应相应扩大按需分配的比例。这样，按劳分配就会逐步地自然消亡，从而加速走向按需分配的共产主义社会。只讲按劳分配，不讲在条件可能的情况下积极扩大按需分配的比例，是不合适的。

这篇文章最终刊登在《合肥社联》1987年第2期《理论与实践》专栏上，并是从该期的第八页开始刊登了两三个版面。

评论：从上面的摘录中可以看出，在那个时候我的思想就已经特别新颖了，比如我在文中提出了在条件可能的情况下"不应什么，而应什么"这方面的思想。

虽然这篇文章的观点已经这么新颖了，但是我还是"不完全"满意。过了一两年之后，我又一次修改了这篇文章。从形式上看，不仅篇章结构、文字篇幅有了一定的变化，而且在思想、观点上更有了极其重要的质的飞跃，并在一个更高级别的学术刊物的《理论探讨》专栏上发表了，后面很快将要详细介绍到这篇文章。

(三)《物价问题面面观》

我们先来看一看《物价问题面面观》这篇文章，这是《安徽日报》

1988年一次"笔谈会"一组数篇文章的总标题，当时的"编者按"是这样写的：

今年是我国改革以来物价指数上涨幅度最大的一年，这已成为当今人们最敏感、最关注的社会问题之一。物价上涨过快的原因究竟在哪里？它与物价改革究竟是个什么关系？今后应该怎么办？就这些问题，我们组织了七位作者，发表了自己的见解。他们的意见未必完全正确，但也许可供今后搞好价格改革参考，因笔谈内容较丰富，兹分两次刊出。

第一次刊出是在1988年7月22日，第二次刊出是在同年的8月11日。我们七位作者每人的文章不仅有自己的小标题，还有自己的工作单位名称和作者姓名。其中，我的文章小标题是《收入虽提高 购买要适度》，全文的第一段如下：

人们极为关心物价问题，几乎没有人不在谈论物价上涨过快、货币贬值这一类问题，但很少有人想到自己的消费是否适度的问题。我看，对这个问题也不应该回避。经济体制改革以来，我国人民群众的生活水平的确有了较大的提高，家用电器在城市居民中的普及速度，是世界发达国家以往所没达到的。世界各国都肯定了近十年来我国经济发展的成果，这一点我们自己也应该看到。但是，许多消费者却过多地重视了消费的横向比较，不分析自己有多少收入，看见别人买了自己就买，这样岂不造成两手空空，又促使物价上涨。从消费经济学分析，一些新式高档商品主要是为了满足某些较高收入消费者的消费欲望，如果每个消费者都想购买，不仅会造成这些商品价格的上涨，而且会促成其他商品涨价。从社会收入的形态分析看，处于高收入水平的消费者只能是少数（处于低收入的也是少数），而绝大多数的消费者处于中等收入的水平。合理的纵向比较与横向比较是有益的，但如果我们不考虑不可比因素而漫无目的地去进行比较，那就不合适了。

全文共分为两段，以上是第一段，第二段则是：

我国人均收入水平虽说很低，但实际每年的相对提高水平却是较快的，只不过这一成绩被消费品多样化的变动冲淡了。以前工资虽少，但买的东西也少，档次也低，以致不感到工资怎么少，而现在由于社会的发展，人们不仅买的东西多，档次高，而且社交、旅游、文化生活等娱乐开支越来越多，工资虽多但总感到不够用。因此，收入提高了也要购买适度，这不仅能减轻物价上涨的压力，而且能保证生活水平的稳步增长。

我的这篇文章应该最为乐观，并作为这组文章中的最后一篇发表，这样这组"笔谈会"文章的落脚点就在乐观方面了，就给读者起到了"正能量"的作用。

评论：现在的许多小狗、小猫都吃得很好了，都已经不像以前那么馋了，何况我们自己更应该要感觉到、要看到改革的成果。当然，改革的成果越多越好，越快越好。《安徽日报》刊登的包括我的文章在内的"笔谈会"文章影响较大，这也是我影响较大的文章之一，我还是其中唯一的一名市级单位的作者，其余的都是省级单位的作者。

(四)《对按劳分配理论研究的几点新思考》

前面提到的《浅谈新时期的按劳分配》发表以后，我总感觉还不够完美，所以对其原观点又进行了新的修改，并且最终完成了颠覆性的修改。与原文相比，新文章的篇章结构有了一些变化和顺序调整，篇幅也增加了七八百字，关键是对"核心内容即思想和观点"进行了质的修改，最终以《对按劳分配理论研究的几点新思考》为标题和大约4000字的内容，在江西财经学院（今天的江西财经大学）国内外公开发行的校刊学术月刊《当代财经》1989年第3期《理论探讨》专栏上得到了发表。

第一，对按劳分配是社会主义主要分配原则的质疑。我写的文章，观点一向很新，这篇文章也不例外，这篇文章一开始的第一部分更是如此，其观点如下：

　　长期以来,一些人一直把按劳分配原则视为社会主义分配的主要原则。实际上,按劳分配只能在社会主义建立以后一个较短的发展时期(相当于社会主义初级阶段)中,才是个人消费品分配的主要原则。目前,我国社会主义才建立三十多年时间,在个人消费品分配中,除按劳分配以外,就已经存在着集体福利和困难救济等多种分配形式。这些分配不是否定按劳分配,而是使我国个人消费品的分配原则能够充分实现并弥补现行分配不足的一种有效的手段。并且,从动态的角度看,这一补充手段在整个分配中所占的比重还将随着社会的发展而逐步增大。这一逐步增大的分配形式就是我们所讲的按需分配的雏形。现在不论其标准高低如何,但毕竟是按需分配。况且,社会主义是一个相当长的历史阶段。在这相当长的发展阶段中,按劳分配绝不会一下子消亡。也就是说,社会主义社会绝不会一下子跳跃到按需分配的共产主义社会。另外,我们还可以看出,在社会主义初级阶段,按需分配就已经存在,而且其比重的增大也较快,在社会主义高级阶段,按需分配只有待于逐步完善或向百分之百(理论值)的按需分配的共产主义社会迈进。由此可见,在将来共产主义实现以前一个较长的发展时期(相当于或等于社会主义高级阶段)中,社会主义个人消费品分配的主要原则还会变为按需分配。因此,只要从社会主义整个发展时期看,按劳分配是不可能成为个人消费品分配的主要原则的。退一步说,虽然我们尚能看出社会主义现阶段(初级阶段)的主要分配原则是按劳分配,但是在整个社会主义发展过程中,就很难说得清其主要分配原则是按劳分配还是按需分配这一分配的关键问题了。

　　我认为,为了配合这方面的理论研究,我们在社会主义生产力发展到一定程度、物质财富相当丰富以后,就不应再扩大按劳分配,而应相应扩大按需分配的比例。这样,按劳分配就会逐步地合理消亡,从而走向按需分配的共产主义社会。只讲按劳分配,不讲在条件可能的情况下积极扩大按需分配的比例,共产主义社会是难以实现的。

评论：在20世纪80年代中晚期，我在文章中提出了社会主义初级阶段只是社会主义整个阶段的一小阶段，而按劳分配基本上只是社会主义初级阶段这一小阶段的主要分配原则，社会主义高级阶段的主要分配原则很大可能将由按需分配代替。因此，总的来看，按需分配很大可能就是社会主义整个阶段的主要分配原则，即按劳分配只是社会主义初级阶段的主要分配原则。社会主义包括社会主义初级阶段和社会主义高级阶段两个阶段，总体的主要分配原则将要发展成为按需分配（这时的按需分配已是主要的，不过还不是全部的）。从理论上说，共产主义社会的分配原则将是百分之百的按需分配（注：也有人把社会主义高级阶段理解成共产主义社会，这也不影响我的观点，因为这一社会主义高级阶段的分配原则或主要分配原则就更应该是按需分配了）。在我看过的有关材料中，目前没有人提出过这个观点。这篇文章的重点明显就是在第一部分。

第二，要搞好社会主义初级阶段按劳分配的思想教育。这部分写了800字左右，其中的最后一段大约有200多字且内容略好一些，其内容是这样的：

> 劳动致富固然光荣，但这只是现行按劳分配的一般衡量标准。实行按劳分配，必然出现一部分人先富，一部分人后富，甚至出现不顾一切向钱看的消极现象。为了进一步搞好按劳分配，就必须提高社会主义初级阶段思想教育的标准。这就要求先富裕起来的人们从总体上不应忘记还没富裕起来的广大人民群众，积极帮助、带领大家一起劳动致富，尽早走上社会主义共同富裕的道路。概括来讲，社会主义初级阶段按劳分配的思想教育，就是要求不仅自己能够劳动致富，而且能够带领大家共同劳动致富的这种社会主义思想品德。

第三，要科学确定"劳"的依据和定额。这部分篇幅大约有1500字，我现把"依据"和"定额"相应段落的主要内容分别介绍。其中，科学的"劳"的依据应该是：

> 可见，"劳"的依据既不全是所有劳动产品的数量和质量，又

不全是工人的劳动素质。在最终确定依据时,我们还必须考虑到生产条件以及在劳动中个人投入的劳动(包括在集体中的个人财产和股票份额)。总之,比较科学的"劳"的依据,应该是较多考虑工人通过积极努力(包括劳动素质、劳动时间、劳动表现以及在劳动中个人投入的过去劳动等)创造出来的真正属于工人创造的劳动产品,较少考虑由生产条件这一客观因素本身创造的劳动产品对劳动报酬的影响。这里之所以还要适当考虑生产条件的客观影响,一个重要的原因就是不至于阻碍新技术、新设备的广泛使用。

另外,科学的"劳"的定额则应该是:

在按劳分配中,不仅要有科学的"劳"的依据,而且要有健全的劳动定额(包括指标)管理,否则劳动就很难计量和比较,按劳分配原则就难以充分实现。例如,中央对下面的"条"或"块",直至具体独立核算的企业,都可实行"总额工资制度",即由考核决定出来的平均工资乘上合理编制职工总数的一种关于工作贡献总量的工资发放制度。总额工资制度的可取之处主要在于能够提高工作效率、精简人员机构、易于实行和对工资基金的宏观控制。另外,具体独立核算的企业对下面以至个人也可类推实行总额工资制度。至于行政事业单位以及其他特殊单位的"劳"的依据和定额也可同样类推。

可见,总额工资制度势在必行,或者必须健全,因为我国目前实行的工资制度在一定程度上已经属于总额工资制度,即一级向下考核一级。我这个第三部分的内容感觉不如前面第一部分的内容好,估计只与比较务虚的第二部分内容相当或略好一点。其原因,与第二部分内容相比,第三部分的内容比较务实、比较可行。

评论:我对这篇文章与前面三篇文章的自我感觉都比较好,但前三篇文章并没有提出真正的特别新的观点,只是议论和分析,而这篇文章却明确提出了自己的观点,而且观点新颖、论据充足、思想丰富,以至到今天我还没有发现其他人提出过这个观点。所以说,这可堪称是我的"一绝",并且这篇文章还是我的重要代表作中的一篇。一直以来,我在思想、观点方面不仅喜欢标新立异,而且更能自圆其说。另外,我还是《当代财经》这期刊物中唯一的一名非江西省的作者,我当时也还是一名很年轻的作者。

(五)《商品票证新论》

商品票证是计划经济下的产物,尤其是20世纪80年代中晚期甚至到90年代初期,不仅物价飞涨,就是有钱也不一定能够买到商品,因此商品票证就显得更加重要。但经济理论界当时普遍认为商品票证无价,只是一种权证。为此,我写了这篇原稿3000多字的《商品票证新论》。我认为,在我国当时,商品票证涉及千家万户,它不仅与人民日常生活息息相关,还在整个社会的经济生活中起着举足轻重的作用。我坚信商品票证不仅有价,而且需要加强管理。在文章中,我从两个方面进行了论述。

第一,在"关于商品票证无价的质疑"中,我认为(摘录):

> 长期以来,我们一直把商品票证视为无价证券,不允许有买卖行为。然而绝大多数居民却不这样认为,他们总是在非公开、半公开、甚至公开的场合下用商品票证去换取商品,使商品票证在实际中存在着价值。这就给理论工作者和实际工作者提出了一个亟待解决的难题。我们讲商品票证存在价值,是指商品票证在一定意义上几乎等同于一定数量的货币,即:购买凭票商品实际付出的总价格=凭票商品价格+票价。因此,我们有理由把商品票证称作"第二货币",它在一定意义上也具有真正货币的职能。

我认为,商品票证的作用主要有以下几个:一是可以局部缓解供求关系,二是可以在一定程度上缓解物价上涨带来的压力,三是具有比较合理的交换价格。

第二,在"关于商品票证管理的思考"中,我认为(摘录):

　　商品票证管理的关键，就在于商品票证是否有价这一问题。很长时间以来，我们一直是在商品票证无价这一前提条件下进行票证管理的。因此，造成了一些管理上的失误。商品票证管理的最大失误，是票证发放不公平，即票证份额面前未能真正做到人人机会均等。城市居民中不抽香烟者也能分发到同抽香烟者相同份额的烟票，所以，农村居民也应该像城市居民一样分发到相关的其他商品票证（粮票、煤票等可适当例外）。因此，应以各个地区或部门（包括农村）的合理人数按比例地逐次下发，也可采取一户一票或一人一票的形式，最后个人以集中一定数量的票证或票证积分去购买想要的凭票商品或相应的凭票商品。另外，我们还可推行特种票证或通用票证，这样还可以减少在印发和管理票证中的困难，使票证的职能得到进一步的完善。

　　商品票证的合理使用，固然可以使更多的消费者满意，但发放商品票证本身并不能增加社会劳动财富，从而也就不能从根本上缓解供不应求的矛盾。所以从长期看，最重要的还是要努力发展生产，增加供应，取消商品票证，恢复商品价格的真实面貌。只有这样，才能使我国的经济沿着健康发展的轨道前进。

　　评论：当时，取消商品票证是不太可能的，而我的观点和方法应该比较可行。这一方法就相当于今天特大城市的有条件的"积分入户政策"一样可行。这篇文章最终在《安徽物价》双月刊1989年第6期《工作研究》专栏上发表了2500字左右。

　　这篇文章写成之后，省厅徐同志感觉内容很好，很快就准备了两三张纸以上的详细写书计划，书名还是定为《商品票证新论》。徐同志曾在省厅有关编辑部工作过，年龄与我相仿。他思路广、写作能力强，能写较长的文章，在当时他好像已经编辑过或写过书，所以功底应该比我强不少。而我只是观点新颖，但是我大学文科功底很不好，那时还没有写过上万字的文章，只是合肥市财政局一名普通的工作人员，所以不敢与徐同志合作写书。在当时，即使我只是象征性地配合，主要由徐同志执笔，这本书就可能如期完成和出版了。因为我的原因，这本书最终没能动笔。但是，从另一个角度看，我这篇文章的思想、观点应该是很不错的。

二、东引西伸、超前研究、银行利率

我早期的文章中有一篇是写我国由东向西发展关于大江大河水运方面的文章，之后还写有经济理论方面如何进行超前研究的文章，在银行利率方面也有过一些探讨。这组文章共有6篇，我计划重点介绍前面的2篇，因为其中分别有"东引西伸"和"超前研究"这两个我自己已经十分喜欢，别人也可能会喜欢的，在当时看来特别新的"词"。我自己认为，这组的几篇文章在总体上可能要比上组的几篇文章更重要一点，我更满意一点。上组文章在一定程度上"没有"新词，上组首篇文章《肉、禽、蛋、菜价格放开以后》因为是我人生的第一篇文章，写得和发表得都还好，所以总体上我不能说不喜欢。这组首篇关于大江大河水运的文章虽是我人生的第二篇文章，是在1986年发表的，但写得和发表得都相对更好，又有"东引西伸"这个新理念，因此我更加喜欢，并且在总体上我还把这篇文章看作自己的成名之作。同时，这也是我的代表作或几篇代表作之一。当时那位只比我大一岁，也只有26岁的年轻编辑现在已是我省前几名主要领导之一了。

总之，这两组文章中，这篇《要重视发展我省内河运输业》（1986年），在《安徽日报》上发表的《物价问题面面观》（1988年），经济理论超前研究方面的文章（1988年），在江西财经学院《当代财经》上发表的《对按劳分配理论研究的几点新思考》（1989年）这4篇都是很好的，我还把《要重视发展我省内河运输业》这篇文章看作我的成名之作。另外，上组文章中，《浅谈新时期的按劳分配》已有后来的《对按劳分配理论研究的几点新思考》的雏形，我的《商品票证新论》也是比较好的一篇文章。但概括来说，上组文章的内容只是："早+好"，而这组文章的内容则是："好+新词"。

（一）我把《要重视发展我省内河运输业》看作我的"成名之作"，其核心内容是"东引西伸"，这篇文章也是我的代表作之一

安徽地处华东腹地，是我国沿海与内陆地区经济协调发展的"桥梁"，搞好安徽内河运输，可以有效地促进全省经济、文化的发展。

安徽拥有长江、淮河两大水系，支流纵横，湖泊星罗棋布，而且又处长江下游、淮河中游之间，水面宽广，水流平稳，有搞好内河运输的极好条件。然而，这些条件当时并未得到充分的利用。以1984年与1949年相比，全省水运通航里程不仅没有增多，反而减少了35%以上。1984年，全省拥有水运通航里程5890公里，虽名列全国第七，但其中水深一米以上的只有3000公里，仅占总里程的50%左右。而且河道的堵断问题也很严重，支流和小河尤为如此，不少河道连续运输极为困难。全省水运设施、船舶更为落后，远远满足不了各方需要，供需矛盾日益突出。一条长江的运输能力可相当于十五条铁路，但当时实际发挥出来的运输能力只相当于一条铁路的作用，淮河也大体如此。

针对以上情况，我认为，我省如能充分利用内河优势，积极挖掘河道的运输潜力，无疑将对全省的水运事业发展有着十分重要的意义。随着经济、社会的发展，城市的辐射力和吸引力将会越来越大。仅从长江、淮河来看，当时在省辖八市中就有六市滨临江淮两岸，其中长江向东依次流经安庆、铜陵、芜湖、马鞍山四个城市，淮河向东流经淮南、蚌埠，合肥、淮北两市也有一定的水运条件。

现把本文最为精彩的内容介绍如下：

长江是我国第一大河，是我省最为重要的水上航道，充分利用长江现有的天然水运能力，不仅可以促进我省沿江城市和沿江地区经济的发展,而且可以促进我省"东引西伸"的顺利进行。目前,全国各地都在大力发展横向经济联合,方便的交通运输是联合的重要条件之一。沿江四市不仅运输量大,而且分布较均,距离适中,这更能体现水运的优点,只要长江水运的优势和潜力能够较好发挥,那么沿江四市以至沿江整个地区,不论是目前还是今后的较长时期,其运输需要基本上是可得到保证的。利用长江搞好我省沿江地区的开发,不仅有利于本省内部经济的发展,还有利于打开我省对外发展的大门,变"东引西伸"为现实。我省沿江地区东接江苏的苏南地区和上海市。苏南地区以经济发达而闻名于全国,拥有大小城市十个,上海更是人人皆知的全国经济中心。所以,我省采取"东引"战略必定收益很大。我省沿江地区西临湖北、江西,积极向西伸展,不仅可以使长江中下游地区联合成为一个整体,还可以便利我国依托长江沟通沿海与内陆的多方合作关系。我省沿江地区处在我国从沿海向内陆发展的最佳水运地理位置,具有得天独厚的"西伸"条件。

淮河比起长江虽有些逊色,但毕竟是我国知名河流之一,我省北部就在这天然航道最为便利的中游。淮河不仅干道优越,而且支流亦多,整个皖北平原水运的优势和潜力,可为我省长江流段的一半。已知淮河现有的水运能力可相当于五条铁路,但当时所能发挥出来的只占十分之一,相当于半条铁路的作用。所以,充分利用淮河中游的有利条件,搞好沿淮中游地区与上游、下游地区的水上联运,必然会促进我省淮河两岸地区经济的发展,使皖北地区出现一个以蚌埠、淮南两大城市为中心的新兴的沿淮经济发展区。

我省除了长江、淮河两大水系以外,还有一条较大水系——新安江。它发源和主要分布于我省江南的南部地区,屯溪市就是滨临此江畔的一颗明珠。流经屯溪市的新安江是我省向南发展的主要通道之一,它是我省同沿海浙江省横向经济联合发展的重要纽带,也是我省连接浙江省城杭州的直接水上通道。所以,也不能低估新安江的作用。

发展内河运输业，还因为它具有投资周期短、见效快，投入资金少，运输成本低，适合大批量的中长途运输，可以促进防洪和灌溉能力的提升，是一条炸不断、打不烂、安全可靠的永久交通线，具有不多占宝贵的土地资源等优越性。因此，我们今后应该做好三大方面的工作。

第一，在"要充分认识我省发展内河运输的优势和作用，正确处理好水陆两路运输的关系"中，我认为：

建国初期，我省水路运输在全国是比较发达的，当然不可否认，这与当时陆路运输还没有较大发展这一客观因素有一定关系。但是，随着陆路运输能力的不断提高，一些同志对水路运输不感兴趣了，"重陆路，轻水路"，以致我省解放三十多年来水运事业一直没能得到较好的发展，某些方面还有严重的倒退现象，使本来就存在的运输总量与实际运输能力之间的供需矛盾日益加深。发展社会经济，交通运输事业必须先行，经济翻番，交通更应翻番才行。因此，随着社会的进步，就必须不断发展交通运输事业。

但是，交通运输的形式是多种多样的，一般主要是公路、铁路、水路、航空、管道这五大类。对我省来讲，就应具体问题具体分析，所以要充分利用我省内河运输的便利条件，大力发挥水运作用，因地制宜，全面发展我省的交通运输事业。另外，当时我省经济发展水平较低，这就必然要求我们不能忽视发展投资周期短、见效快，投入资金少，运输成本低的适合我省需要而又有可能的内河运输业。交通运输的发展，应采取公路、铁路、水路三大运输一齐上的方案，要全面考虑、正确处理各种运输形式之间的关系，积极加速我省水运事业的发展。

第二，在"要利用多形式、多渠道的方法，筹集资金，支持我省内河运输事业的发展"中，我认为：

发展内河运输，筹集资金是一个重要的问题。过去我省内河运输投入资金少，投资比例小，形成长期停滞不前以至倒退的局面。但这与没有发挥多形式、多渠道筹集资金支持内河运输有着密切的关系。我省经济一直比较落后，投入资金少在所难免，但是如能发挥多形式、多渠道筹集资金的作用，提高内河运输的投资比例，并给予其应有的地位，那么我省内河运输长期滞缓的落后局面是会有所改观的。

20世纪80年代中期，我省内河运输的投资平均每年只有两百万元左右，不用说发展壮大，即使维持当时的状况也是困难的。从1949年到1984年，我省水运投资只占交通运输投资总额的4.5%，同期公路和铁路投资却分别占26%和69%。另外，我省用于水运建设的资金筹集渠道也很单一，一般只来源于财政一家，这就很难调动各方面的积极性。随着经济体制改革的不断深入发展，我们应该适应我省交通事业发展的需要，积极通过多渠道筹集资金，可以采取国家、集体、个人或中央、地方、个人一起上的政策。我们在建设中要按责、权、利相结合的原则，把水运发展项目具体承包给有关单位或个人，以便调动和加强承包各方的积极性和责任感。项目承包具体可以采用招标和投标的方法，然后确定中标的最佳方案。我们不仅对省内和国内可以这样做，即使对国外，也可适当地这样办。

第三，在"要加强技术改造，以内涵扩大再生产为主发展我省水运事业"中，我认为：

目前，我省水运事业所拥有的基础设施和技术装备远远满足不了社会经济发展的需要，同时存在着比较严重的自然磨损和精神磨损现象。这些现实存在的客观因素，不仅造成了水运效益低下的局面，还严重制约了其他部门的正常发展。基于我省经济状况较差，物力、财力有限等原因，"七五"期间或者2000年以前不大可能会筹集到足够的资金投入水运事业，因此这期间我们必须走加强技术改造，以内涵式的扩大再生产为主的水运发展道路。内涵扩大再生产不等于不要资金，但这将会大量节约投资。

当时，我省水运机械化、现代化程度还很低，不仅不能发挥应有的运输作用，反而暴露出了水运速度慢、灵活性不强等一些弊端。我省的水运发展就是要设法消除这些弊端，尽可能地把水运潜力挖掘出来，充分发挥其作用。

技术改造是指加强河道、码头、港口、装卸工具等必要基础设施以及合理更新船舶的工作。这种技术改造和技术进步的工作，应该以我省长江和淮河的运输状况为依托，调动各方面的积极性，加快发展的步伐，以满足全省社会经济日益增长的需要。

根据我省当时的具体情况，我们可以分两步走：首先进行河道严重堵断的疏通和清理，开展码头、港口、装卸工具、船舶等的养护和维修工作，同时提高管理水平，然后进行河道的挖深和拓宽（例如淮河就需要挖深，一些小河、支流还需进行拓宽），改造码头、港口、装卸工具的设施和设备条件，适当加快船舶的更新换代。

评论：这种分两步走的实质，就是相当于以简单再生产养扩大再生产，以近期生产养远期生产，最终以内涵扩大再生产养外延扩大再生产，以水路养陆路全面发展。这是加快我省当时内河运输发展的根本出路。

我的这篇文章原文近5500字，最终以4000多字的篇幅在中共安徽省委讲师团公开发行的刊物《理论学习》月刊1986年第11期最主要专栏《振兴中华 建设安徽》上作为第一篇文章发表的，实际上也就是当期全刊最重要的一篇文章，本期发行前《安徽日报》把包含我这篇文章在内的少数几篇文章作为"重要目录"介绍过。以上，我用"议论"、"摘录或介绍"、"再议论"、"评论"几种方式几乎把大约四五千字的这篇文章全部介绍了一遍，因为这篇文章不仅基本上是我的成名之作，还是我的几篇代表作中的一篇，所以介绍得比较详细。

评论：本文一开始就明确提出"安徽地处华东腹地，是我国沿海与内陆地区经济协调发展的'桥梁'，搞好安徽内河运输，可以有效地促进全省经济、文化的发展"的大胆命题，重点论述了以长江为主的水运优越条件，开发皖江，发展沿江四市，不仅可以很好地促进全省发展，还可以做到"东引西伸"，尤其是呼应上海和苏南以及向西发展，即相当于今天的"呼应浦东"和

"西部大开发"之作用。另外,沿海地区相当于"弓",长江相当于"箭",上海相当于"箭头",以及由北向南的北京(含天津等)、郑州、武汉、长沙、广州(含深圳等)相当于"弦",北京(含天津等)、广州(含深圳等)则相当于"弓"或"弦"的两端。其中,"箭头"和"弦"基本上是我这次对其他人"箭理论"的补充或充实,这个"箭理论"在当时有一定的影响。为此,本文对必须做好的三大工作用大篇幅的文字进行了详细介绍。本文在选题上有重大意义,内容上富有创见性,能提出重要观点"东引西伸"和对策,资料翔实,论据充足,结构合理,文字流畅,对后来的"呼应"与"开发"以及"箭理论"都应该能起到超前的指导意义,对我省当时的内河运输业发展应该有实际的应用价值。

(二)《对经济理论超前研究的几点新思考》(与他人合写,我是第一作者)这篇文章中极早就有了"超前研究"这一理念

十一届三中全会以后,我国的经济理论研究在很多方面为我国经济改革和经济建设指明了前进的方向,提供了一定的理论依据。与此同时,现实的经济工作也给经济理论研究提出了越来越多的新问题。经济理论研究的每次突破,常常是在改革的洪流一再冲击下而从理论上反映出来的。经济理论的这种落后研究在一定程度上抑制了我国整个经济的加速发展,同时还严重地阻碍了我国经济理论研究的正常开展。为此,今后我们在进行理论研究时,必须主要加强三个方面的工作。

其一,在"进一步打破传统的思想观念,积极确立理论要超前研究的新观念"中,是这样认为的:

经济理论研究同其他理论研究一样,要想有所突破或有较大突破,就必须在研究方法和指导思想上有较大的突破。如果我们只拘泥于陈规陋习,不敢积极创新,那么我国经济体制改革和经济建设就一定不会出现令人满意的成绩,甚至还会停滞或者倒退。近几年来,随着经济改革和对外开放的全面展开,传统的理论研究思想已经历着深刻的变革,但是我们的经济理论研究还没有适应形势发展的需要,现实中仍有一些已经过时的经济理论在影响着我们,甚至在某些领域内还根深蒂固。如果我们熟视无睹,这些势

必会影响各项经济改革的顺利开展。

所以，如果大家都只会遵循已有的一切，不求改变，不思进取，肯定也谈不上什么改革，搞不出什么创新。没有改革和创新，社会主义经济建设就只能是一句空话。

经济理论超前研究的关键问题是要有一种超前的经济观念，用一个字来讲就是求"新"。优秀的理论文章先是其观点新颖、论点突出，其次才是论据、结构、文字等条件，观点不新、论点不明，其他条件虽较好的文章算不上好文章，反之观点很新、论点很明，其他条件虽差一些的文章却可算得上好文章。这就是说，任何文章只要论点在别人或旧的思想观点之上，有所突破，有所创新，并能顺应历史潮流和经济发展的基本规律，其价值会远远大于对已过时的或别人提出的观点的论证或解说。然而，我们的一些经济理论工作者，往往只学会了论证领导观点的正确性，而忘记了本身的职责，这是一个值得我们重视和改变的问题。

搞好经济理论超前研究和指导实践，还取决于人们思想观念的更新程度。做理论研究，如果没有大胆的设想，那么就一定不会有科学的成就。我们决不应该把"恪守本分"看成理论研究领域内的所谓安定因素，而应该把敢于不断创新、不断开拓的精神和行动看成一个社会能够真正安定、团结和高速发展的首要因素。这种人类永不枯竭的创造欲，永无止境、永不满足的探索精神，正是人类创造一切奇迹的重要动力。

评论：没有革命的理论，就没有革命的行动。同样，没有改革的理论，也就没有改革的行动。没有理论指导的改革，是盲目的改革。盲目的改革，就是我们最反对的改革。

所以，为了经济体制改革的顺利进行，我们就必须积极在实践中摸索，从而大胆和科学地提出和确立能为经济进步提供理论依据和指明方向的一种有用的、可行的超前理论。

其二，在"敢于推荐和重用理论人才，大胆支持组织理论队伍进行超前研究"中，是这样认为的：

> 经济理论研究工作是一项抽象思维很强的复杂工作，能够专门从事经济理论研究的人员不多，其中能够真正敢于思考，能够大胆提出新问题、新见解的宏观理论人才更加稀少。如果我们仍抱着过时的传统观念来评价每一个理论工作者，压抑他们的创新和进取，那么我们的研究就只能落后。不可否认，每一个理论工作者都有自己的长处和短处，但要想使每一个理论工作者都能够更好地发挥自己的聪明才智，就决不能因为他们有这样或那样的小问题而抑制其才能的施展，而应该用人之所长，避人之所短。

经济研究的超前理论，由于受到不同时空因素的制约，因此也具有一定的相对性。例如，在同一地点，今天提出的新经济观点，对于昨天来讲一般就是超前的，但对于明天来讲则可能就成了一种落后的理论。或者在同一时间，甲地遵行的经济理论，对于乙地就有可能是超前的，而对于丙地就有可能是落后的。所以，我们不能使超前理论绝对化，否则超前理论也就没有进一步发展的必要了。

评论：经济理论工作者进行超前研究时，不仅要敢于大胆设想和创新，而且必须考虑到理论的实用性，绝不能因为已考虑了超前的长远意义，而忽视了现实意义。我们只有兼顾创新性和实用性，才能使超前理论达到最完美的境界。

不可否认，只要是科学的超前理论，就一定有其作用。我们目前研究的侧重点应该主要放在指导实际工作和解决实际问题上。这并不是否定超前研究，而是超前研究的良好开端，是超前研究必须通过的首要环节。经济超前理论不仅来源于实践，还应回到实践中去进一步检验，只有不断反复和完善，理论研究才能逐步得到发展。

其三，在"改革报刊宣传工作，积极迎接突破性理论研究成果的挑战"中，是这样认为的：

改革需要宣传，宣传需要改革。我们写过文章的同志一般会有这样的感受，觉得写文章难，发表文章更难，观点过时了难发表，观点超前了更难发表，即使发表了，也很难被有关部门重视。不难看出，目前这种宣传工作还远不能适应改革形势的需要。对经济改革中已经出现和将要出现的新问题研究不够、宣传不力，对群众最关心的经济问题不能做出令人满意的解答，一遇敏感问题就"绕道走"的宣传方法必须予以改革。因此报刊宣传工作不仅要在指导思想、内容和方式方法上进行必要的改革，特别对有关突破性较大的经济理论研究成果，更要敢于解放思想、正视现实、迎接挑战，以便为进一步深化改革奠定牢固的理论基础。

然而，当时的报刊宣传一般只是登载一些人们已较为清楚了的所谓经济理论。这些文章的题材往往有一共同的特点，就是只会或只敢在无关紧要和人们已较为熟知的经济方面进行反复的"探讨"，有的只是从不同的角度来说明同一问题，以致我们很难在报刊上看到自己还从未考虑过的突破性或带有实质性的超前理论，我们也就很难从中受到启迪。我国沿海地区经济由于在对外开放中能够敢于学习先进的观念、先进的生产技术和管理方式，所以真正促进了其经济的迅速发展。

评论：经济科学在理论研究上理应同自然科学一样，必须具有很强的超前精神。近三四百年来，人类社会生产力的每一次实质性的重大发展，就是在蒸汽机、电力、电子等自然科学的一系列重大突破之后才逐步发展起来的。如果经济科学乃至整个社会科学不能像自然科学一样敢于突破，在宣传时畏首畏尾、左顾右盼，那么经济研究工作必将坐失良机，失去存在的价值。不进则退，这是一条永恒的规律。

这篇文章原文并不怎么长，只有4000多字，也只有3500字左右的内容发表在市级期刊《合肥经济研究》双月刊1988年第2期的《理论探讨》专栏上。

评论：总的来看，这篇文章的内容不仅同上篇文章一样气势比较磅礴、比较震撼，哲理、时空观念也较强，而且同样有"新理念"，这个新理念就是——"超前研究"。总之,在一般情况下,我的观点或思想可能要超前当时的水平十年或更多,有时我的文章中还有一点执着的探索精神和一点所谓的"霸气"。

有兴趣的读者可以查一查当时是否已有其他人在正规场合用过"超前研究"这种理念。很难查到的原因,一是当时社会主张"现实"而非"超前",二是至少要查1988年之前甚至1987年之前的,因为我这篇文章的投稿时间是1987年下半年,而发表是1988年上半年的事了。

这篇文章也是我几篇代表作中的一篇,所以在上面也介绍得很详细。我对这篇文章的不满意之处,主要在于其发表的刊物级别不够高。

(三)《关于银行利率改革的见解》

按一般情况看,一个社会既不应该以提高存款利率来片面鼓励储蓄,又不应该以降低贷款利率来单纯刺激购买和扩大投资规模,而应两者兼顾,以适度为标准。但当时却偏离了存、贷各自的均衡点,回归不够明朗。当时,人们已经不再满足于通货膨胀早已经是两位数这一条件下的大约只有7%的利息,以致走向银行抢提存款,造成了一些平时难以脱手的滞销商品也被抢购一空,不少企业更是利用资金使用成本较低而纷纷贷款,以作最佳的"效益手段"。

我的这篇文章原文没有再分小标题,在正文中我是这样写的:

目前,全国城乡居民储蓄余额已有4000亿元,其原因除了居民储蓄率相对较高之外,还有其他几点:一是"票子"较以前发行多了;二是居民终究不能把整个储蓄花光用完,即使有此打算也得有一过程;三是多数人在一定程度上被突如其来的通货膨胀冲昏了头脑,只好听天由命,存款还未去取。这种储蓄,实质上是一种"倒挂"现象,显然不合情理。虽然银行刚刚把利率大约提高到了9%和增设了部分保值储蓄(相当于第一步利改方案),但依本人之见,这对消除现有被动局面仍然是不会产生什么作用的,人们自然也就不会意识到它的存在。所以,我们很有必要去探讨可能出台的新的利改方案,即第二步利改方案。

贷款利率高于存款利率,存款利率如有提高,贷款利率也将相应变动。当时,存款利率提高的趋势已能看出,这说明了贷款利率的提高也将随之来临。从资金的供求关系看,一方面由于我国正处于经济大发展的黄金时期,各种投资需求日益高涨;另一方面各家银行竞相开展储蓄业务,挖取和争夺新老客户,以通过增加资金去满足各方投资需求。银行资金供不应求的矛盾,严重加剧了经济大发展时期的投资饥饿症。因而,适度提高贷款利率的条件应该已经成熟,解决好这个问题,"存款利率的提高"也就迎刃而解了。

贷款利率提高的理由:第一,存款利率提高的趋势推进了贷款利率的相应提高;第二,供求矛盾迫使银行不得不按供求规律或价值规律办事;第三,日益高涨的通货膨胀要求银行"金价"至少不得低于物价上涨指数,甚至较之更高一些;第四,受货币时间价值决定论的影响,要求银行资金经过一定时间周转之后,理应产生一个相对稳定的增量;第五,合理提高贷款利率还可以促进申请贷款单位加强资金管理,提高资金使用效率。

提高贷款利率的直接动机固然很好,但要真正做好却不容易。其中,最为困难的就是贷款利率的提高很大可能将直接推进生产成本或生产费用的增加,造成商品价格的再次上涨,从而在上次通货膨胀的基础上又一次爆发新的通货膨胀。提高利率、收缩信贷资金本应是抑制通货膨胀的有效手段,但在当时却有可能成为推进物价上涨、通货膨胀的一个重要因素。要解决好这个问题,在当时还得从利率改革入手,虽不是全策,但是最为直接、实用的方法。

评论:由于提高利率一般并不立即触发物价上涨和通货膨胀之故,所以我们有理由去抓住这一"时滞",即时间上的滞后,一次一次地合理、间断地适度提高贷款利率,这一方法应该比较可行。另外,不仅可能有"时滞",而且可能有"边际效应递减"这一因素。在贷款利率提高之后,"存款利率的提高"就有上调的空间了。

这就是，先适度提高一下贷款利率，在物价还未做出上涨反应之前，相应多做一些配套工作，如每次涨价来临前夕多做一些预防涨价、准备货源、宣传以及合理的行政干预工作。另外，由于竞争机制已被引入企业，成本费用的增加并不一定都表现出相应的价格上涨，部分成本费用是可以在内部被消化的，最终所表现出的涨价要比同步小些。

评论：我们知道，发展才是硬道理，要想彻底解决问题，还要加强经营管理，提高企业经济效益，以保证有足够的商品供应市场，这就是我国银行利率改革的根本思路和最终出路。

这篇文章最终在合肥市企业管理办公室、合肥市企业管理协会主办的《企业经济》双月刊1989年第1期《工作研究》专栏上发表了2500字左右。这篇文章的最可取之处在于几乎就在我的这篇文章发表的同时，好像就是1989年2月1日这一天正好公布了"第二步利改方案"。

（四）《关于财政理论超前研究的几点思考》

我看过的文章中，特别喜欢其中的两篇。一是西方大哲学家叔本华的《论天才》（两万多字）这篇文章，二是我国著名科学家钱学森主编的《关于思维科学》一书中的《相似论》这篇文章。

在《论天才》这篇文章中，主要是讲"干才"与"天才"的区别以及作用的，干才一般是指人具体的能力，天才一般是指人抽象的思维。天才又分不同范围下的小天才和大天才。

在《相似论》这篇文章中，作者对科学、技术、思维在发展过程中的作用和规律方面进行了全面的分析和思考。作者认为，人和普通动物有相似性，都属同一大类，所有的动物和植物有相似性，都有细胞，都由细胞组成；动植物和岩石等自然界物质也有相似性，都有分子和电子等；各种科学、各种技术以及各种工作中的思维方式方法都有"相似性"。可以说，"相似论"是我们学习、工作、生活等一切方面十分重要的认识论和方法论，如果我们运用得当的话，这个理论能够在我们的工作、学习等方面起到明显的立竿见影的作用。

我的这篇文章《关于财政理论超前研究的几点思考》就是在前面的那篇《对经济理论超前研究的几点新思考》基础上进行修改和加工而完成的，既是相似的，又是独立成篇的。用上面的相似论来说，相似之中有"同"、有"异"，修改加工不多就是"大同小异"，反之就是"小同大异"，所以可以根据情况而定。"万物都有联系"，也可以说就包含着这个道理。

评论：我的这篇文章，只是把前面文章中的"经济"改成了"财政"，如有必要还可以改成税务、审计、物价、交通、教育、文化、体育等这些大的方面以及其他小的方面的"某某理论超前研究"的相关文章，其中包括改成自然科学理论方面的超前研究也行，所以从发散性思维看，就是改成几十篇、几百篇甚至更多都可以，而且反之亦然，这就是归纳与演绎的方法。但是中观理论、微观理论一般没有宏观理论气势磅礴和气势震撼。然而，不论如何归纳或演绎，都很难再有更新颖的思想、更新颖的观点，所以这一点我们也必须有所考虑或适当考虑才行。

我认识的熟人中，有一位姓方的同志对数学高级游戏平面"幻方"和立体"幻方"等有很深的研究，他在这方面的"相似"的研究成果和全国公开发表的"相似"文章已经很多，我估计不仅可以出书，而且应该可以申请世界纪录了。如果哪位还没有看过《相似论》，建议先看一下，想必对写文章等方面的事情也会大有好处。

我的与前篇相似的这篇文章，最终在《合肥财会》双月刊1998年第3期上发表了3500字左右的内容。

(五)《可贷资金利率决定理论思考》

利率理论是最早得到阐述的金融理论之一，也是金融理论中最具争议的一部分。我在写这篇文章时，西方流行的一种利率决定理论就是"可贷资金利率决定理论"。

凯恩斯的流动性偏好利率理论把利率看作一种纯货币现象，认为货币的供求决定利率的高低，而完全排斥实物因素（储蓄和投资）对利率决定的影响，这与古典学派将利率完全看成一种实物经济现象及其由储蓄和投资的均衡决定利率的观点形成了两个极端。以英国剑桥学派的罗伯逊为主要代表的"可贷资金利率理论"，试图将实物因素及货币因素对利率的影响综合起来考虑，是在综合了古典学派与凯恩斯利率理论的基础上产生的，因而又称为"新古典"的利率决定论，以与"古典的"利率决定理论相区别。在罗伯逊之后，北欧学派积极倡导此说，英国经济学家将其用数学公式加以表述。

第一，在"从可贷资金的供求看利率决定"中，可以知道利率产生于资金的贷放过程，从可贷资金的供给和需求可以考察利率的决定。

其一，先从可贷资金的需求看：

需求包括：(1)投资——欲进行的实物投资与利率呈负相关，构成可贷资金需求的主要部分。(2)对持有货币的需求，或称货币的窖藏。因为储蓄者不一定会把他的储蓄都用于贷放，他可能把一部分储蓄以货币的形式放在手中，这也就构成了对可贷资金的一种需求。货币的窖藏也是与利率呈负相关的，因为利率代表了货币窖藏的成本。(3)消费者的借贷需求随利率上升而下降。(4)用政府借款来弥补财政赤字形成的政府借贷需求，也是这个道理。

其二，再从可贷资金的供给看：

供给包括：(1)居民户、企业、政府的实际储蓄与利率呈正相关，是可贷资金的主要来源。(2)货币供给增加额，由中央银行政策决定，可视为经济的外生变量，与利率高低无关。但考虑到利率和超额准备金率之间的负相关关系，我们也可以认为它和利率是呈正相关的。(3)货币的反窖藏，即是将上一期窖藏的货币用于贷放或购买债券。(4)国外资本的流入(正供给)和流出(负供给)。

综上可以看出，通过可贷资金供给和需求的市场均衡便可得出均衡的利率水平。

第二，在"影响利率的因素"中，可以看到几个主要因素：

　　这些因素包括：其一，财富。财富增加对利率的影响取决于财富的类型。如果是构成财富之一的，比如债券资产的增加，会使债券价格下降、利率上升。如果是除债券之外的资产，如货币或者股票价值增加，那么人们会把一部分新增资产转换为债券，则债券的需求上升、利率下降。其二，边际消费倾向。边际消费倾向上升意味着人们会把收入中的更大比例用于消费，从而作为可贷资金供给来源的储蓄将减少。因此，在每一利率水平上，可贷资金的供给下降，结果是利率上升。其三，投资收益即投资的预期报酬率。它的上升会使每一利率水平上的投资需求增加，从而使可贷资金利率上升。在经济繁荣时期，利率往往上升，原因之一就是企业家普遍对投资前景看好，因而借款需求强烈。其四，政府预算赤字。政府往往发行政府债券，也就是向公众借款，因此预算赤字的增加意味着可贷资金利率的上升。其五，预期通货膨胀率。从债券的供给看，由于借贷的实际利率等于名义利率减去通货膨胀率，当预期通货膨胀率增加时，实际上意味着预期的实际借款成本下降。从债券的需求看，由于预期通货膨胀率实际上相当于实物资产的预期报酬率，所以它的上升将使人们对实物资产的需求增加，对债券的需求减少。两者的共同作用将使均衡利率上升。

第三，在"与流动性偏好理论的比较"中，可以知道从流动性偏好的利率论到可贷资金利率论，利率的决定由货币的供求扩展到可贷资金的供求，这不仅仅是概念的转移——从货币向可贷资金，也不仅仅是影响因素的增加——增加了储蓄、投资、赤字、国外资本流入等，两种理论是有很多重大区别的。

首先，与流动性偏好说把利率看成纯货币现象而完全由货币市场均衡决定不同，可贷资金说强调非货币市场因素——投资、储蓄、政府赤字等对利率的影响。这就是说，利率并非货币的供求均衡就能决定，实物经济中的其他因素也会通过影响货币供求而对利率产生作用。

储蓄增加、消费减少，为进行消费而持有的货币需求减少、利率下跌。投资增加，为投资需要而持有的货币增加、利率上升。因此，利率由可贷资金的供给曲线和需求曲线的交点来决定，而供给曲线与需求曲线受货币市场与实物市场的相互作用影响。实际上，可贷资金利率理论是试图在古典利率理论的框架内，将货币供求的变动额等货币因素对利率的影响考虑进来，以弥补古典利率理论只关注储蓄、投资等实物因素的不足。这样，可贷资金说就以影响货币供求的因素分析，完成了"古典"利率论与流动性偏好论的结合。从这个意义上讲，把它称作"新古典"的利率论是恰如其分的。

其次，流动性偏好说着眼于货币的供求关系，论述的是货币存量对利率的决定作用。可贷资金说强调总供给曲线与总需求曲线，论述的是各个时期的储蓄与资本流入、流出等流量对利率的影响。

这是一个重要的区别，也是可贷资金说对流动性偏好说的一个非常重要的发展，即没有采用凯恩斯的存量分析方法，而是继承了古典利率理论的流量分析方法。存量分析是一种静态分析，对不断变化的经济过程来说，其意义是有限的，而流量分析着眼于经济过程的动态发展，从某一时期的动态因素来研究问题，因而对瞬息万变的经济来说，其指导意义是很明显的。从这个意义上说，可贷资金说对利率理论的发展是有很大贡献的。

评论：利率理论是西方金融理论中一个重要的组成部分，而其中争议最大的就是利率的决定理论。事实上，西方对利率的研究一方面不断发展和完善，另一方面也存在众多理论流派的争议和分歧。我国目前的改革尚处于进行中,利率不太可能像西方市场经济国家那样发挥作用,但是,加强对西方利率理论的研究,对他们的理论加以借鉴和参考,并从中国的现实和目标模式出发,在理论和实践两方面都有着重要的意义,对我们的财政、银行、企业等工作也有较大的指导作用。

这篇文章最终在《合肥财会》双月刊2000年第3期《理论探讨》专栏上发表了3000字左右,并且还可能是我所有文章中理论性最强的一篇文章。不过,这是我唯一的一篇有其他人不少支持和帮助的文章。

(六)《经济理论要重视"超前研究"》

我发表这篇文章是有原因的。这就是之前的《对经济理论超前研究的几点新思考》(包括《关于财政理论超前研究的几点思考》)发表的刊物级别不够高,而且我自己很喜欢《对经济理论超前研究的几点新思考》这篇文章。我想,为了弥补缺憾,达到所谓的完美,最好的办法就是能在一家自己比较满意的、级别较高的刊物或报纸上就这方面主题发表文章。我的这篇《经济理论要重视"超前研究"》就属于这种情况,并最终在公开发行的2001年9月25日《安徽党校报》上以800字左右的篇幅得到了发表。这次发表的篇幅虽然较小,但是其内容精炼。现把这篇文章的主要内容介绍如下:

　　改革需要理论指导,深化改革更有待于理论突破。经济理论研究的关键问题是要有一种超前的经济思想,用一个字来讲就是求"新"。优秀的理论文章首先是其命题新颖、论据充足,其次才是结构合理、文字流畅等方面。一些经济理论研究在决策性的宏观理论上恰恰容易缺乏最后的理论决策,以致思路不够明朗。最根本的原因,就是缺少了一种超前的经济思想或超前的经济观念。经济理论研究是一项抽象思维很强的复杂工作,我们必须做到人尽其才,充分发挥特殊人才的巨大作用。改革需要宣传,宣传需要改革。一些地方经济的总体水平比较落后,在很大程度上就是受那里落后宣传工作的制约造成的。如果经济理论研究乃至整个科学研究跟不上时代发展的步伐，畏首畏尾，不敢大胆创新，那么我国经济改革和经济建设就只能是一句空话。

一篇文章水平的高低，不仅要看所谓的内容，包括所谓的质和量两个方面，而且要看甚至更要看文章发表的级别。西方国家有 A 类、B 类刊物等，我们国家有内部发行、公开发行、核心期刊或报纸等。一般来讲，期刊或报纸的级别对文章的影响力有影响。当然，一篇文章能被他人引用的次数也是评判一篇文章质量高低的一个重要的衡量指标。

评论：我认为，"相似论"还可以包括对文章的修改压缩发表和修改扩写发表以及把文章拆散分开单独发表和把关联文章组合起来发表，加上我在前文提到的"归纳与演绎"发表，都应该属于广义的相似论，这就是我现在所讲的"广义相似论"。我的这一理论对钱学森主编的《关于思维科学》一书中的《相似论》一文应有一定的贡献——提出"广义相似论"这一思想方面的贡献。我这次发表的文章就属于"修改压缩发表"的文章，在一定程度上与摘要、摘录发表相似，这又是一个"相似"之处。所以，学习、工作、生活处处有"相似"。报纸版面有限，应该是这次发表的文章篇幅不长的原因之一。

三、投资发展与经济预警

我在这组文章中，准备了5篇文章：前2篇属于一类，后3篇属于另一类。后一类的文章是这组文章的重点。在后一类文章中，我全面、仔细地分析了当时我国投资波动、经济波动等大起大落方面的根源，并积极寻找了可行的对策。为此，我极早就提出了建立"经济预警"系统，并先后在《安徽财政研究资料》、《安徽日报》、《合肥社会科学》上发表了相关的三篇文章，其中最大的亮点都是积极建议应该尽早建立"经济预警"系统。这三篇文章中，我在《安徽财政研究资料》1989年半月刊第24期上发表了2500字左右，在1990年1月21日的《安徽日报》上发表了近1000字，在《合肥社会科学》的1990年双月刊第2期上发表了6000字左右。这些文章各自最大的特色是：我在《安徽财政研究资料》上发表的那篇文章较早，在《安徽日报》上发表的那篇文章的特点是影响大，在《合肥社会科学》上发表的那篇文章的内容全、篇章结构好。所以总的来看，"早"与"影响大"的文章比较好些，发表在《合肥社会科学》上的文章虽然"全"、"篇章结构好"，但是刊物的级别只是市级，时间比那两篇文章晚些，所以文章的质量可能"差些"。

(一)《合肥市投资战略探讨》

这是从《合肥市投资战略调研材料》中摘录发表的一篇文章，篇幅为3000多字，原文有15000字左右。参加这个课题组的单位有中国工商银行合肥市分行、合肥市乡镇企业局、合肥市财政局、中国农业银行合肥市分行、中国人民银行合肥市分行、合肥市城乡建设委员会、合肥市技术改造与技术引进办公室、合肥市计划经济委员会。另外，中国建设银行合肥市分行、合肥市教育局提供了资料支持。调研材料原文由我和另一位同志共同执笔，我执笔三大部分中的第三部分即对策部分。发表时的作者是"合肥市投资战略课题组"，没署我们两个执笔人的名字。当时发表的3000字内容主要是前面两个部分中的一些内容，这些内容相对来说比较具体。文章开头是这样的：

> 合肥市是中华人民共和国成立后经过大量的固定资产投资活动建立并迅速发展起来的新兴省会城市。自1949年至1985年，共完成固定资产投资39亿元，新增固定资产25亿元，初步建立了交通较为发达，科教实力雄厚，有一定基础的综合型工业城市。但是，整个投资有以下明显的特点：投资完成额相对数较大，但人均拥有水平不高，投资效果不理想，固定资产形成率、资金产值率均较低，投资结构和投资方向不够协调、不够合理。

当时，像合肥市这样的省会城市在20世纪80年代后半期普遍在进行多方面的发展战略调研，然而这一工作在全国范围内虽开展得轰轰烈烈，但也受到争议。现在总体看来，其正面作用还是明显大于负面作用的。

评论：作为省会城市，在制定近期及中长期固定资产投资发展战略时，必须遵循从全国和全省的投资战略和生产力布局要求出发，符合总体构想。同时，要从市情出发，使投资战略的制定符合经济社会发展的实际，而且要围绕增加实力，提高省会意识这个主题，树立创造投资环境，争资金、上项目的投入型思想，积极振兴省会城市的发展。

这篇文章最终在我省公开发行的省级期刊《投资理论与实践》双月刊1987年第1期上得到了发表。

(二)《关于省会合肥市投资战略的对策浅见》

这篇文章主要是前篇《合肥市投资战略探讨》的原文《合肥市投资战

略调研材料》的第三部分即对策部分，对策部分的原文执笔人是我本人，我执笔的对策原文有4000多字，在最终形成《合肥市投资战略调研材料》时，课题组对我执笔的原文进行了不少修改。我感觉修改后的变化较大，而且前面发表的《合肥市投资战略探讨》涉及我执笔的对策部分极少，所以我决定把自己1986年下半年执笔的原文单独发表，这篇文章最终在《合肥财会》双月刊1988年第1期上得到全文发表。

第一，在"加强宏观管理，提高投资效益"方面，我认为：

目前，合肥市在固定资产投资管理上同全国一样仍然存在着许多问题。因此，我们必须从加强固定资产投资活动的综合分析和全面管理着手，积极加强这项工作，并建议成立合肥市固定资产投资管理委员会或固定资产投资管理局。在业务上加强对市属企事业单位的投资项目和内容的综合管理，同时采取相应措施对包括属地内的全部中央和省市企事业单位的资金来源、投资活动实行统一的监督与管理，坚决改变合肥市过去建设项目"百家建、百家管"的混乱现象。其中，对市属企事业单位基建和技术改造工程的决策权或决定权还应该采取审批"一支笔"的方法，以避免多头审批的情况出现。

实行投资工作的统一管理，不仅可以减少投资活动的盲目性，还将促进投资效益的不断提高。

评论：我在1986年提出了成立"固定资产投资管理委员会"或"固定资产投资管理局"的观点，这在当时比较新颖，随着经济体制改革的推进，直到1995年省城才成立相应的"国有资产管理委员会"，并才同时下设了"国有资产管理局"。另外，审批"一支笔"的观点也是比较可行和实用的。

第二，在"正确处理好基本建设和现行生产两者之间的关系"方面，我认为：

为摆脱合肥市经济基础比较薄弱的落后面貌，从长远来看，只有奠定比较牢固的基础，社会经济才能得到较快和稳步的发展。

根据省城的城市性质、功能和发展方向，建议从现在起直到2000年，省城各有关部门必须从思想上重视和认清基本建设对省城发展的战略作用，并围绕城市基础设施、交通邮电通讯、文卫教科等关键环节，制定近期2000年、中期2020年和远期2050年发展战略。因此，必须树立长期建设思想，主动争取投资项目，积极创造投资环境，以吸引更多的投资。为了更好地推动投资建设的顺利发展，不仅省城需要制定投资发展总体战略，而且各个部门尤其是主要部门也要制定本部门相应的投资发展战略。

所以，不论总体战略还是部门战略，都应该主动、积极地进行纵向和横向的比较，研究建设规模和投资可能性之间的关系。总之，现行生产要搞，基本建设也要搞，两者相辅相成、缺一不可。

第三，在"作为省会城市，应要求省里给予适当优惠支持和优先发展政策，以增强省城的辐射力、吸引力和经济实力"方面，我认为：

投资发展战略的实现，其关键问题在于主观建设规模和客观资金来源的两者统一。建设规模过小，虽然资金来源比较易于得到保证，但是社会经济的发展速度就易受到抵制。相反，建设规模过大，虽然存在发展社会经济的主观愿望，但是资金来源在客观上难以保证。所以，只有当建设规模和资金来源两者处于最佳结合状态时，投资效益才能最大化，才能促进社会经济的加速发展。

因而我认为，随着社会经济的不断发展，省城在我省的战略地位也日益突出，但省城本身所承受的担子也相应越来越重了。当时我省已是一个拥有5000多万人口的大省份，如不重点支持省城的发展，必将形成不了一个省内的省级经济中心，因而可能导致决策上的失误。当时，省内合肥、蚌埠、芜湖三个大市经济"一般高"的现象，就已经造成了省会城市的辐射力、吸引力和实力不强的被动局面。所以，从经济发展的长远目标着想，建议省里给予省城必要的支持。

其一，"在投资安排上给予省城以适当的优惠"。现介绍如下：

作为省会城市,在全国主要省会或经济中心中却榜上无名,以致中央在合肥市大投资、大建设的可能性也就很小。为了更好地建设省城,合肥市有理由建议省里根据合肥市今后的发展方向,在投资安排上给予一定的照顾,做到多投资、大投资,欢迎效益高、又可行的新建和技改项目,尤其是大中型项目来合肥市投资。

我们如果当时立即做起,即使是大中型项目,2000年之前也可全部投产,并且开始盈利生效,何况还可以为合肥市2020年甚至2050年经济目标的实现打下比较牢固的物质基础。

其二,"由省牵头以省城为中心,全面推动全省各地之间的横向经济联合"。现介绍如下:

目前,我省经济力量比较分散,北以蚌埠、南以芜湖、中部依托合肥各自为政,以致始终形成不了一个既具有强大辐射力,又具有强大吸引力的全省经济中心。为了省城优先发展,做到以重点带一般,最终促进全省经济的发展,合肥市应该积极建议省里有关部门出面牵头,大力鼓励和全面推动全省各地都尽可能地以省城合肥市为中心,组织和发展横向经济联合,其中包括财力、物力和人力的联合。

实际上,这种以互助互利为目的的新型联合,不仅能够较快地促进合肥市经济和社会的发展,同时可以促进兄弟地市自身的发展。退一步说,其他地市还是比较支持这一做法的。开展横向经济联合,不仅可以形成一种新的生产力,而且具有强大的生命力。

评论:提出通过横向经济联合,形成一种新的生产力,以重点带一般,支持省级经济中心的形成,以增强辐射力和吸引力的这个观点在当时相对较新。另外,省直和中央所属单位尤其是指效益较好企业的内迁和下划也是对合肥市社会经济发展的一种有力支持。

第四,在"改革省城现行的财税管理体制"方面,我认为:

从"六五"时期看,合肥市财政收入情况总的来说是比较好的,为全省经济发展做出了较大的贡献。但是,合肥市可以自行支配的资金却是很少的,除按现行财政管理体制规定上交给中央财政的20%财政收入以外,较大部分财政收入是上交给省里的。即使是超收了,合肥市每年所能得到的分成部分也是比较有限的。况且合肥市存在省直单位、中央所属单位较多,城市基础设施标准要求较高的特殊问题,所以合肥市可以有理由地建议省里在易于办得到的方面,比如提高能交基金收入超收分成比例和提高整个财政收入超收分成比例等,尽可能地给予省城适当的、切实可行的一些优惠政策,以增强省城自我发展壮大的能力。为了打好基础,这在2000年以前尤为重要。采用这种对省城资金支持的补助性做法,我国已有地方开始试行,其效果较好。

随着经济和社会的不断发展,合肥市对财税管理体制的改革要求越来越高,加上合肥是省城,其要求也就自然更高了。然而,合肥市的财税管理体制在较大程度上却恰好地阻碍了自身经济和社会的发展。为了解决这一问题,合肥市应该主动地向我们的邻省江苏省学习。江苏省的苏南地区以经济发达而闻名于全国,拥有大小城市约10个,近年来经济生产发展很快,但财政收入的增长比较慢,其原因不是经济效益不佳(经济效益恰恰很佳),而是因为得到了一些必要和可行的财税优惠政策,使其真正做到了藏富于企业和真正拥有了雄厚的自我发展能力,而并不是那种"杀鸡取卵"的做法。因此,合肥市可以积极根据省会城市的战略地位和改革需求,参照国家财税政策,实事求是,适时改革不符合合肥市实际情况的财税管理体制,灵活和适当地减免有关税收,以利于企业达到发展生产的目的。

评论:合肥市的财税管理体制,在市以上,既要考虑"国家财税政策",又要考虑"省会城市特殊情况";在市以下,既要考虑"省会城市特殊情况",又要考虑"藏富于企业"的需要,所以必须探讨改革的思路。只要找出或能够接近各自的均衡点,财税管理体制的改革就很容易进行了。

第五，在"积极发挥多渠道、多形式等筹集社会闲散资金的作用，有计划、按比例、高效益地全面支持合肥市投资建设事业的发展"方面，我认为：

　　随着财政、金融体制的改革和人民生活水平的不断提高，财政预算外资金和个人闲置资金将会越来越多，充分筹措和利用这些闲散资金对实现合肥市投资发展战略将会起到重要的作用，同时将为合肥市投资发展的资金来源开拓一条新的路子。

合肥市作为省会，在这方面不仅具有吸收市内外闲散资金的有利条件，而且在投资建设中具有国家、集体、个人一起上的投资有利场所。从发展的角度看，这一得天独厚的条件对合肥市经济和社会的发展将会产生日益重要的作用。

第六，在"大力发展科学技术，充分利用现有优势和挖掘现有潜力，积极稳妥地进行引进和消化工作，最大限度地提高投资的使用效果"方面，我认为：

　　当然省会合肥市要想发展，仅依靠省里的优惠政策和财税体制改革等一些措施还是不够的。因此，我们还应根据合肥市今后的城市性质大力发展自身的科学文化教育事业，加强现代经济管理的科学性和民主性，积极发挥现有优势和挖掘现有潜力，使其实际能力接近或超过原有的设计能力，使其投资效益最大限度地发挥出来，不然合肥市的投资发展战略就有可能成为一句空话。

为了早日实现合肥市的这一战略目标，我们还有必要积极稳妥地引进国内外的资金和先进的技术设备，积极做好引进后的一系列消化工作。只有进行改革，解放思想，开放市场，活跃经济，合肥市才能真正最大限度地提高投资使用效率，最终实现省会合肥市的投资发展。

评论：1986年下半年的时候，我只用两三天时间完成的这篇工作文章，即使从现在的角度来看，好像也并没有什么明显的不足之处。另外，我对这篇文章的篇章结构等也比较满意。

（三）《在治理整顿中稳定投资》也是我比较满意的一篇文章，其中很早就提出了"经济预警"这一理念

这篇文章应该是在1989年下半年完成的，我当时一边写这篇文章，一边想到其他两个问题（应该是"商品票证"和"会计人员双重身份"方面的问题），所以在一个月内一下子写了3篇文章。那2篇都是3000字左右的文章，而这篇"投资文章"原文却写了9000字的篇幅，这也是我所有40多篇文章中最长的一篇。这篇文章共有四大部分，其中第四部分是对策部分，这部分最为重要并占全文三分之二的篇幅，而且又分八大对策。我把与财政工作有直接关系的几大对策加工成了这篇文章，并在《安徽财政研究资料》半月刊1989年第24期上发表了2500字左右的内容。

第一，在"必须转变旧的投资观念，确立投资适度增长的思想"方面，我认为：

> 随着我国社会主义商品经济的发展，社会分工越来越细，协作越来越广泛，商品生产已不再是商品生产者或某一个企业的事，整个社会投入与产出存在着相互依赖关系。这一关系一旦被打破，必将造成商品生产秩序的大动荡。目前，商品生产的投入与产出已不再是计划经济条件下的一个稳定比值，投入的增加虽可为经济腾飞注入新的活力，但投入过多必然又会导致结构性方面的资金、建材、原材料、能源等紧张，以致走进物价上涨—通货膨胀—物价再次上涨这一恶性循环之中。即使一份投入能够带来一份产出，在短期内市场容量与销售又是一个大问题。

因此，仅凭主观愿望来提高投资增长速度显然是不足取的。反之，投资过少也会影响经济的正常发展。只有投资增长在合理、适度的时候，社会经济才能得到较快的发展。

第二，在"加强宏观管理，完善投资结构"方面，我认为：

> 目前，我国在固定资产投资管理上仍然存在着许多问题，各部

门、各地区互争投资、重复建设,尤其是一些行业的投资增长过快,比如电视机、电冰箱、砖瓦生产等。这些投资虽在一定程度上可以缓解供不应求的矛盾,带来近期的效益和实惠,但会出现投资结构不平衡,易于造成部分产业投资过旺,部分产业投资过淡。前者将会促成消费早熟、生产相对过剩,后者能够导致一些基础产业生产不足。在目前的有效需求下,部分产业的生产能力已开始或明显超越合理界线,这些产业的比例失调源于投资结构不合理。

为此,我提出:

必须完善两个方面的工作。其一,建立投资"预警"系统,及时反馈国内外信息,积极做好投资导向工作,定期尽可能地向投资方提供准确无误的投资信息,防止投资出现波动。其二,重视投资理论研究,既要重视投资的宏观理论,包括产业结构、投资机制、投资计划的研究等,又要重视投资的微观理论,包括投资的技术理论、难点攻关、资金筹措等。

总之,只有加强各方工作,才能稳定投资政策,才能最终克服或避免我国经济建设的投资波动。

评论:当今社会各种"预警"司空见惯,但是20世纪80年代后半期应该还看不到类似于"预警"、"经济预警"或"投资预警"这方面相关的词。我于1989年下半年在《安徽财政研究资料》上发表的综合经济文章中就极早使用了"投资预警"这一类的词,并建议抓紧建立"投资预警"系统。现在看来,这一观点在当时是十分超前的,而且有十分重要的实际意义。这就是我这篇文章的"最大贡献"。

第三,在"运用好信贷和财政杠杆,充分发挥对投资的调控作用"方面,我认为:

近年来,我国银行的信贷管理明显地放松了,促成投资膨胀日趋严重。在目前低效益的情况下,投资的日益膨胀以及固定资产形成率的降低，一方面激化了物资供应的短缺矛盾，另一方面使工资收入急剧增长。为了使投资走出困境，必须加强银行信贷对投资的管理工作。应依据从市场获取的大量信息，对资金的流量、投资的结构进行较细的统计分析，据以制订科学的信贷政策，对投资实施管理。

在普遍出现投资过热或过冷的情况下，可以适当提高或降低银行利率，在部分经济出现问题时，可凭经济手段对其投资导向与信贷政策加以修正，实行紧缩或鼓励政策，从而对投资的产业结构、地区协调发展程度的变动及时施加信贷影响等。

我们从财政的角度看，各级财政预算如无特殊情况理应自求平衡，不打赤字预算，不搞超预算投资，各项工程预算务必准确，做到节余有奖、超支不补，以防"钓鱼项目"的不断出现。从税收的角度看，应尽可能地增强税收对投资的调节功能，凡经济过热就应该适时增加税赋，凡经济滑坡、出现不景气状况，就应该削减相应的税赋。从财政信用看，在经济活动总体过热时，可以适度发行一些基础产业攻关债券或公债，加强对重点项目的投资，以利于经济长远发展。从基金的角度看，应管好和用好企业折旧基金和其他基金，减少其对投资市场的不利影响。

第四，在"克服领导和政策的短期化行为，确保经济发展的稳定和连续性"方面，我认为：

由于受领导素质和任期时间的影响，领导在评价自身政绩时，往往只比较重视考核任期内所做出的硬性工作，比如争取项目、资金有多少，完成投资、工程竣工、新增产值又有多少，等等。而对软性工作，比如产业协调、部门配合、国民经济综合平衡等不够重视。另一方面，领导在安排计划时，可能更重视近期就能产生效益的项目。

因此，克服领导和政策的短期化行为，是今后确保经济社会发展的稳定和连续性以及避免投资波动的一项十分重要的措施。

另外，在投资问题上，还要通过严密的计划，搞好投资的产业结构、产品结构和地区协调发展，并使投资规模与人力、财力、物力相适应。

评论：增加商品经济的成分，发展有计划的商品经济，不是不要计划性，只是很难做到百分之百的计划，所以曾经有一伟人一百年前就说过"计划不是无所不包的计划"，但是如果我们能把"计划"本身的事情做好，多搞一些计划经济并不是坏事，因为"计划"本身是没有错误的，"计划"好比就是一个目标，就像我们每年的新年工作计划以及国民经济计划等一样，所以，"计划"是应该有的，但计划的方法或手段要能跟上才行，这方面的工作如果能够真正跟上，实行计划经济同样也能成功。总之，千万不要一讲到"计划"就完全反对，合理进行"计划"也是可行的。

我这篇文章中提到的"投资预警"，其实就是我们现在常讲的"经济预警"，或者两者几乎是一样的，这一"预警"的意义很大，并在我们的经济工作中还起到了越来越重要的作用。

（四）我在《安徽日报》上发表的《在治理整顿中稳定投资》在更广、更大的范围内更加权威地探讨了"投资预警"、"经济预警"的作用，还进行了"预警"方面的大声呼吁

我这次在《安徽日报》上发表的内容虽然只有近千字，但是文章短小精悍。在这篇文章中，我具体是这样写的：

投资增长是经济发展的动力。但是，投资作为一个整体，虽有相对独立的一面，也有与人力、财力、物力、经济环境、政治环境、方针政策密切相关、不可分割的一面。比如，投入的增加虽可为经济腾飞注入新的活力，但投入过多必然又会导致资金、建材、原材料、能源等紧张，使本来就已经短缺的经济更为短缺。因此，仅凭主观愿望来提高投资增长速度是不足取的，而必须确立投资增长力求适度的思想。当然，投资过少，也会影响经济的正常发展。所以，只有基本建设和现行生产两者比例科学，投资增长合理、适度的时候，经济生产才能得到较快发展。

以上就是第一段的内容，下面是第二段：

投资是一项系统性很强的工作，其计划性重视不够，可行性论证不足，都将带来严重的后果。我国历史上曾出现过"三线"投资的波动、乡镇企业与"洋、高、大"投资的两极波动和"楼堂馆所"投资的波动等，教训尤应记取。计划性本身没有错，发展商品经济，不是不要计划性，而是要使我国有计划的商品经济能够充分实现，并成为弥补现行计划手段不足的一种有效办法。

后面的文字，则是第三段的内容：

关于投资结构方面，目前我国在固定资产的投资结构管理上仍存在着许多问题，尤其是一些短缺项目的投资。这些投资虽在一定程度上可以缓解供不应求的矛盾，带来近期的效益和实惠，但其投资结构往往很不平衡，使部分产业的生产能力已开始或明显超越合理界线。因此，我们必须从加强投资活动的宏观管理着手，并建议设置投资管理委员会或投资管理机构，采取投资审批的"一支笔"方法，坚决改变以往建设项目"百家建、百家管"的混乱现象，使各行各业的投资活动发挥出最大的效益。

为此，在文章的最后，我更是特别强调：

在今后的经济建设中，必须完善两个方面的工作。其一，建立投资"预警"系统，及时反馈国内外信息，积极做好投资导向工作。其二，重视投资理论研究，确保投资科学化和稳步增长，其中包括产业结构、投资机制、投资计划等宏观理论和技术论证、难点攻关、资金筹措等微观理论。

这篇文章从当天下午投稿到第二天上午发表出来居然没有超过24小时，因此这是我发表速度最快的一篇文章。这篇文章最终是在《安徽日报》1990年1月21日的理论版面上得到发表的。

评论：能够在《安徽日报》上这么早就大声呼吁建立"投资预警"、"经济预警"系统，所以其影响更广、更大而且更加权威。所以，我对这篇文章很满意，这是我几十篇文章中最满意的几篇文章之一。

（五）《关于投资波动的思考》是我原文篇幅最长、发表篇幅最长、篇章结构最好，内容也很大气、震撼的一篇文章

前两篇先后发表的篇幅一个较长、一个较短的文章，是在我的这篇原文9000字文章的基础上修改而来的。其实，这篇文章原来的标题是《怎么办——关于投资波动的思考》。我记得西方好像有一本名著叫《怎么办》，列宁好像有一篇文章就叫《怎么办》。然而，在我这篇文章发表时，编辑人员把"怎么办"三个字去掉了，以《关于投资波动的思考》这个标题发表了6000字左右的较多内容。不过，这篇文章的篇章结构最后仍然是原文的四大部分。

第一，在"思考之一：问题的提出"中，我认为：

投资是经济发展的基础，投资增长是经济增长的根本动力，这一作用已日益得到更广泛的证明。但是，投资作为一个整体，虽有相对独立的一面，也有与人力、财力、物力、经济环境、政治环境、方针政策等密切相关的一面。投资增长过快，很难有持久的物质保证，过慢又很难保证经济的正常发展。所以，投资行为必须处于最佳位置，投资效益才能最大化。

然而，做到这点并非易事，这从我国投资的周期性更替中即可简单看出。投资的周期性更替造成了投资的波动，因此必须考虑如何解决这一问题。

第二，在"思考之二：问题的分析"中，我认为：

中华人民共和国成立几十年来，我国的投资活动已经历了几

个周期。第一个投资周期从1949年到1952年，即国民经济恢复阶段。第二个投资周期从1953年到1957年，即第一个五年计划阶段。第三个投资周期从1958年到1962年，即第二个五年计划阶段。以上三个周期，由于各个投资行为大致相同，即都是一次波动超过一次波动，之间并未出现较大的波折，而从总体上迅速高涨起来的，以致造成了在这三个周期之上的投资活动的总波动。所以，我们又可称之为第一大阶段。这一阶段前后共延续了13年。第四个投资周期从1963年到1968年，即三年调整阶段和"文化大革命"前期。第五个投资周期从1969年到1972年，即"文化大革命"中期。第六个投资周期从1973年到1976年，即"文化大革命"后期。上面三个周期的各个投资行为也大致相同，但不同于第一大阶段，而是同一振幅的三次连续波动，之间仍未出现较大的变化，是一次大周期之间的三个小周期波动。所以，我们又可称之为第二大阶段。这一阶段前后共延续了14年。第七个投资周期从1977年到1981年。1982年以来，经过新的调整，我国经济又能得以较快的恢复和发展。另一方面，随着改革开放的深入发展、"两权"分离进程的加快以及高消费思想的影响，我国投资再次出现过热波动，其范围之大、速度之快、危害之深都是以往不可比拟的。基建过大、信贷失控、工改未达目标、生产物资短缺、成本上升、效益低下等一系列问题先后都爆发了出来。从1989年起，投资过热已有收敛之势且日趋明显。到1989年下半年，这一行为则变成急剧下降。从1988年七八月份到1989年七八月份的短短一年时间内，我国经济从一个投资"高峰"进入了一个投资"低谷"，而且还在继续下降，目前仍未开始回升。为此，我们把1982年以来的投资行为暂时定为第八个投资周期。这后两个周期从总体上看，与前面第一大阶段基本相当，但由于被前面的第二大阶段割断，所以我们应单独称之为第三大阶段。这一阶段前后共达13年。

我在原稿中对"问题的分析"有1800多字，这次发表出来的只有800多字，所以显得有点不够详细，有点不够清楚。

第三，在"思考之三：问题的根源"中，我认为：

我通过对中华人民共和国成立以来投资周期变化的分析，可以简单看出在这几十年时间中，我国前后共出现了八次投资周期，平均每一周期持续5年左右，而且每连续二三个周期，就可成为一个大的阶段，每一大的阶段约为十三四年。另一方面，每次投资周期的形成并非是由经济因素所引起的，那些非经济因素却成了我国投资行为周期性变化的主要原因，从而使我国稳定的、有计划的商品经济黯然失色，给众多的人留下了经济波动的印象。然而，压缩投资、经济走到"低谷"，又开始蕴藏着一个更大的投资冲动。几十年来，我国投资行为就是这样不断波动着的。总之，我国投资周期性波动的根本原因，正是由我们所指的非经济因素中的政策周期性波动这一根源导致的。这一点，我们必须高度重视。

所以，我认为，我国投资周期性波动的根本原因，并非是经济因素，而是我国相关政策的周期性波动导致的，或是投资政策，或是经济政策的周期性波动导致的。这就是我国投资波动的根源，即"问题的根源"。

评论：我提出的"政策的周期性波动就是投资波动的根源"，这是我这篇文章的核心观点之一。同时，领导的变动又是政策波动的原因之一，所以，我们要从法律的高度来做出有关规定。

第四，在"思考之四：问题的对策"中：

我认为，"如何面对投资波动"，这给理论工作者和实际工作者提出了一个亟待解决的重要问题。为此，我拟就了八大问题，并主要从政策的角度来分析如何消除投资行为的周期性波动。

其一，必须转变旧的投资观念，确立投资适度增长的思想。

仅凭主观愿望来提高投资增长速度显然是不足取的。反之，投资过少也会影响经济的正常发展。只有投资增长合理、适度的时候，社会经济才能得到较快的发展。

其二，正确处理好基本建设和现行生产两者之间的关系。

为摆脱投资波动的困境，我们一方面要搞好基本建设，另一方面要搞好现行生产，使基本建设和现行生产总体上保持着一个比较稳定的比例。现行生产不仅关系到较近时期的群众生活，而且可以延续再生产，并为下一步再生产的扩大积累必要的资金。

其三，加强宏观管理，完善投资结构。

我认为，我们必须从加强固定资产投资活动的综合分析和宏观管理着手，在宏观上搞好对全国各行各业、各个地方关系到国计民生的投资项目管理，促进投资决策科学化，改变我国以往建设项目"百家建、百家管"的混乱现象，使各行各业的投资活动日趋合理，从而发挥出最大的效益。

其四，强化消费应变心理，削弱市场非正常波动对投资的不利影响。

由于我国市场经济的发展刚刚起步，造成各方面的消费心理普遍十分脆弱，市场物价的每次波动都可以从消费或购买心理的变化中得到体现。从生活消费的角度看，首先，人们的生活水平尚属温饱型，很难承受物价上涨的冲击。其次，许多消费者过多地重视了消费的横向比较。最后，人们的有效需求目前约有5000亿元人民币，因此不论出现抢购或者滞购无疑都将对市场形成巨大的过旺或过淡的影响。从生产消费的角度看，也是大致一样的。

因此，我们必须从强化消费的应变心理或"市场对冲作用"着手，尽可能地削弱市场消费的非正常波动对生活和投资生产的负面作用，减少社会财富的浪费。

其五，运用银行信贷和财政杠杆，充分发挥其对投资的调控作用。

随着"拨"改"贷"的推行，银行信贷和财政杠杆已成为能够对投资发挥作用的主要宏观调控机制。

一是信贷机制方面：

近年来，我国银行的信贷管理明显地放松了，促成投资膨胀日趋严重。在目前低效益的情况下，投资的日益膨胀以及固定资产形成率的降低，一方面激化了物资供应的短缺矛盾，另一方面使工资收入急剧增长，从而造成了现行短缺的经济更加短缺。为了使投资走出困境，必须加强银行信贷对投资的管理工作。为此，我们必须依据从市场获取的大量信息，对资金的流量、投资的结构进行较细的统计和分析，据以制订科学的信贷政策，对投资实施管理。在普遍出现投资过热或过冷的情况下，可以适当提高或降低银行利率，在部分经济出现问题时，可凭经济手段对其投资导向与信贷政策加以修正，实行紧缩或鼓励政策，从而对投资的产业结构、地区协调发展程度的变动及时施加信贷影响等。

所以，为了使信贷机制充分发挥作用，我们必须防止各个专业银行之间资金"争夺战"的发生，以避免信贷机制的失灵。我国各个专业银行的根本利益是一致的，以适当的交叉业务加强竞争、提高效益是可取的，但不讲每一专业银行所属的业务而过分竞争，不仅会阻碍社会分工的进一步发展，还可能造成各个专业银行信贷管理的混乱，以致造成银行之间不必要的内耗。

二是财政机制方面：

从财政的角度看，各级财政预算没有特殊情况理应自求平衡，不打赤字预算，不搞超预算投资，各项工程预算务必准确，做到节余有奖、超支不补，以防"钓鱼项目"的不断出现。从税收的角度看，应尽可能地增强税收对投资的调节功能，凡经济过热就应该适时增加税赋，凡经济滑坡、出现不景气状况就应该削减相应的税赋。从财政信用看，在经济活动总体过热时，可以适度发行一些基础产业攻关债券或公债，加强对重点项目的投资，以利于经济长远发展。从基金的角度看，应管好和用好企业折旧基金和其他基金，减少其对投资市场的不利影响。

在当时，我们也可以搞好比如"能交基金"等的合理使用，给一些短缺产业的发展带来生机，还可以参照各级财政部门内部实际早已存在的"机动财力"，来建立起相应的规范化的法定基金即"机动基金"，以确保那些突发的部分短缺经济（或产业部门）的合理优先发展。

其六，克服领导和政策的短期化行为，确保经济发展的稳定和连续性。

由于受领导素质和任期时间的影响，领导在评价自身政绩时，往往只比较重视考核任期内所做出的硬性工作，比如争取项目、资金有多少，完成投资、工程竣工、新增产值又有多少，等等；而对软性工作，比如产业协调、部门配合、国民经济综合平衡等却不够重视。另一方面，领导在安排计划时，往往只重视近期就能产生效益的项目。

因此，克服领导和政策上的缺陷，是今后确保经济社会发展的稳定和连续性，以及避免投资波动的一项十分重要的措施。

其七，加强计划性，减少盲目性。

投资是一项系统性很强的工程，其计划性重视不够，可行性论证不足，都将带来严重的后果。首先，"三线"投资的波动。由于受当时国际环境的影响，我国投资重点急转到了以内地山区为依托的安全地带即"三线地区"。又由于建设困难大、基础设施差、产业不配套，使得投资效益一直不高。为了摆脱困境，20年来的"三线"工程终于开始走出贫困，走向自己的新生。其次，乡镇企业与"洋、高、大"投资的两极波动。乡镇企业的发展在总体上已予以肯定，但仍存在一些问题且日趋严重，比如技术力量较弱、盲目性较大、与城市大工业争原材料等。为了使其能够持久发展，最近中央明确提出了要对乡镇企业进行严格的重新审查登记，其客观上必将造成乡镇企业投资的部分滑坡。在乡镇企业发展的同时，在投资的另一极，我们又脱离了自己的国情，盲目引进了过量的"洋设备"、"高技术"、"大项目"，使得我们在现有水平下难以消化与管理，其结果必将造成投资的损失。最后，"楼堂馆所"投资的波动。风靡一时的"楼堂馆所"建设狂潮是超前消费的产物，随着治理整顿、廉政勤政、消费降温的开展，楼堂馆所得到了不同程度的压缩或停建，但另一方面却给我国重要工业之一的建筑投资带来了不小的冲击。

所以，这些教训尤应记取。增加商品经济的成分，发展有计划的商品经济，不是不要计划性，而是要使我国已有的计划经济作用能够充分实现。所以在投资问题上，就是要通过严密的计划，搞好投资的产业结构、产品结构和地区协调发展，并使投资规模与人力、财力、物力相适应才可以。

其八，只有稳定政策，才能最终避免投资波动。

政策既来源于经济，又服务于经济，政策的不稳定性，是投资波动的根源。我国几十年来的投资足以表明政策的重要性，况且由于市场机制、经济法规等经济手段刚刚起步或不够健全，使得有关政策对投资的影响更为明显。我们知道，经济机制不可能在较短时间内就迅速建立并完善起来，政策对投资的决定性影响将继续在较长时间内存在，进而言之稳定政策就成了现行阶段投资工作登上新台阶的重要条件。为此，必须完善两个方面的工作。其一，建立投资"预警"系统，及时反馈国内外信息，积极做好投资导向工作。只有建立"预警"系统，才能根据需要定期或不定期地向投资方提供准确无误的投资信息，以防止投资出现波动。其二，重视投资理论研究，确保投资科学化和稳步增长。我们既要重视投资的宏观理论，包括产业结构、投资机制、投资计划等的研究工作，又要重视投资的微观理论，包括投资的技术理论、难点攻关、资金筹措等。

总之，只有加强各方工作，才能稳定投资政策，才能最终克服或避免我国经济建设的投资波动。

　　最终，我的这篇文章在《合肥社会科学》双月刊1990年第2期首个栏目《探讨与争鸣》上发表了6000字左右。

　　评论：总体来看，这篇文章的贡献，首先在于提出"预警"一词，其次是关于"计划"工作的表述，再次是对"问题的根源"一针见血指出。同时，其内容大气。所以，这篇文章也是我最喜欢的几篇文章之一。

四、承包格局与市场管理

我准备在这里介绍5篇文章，前3篇都是关于"承包"的，后2篇都是关于"市场"的。总体而言，这两类文章的内容和重要性旗鼓相当，前者篇幅较长一些、结构较好一些，后者主要是发表的报纸级别较高一些，所以我对后者更满意一些。

(一)《一盘并未下完的棋——关于承包格局浅议》

这是我于1988年8月代表所在工作单位专门为合肥市直属机关青年"我为改革献一策"征文而写的一篇文章，其中一等奖1名、二等奖1名、三等奖3名，共5人获奖，我这篇征文荣获三等奖，排在三等奖的第一、获奖5人中的第三，并入选当年10月编印的《市直属机关青年"我为改革献一策"征文作品选》。为此，我打算在这里介绍一下我当时比较满意的、有五六千字的这篇征文。

我们知道，承包一般是指生产经营方面的承包。总体上看，当时这一承包虽取得了较好的成绩，但也存在着一些弊端和新的问题。为此，本文重点对承包的趋势、承包的格局作了粗浅分析。

第一，承包中的新老问题。

实践证明，我国承包的方向是正确的，成绩也是肯定的。但各地方在推行承包制过程中，无论是理论上还是实践上都遇到了一些新老问题。这些问题归纳起来主要有六个方面。

一是承包的领域难以确定：

承包是从生产领域中产生的，但现行承包仍未真正走出生产经营性质这一承包领域。即使在生产经营单位内部，也未能够真正做到必要的相应配套承包，造成了一个整体中已承包的若干工作与未承包的若干工作不能产生应有的承包效应，甚至后者对前者还从反面生发出难以预料的牵制作用，以致承包在一定程度上流于形式。目前分析，承包的重心仍应放在生产方面，但这并不等于承包就只能局限于生产之中。"承包"不仅可以在一个生产单位内部自由发展，而且可以扩展到生产单位外部，延伸到一切适用承包的领域。因此，承包的范围、承包的领域有待于进一步探讨。

二是承包的基数和发展速度问题：

目前承包基数的确定，只是采取一户一定的办法，至今还没有一种通用的方法以计算出各户承包的基数，以致承包基数的确定缺乏规范化，其科学性也就无从证明，这给以后广泛开展承包工作设置了一个不可忽视的障碍。如果不能很好确定基数，那么只能是一种定性上的承包，缺乏定量的定性承包，是一句空话。另外，即使基数确定合理，如果没有恰当的发展速度，承包双方也难长久进行下去。目前，一方面普遍存在的对基数和发展速度进行"讨价还价"或"一压再压"的承包行为，其结果偏离了承包的预期愿望；另一方面不加以区别生产潜力而机械地确定基数和发展速度，客观上不仅会造成鞭打快牛，而且会造成保护落后的局面产生。

三是承包的短期化行为仍未解决：

造成承包短期化行为的原因，可以分为外部和内部两大方面。从外部看，上级有关部门评价对下管理（或者服务）的自身政绩时，往往比较重视考核任期内所做出的硬性工作，而对待下面生产单位的软性工作（如技术培训、设备更新、基础工作等）不够重视。从内部看,由于审计工作未能很好跟上,极易造成"家底"不够明确,从而为耗竭性使用资产这一短期化行为大开了方便之门。承包期偏短(目前一般为两三年,应提高到四五年为宜),则是短期化行为产生的直接原因。承包期内新增资产的所有权问题不能得到解决,造成了承包方思想顾虑重重,承包人和职工在商品经济条件下注重实惠和眼前利益的趋势,成了短期化行为的最终原因。

四是包盈不包亏的问题难以根本消除:

现实情况是,承包只包盈不包亏。实行承包,必然存在风险,不是这些单位亏损,就是那些单位亏损。因此,要求承包单位建立风险基金和准备抵押个人财产,但实际上这些都是微不足道的,以致出现了亏损后,除小部分能由承包方补偿外,大部分只能由国家认账。这在目前我国生活水平较低的情况下,是难以从根本上解决的,其结果必定是干好干坏一个样,奖罚不明,调动不了承包者进一步提高生产的积极性,起不到承包应有的效果,最终导致效益不佳。

五是承包者应有的利益和社会约束问题:

目前的承包,各地对承包者的经济利益等方面呼声很大,要求承包者所得经济利益应兑现,要由承包者完全自主支配,不受外部力量的约束。另外,由于我们并不能保证每一个中标的承包者都是完人,他们有可能在承包期内做出我们不曾预料到的不好的事情,因而我们很有必要在并未无所不"包"的情况下,对承包行为建立一个社会适度约束机制,即通过适度约束机制对承包的不稳定方面进行合理社会约束,以保证做到事前引导、事后不偏,从而更好地完善承包工作。

六是关于转包的问题:

目前,各地都存在着不少关于承包中的转包问题。一般来讲,现行中的转包都是以转手获利为首要条件的。其结果，最大的弊端不是（或不只是）在于中间转包方获得某些好处，而是在于最终承包方在很大程度上不符合最先的事前要求。我们只要进行分析，就不难看出转包会影响承包工作的顺利完成，这就像流通环节的增加最终会造成商品价格的提高一样，转包次数多了最终则会造成承包合同不应有的压价，以致造成承包的问题与日俱增，这对承包的双方和整个社会都是十分不利的。

第二，承包的趋势及其最终格局。

通过以上分析，我们可以看到承包中的问题是不少的，这六个问题中的最主要的是承包的领域、基数和发展速度、短期化行为、包盈不包亏这前面的四个方面，但最根本的一条应该是现行承包的领域不够确定、不够开拓，以致承包中的各个因子（其中一部分已被承包）在相应的空间不能产生出应有的协同效应。这就证明了现行承包的范围、承包的领域仍未达到或仍未超过临界点，从而也就不可能使承包效应有一个突变的增长。

其一，在"拓宽承包领域，促进有关各方配套发展"的分析中，我是这样认为的：

现行承包作为一种生产经营方式，由来已久。但从党的十一届三中全会以后看，这一承包首先是从农村突破和取得极大发展的。由于农村承包单位较小，一般只以一户为单位，在其内部所属环节甚少，既便于承包工作一揽子到底，不易中途节外生枝，又不易造成承包复杂化，这是农村承包顺利发展的重要原因之一。关于"包"字能否进城，人们一开始就存在着认识上的分歧，但其经过周折仍进了城，从中则说明了一个至关重要的问题——这就是承包的领域是可以有较大发展的——这也是本文的核心内容。"包"字进城以后，承包双方都遇到了诸多未曾预料到的新老问题，以致承包双方产生摩擦。结果在承包中，双方都在理想与现实之间彼此冲突、相互矛盾。现行承包，就是在这样的境界中艰难地向前迈进着，并时而伴有阵痛。进城以后，"包"字最先安家于经济效益很差的小型企业之中,使其受益匪浅。成绩得到肯定后,便迅速在工业、商业等各类小型企业中普遍推广。

然而,企业毕竟不同于责任田,其规模(即使是小企业)普遍都比后者"广阔"数倍乃至百倍以上,复杂性也是以往农村承包所不能比拟的,从而证明了城市承包从超稳状态的小型企业中一开始就不易突破和扎根下来,各种新老问题不断向它撞击着。

小型企业虽小,但毕竟是经济指标、政策制度、人事关系、就业规定等事项俱全的经济实体。目前承包是不成熟的,不可能把企业内部所有的事项都承包下来,即使将来也不大可能是无所不包的承包。从理论上分析,应该承包的理应承包,但实际上由于工作手段的不足却做不到这一点。承包的困惑和问题正是从理想与现实的差异比较中产生的,为了消除不利因素,承包的范围从单纯的个别主要经济指标逐步扩展到了较多的经济指标和与之紧密相关的其他方面,在现有承包手段还不能触及的企业某些方面,只能引入"模糊"机制,以引导企业承包向完善的方向发展。从整体上看,小企业也不是孤立的,与外部社会自始至终有着多方面的联系,这就造成了现存企业很难有条件独自进行承包,无时无地不受来自外界力量的制约。承包怎么办,小企业承包能否扩大到更广的领域,这给理论工作者和实际工作者提出了一个亟待解决的难题。起先一般认为,城市承包只能在经济效益很差的小型企业中进行。实际上,效益的好与差是相对而言的,引进承包有利于生产力的发展则是正确的。目前,全省乃至中央有关部门正在开展的生产力标准讨论也说明了这一问题。另外,我们不应把大量的时间和精力花费在仅仅去探讨承包能否引申到中型乃至大型企业之中,而应尽可能地去做。承包快速发展的事实在一定程度上已回答了这个问题。承包的领域、承包的界限是相对的,并随承包的发展而不断变化着,其辐射的最大范围处于承包发展的最高峰,其效应与承包的范围在一定的程度内是同步的,至少也应同向变化。明白了这些关系,承包的辐射范围也就不难预测了。

当时，全国承包已开始一浪高于一浪，不仅遍及中型企业，而且涉及了较大企业，同时开拓了局部新的试点领域。但必须看到，当时的承包仍大致在生产经营领域"绕圈子"，并未真正延伸到生产以外的其他领域，从而致使承包又在更广、更深的空间产生了牵制作用。

评论：承包工作不仅要思考怎么解决好新老问题，而且应该把重点放在前面第一个问题即对"承包的领域"深层次的探讨和实践上，不宜或不能一部分承包、一部分不承包，只有把承包的领域拓展，应该承包的都尽可能地承包了，其他问题才好解决，扩大承包的领域、承包的范围就是这篇文章的核心内容。

其二，在"现存事业、机关部门也能引进承包机制"的分析中，我是这样认为的：

我国的改革，经过这些年的磨炼现已到了攻坚阶段，这为深入、持续承包提出了更高的要求。实际上，人们早已提出了改革机关的呼声，要求政府廉洁、党委公正。同时，也提出了改革事业单位存在日趋萎缩的局面。这既是改革带来的挑战，又是一次改革带来的机遇，我们理应不畏艰险、不失时机地把承包的浪潮引入现存事业、机关部门中来，引入一切适用承包的领域。我认为，承包既是管理的一种具体形式，又是一种责任，任何工作都缺少不了管理者和责任者，因而任何工作在理论上都存在能够引入承包的可能性，其中包括在部分工作中引入"模糊"承包机制。

一旦该包的都包了，则承包的领域和效应都相应表现为最大值，以致各种关系在承包的约束下逐步趋于和谐，整个社会必将秩序井然。当社会能在责任分明到约定俗成的方式中继续发展的时候，承包的领域将会有意无意地收缩，承包的效应也将随之弱化下来，从而不用承包也能照样开展工作，因为承包的烙印已永久留在了人们的观念之中。

目前看来，这方面的突破可分为两步。第一步，先从事业单位入手。事业单位一般包括科、教、文、卫等机构，其中科研单位的设置较为简单,承包从科研导入也较为适宜。现实中的少数科研单位的试点(或已承包)则可说明这一问题,以至由易到难、由浅到深逐步进军于卫生、教育、文化等事业中。第二步,再到机关部门进行。机关主要分为政府部门和党委部门等,虽然党委部门的设置较为单一,但由于其工作不易量化,结果必将阻碍承包引入的速度。反之,政府部门容易一些。最终,党委部门也将在适度的范围内推崇承包行为,从而使承包在尽可能大的领域中发挥出最大的作用。

所以,一般越是难承包的领域,硬性机制应越少,"模糊"机制则应越多,这在事业、机关单位中尤其重要。

评论:其实事业、机关单位中要求一级对一级工作负责的这种工作责任制本身就属于承包制,但是关于把承包制真正引入事业、机关等单位的探讨并不多见,这部分的内容应该是前面核心内容"拓展承包领域、扩大承包范围"的具体延伸,所以这应该是本文的一个重要内容。

第三,关于几个需要补充的问题。

承包固然可以解放生产力,调动各方的积极性,但其并非是一种万能的管理方法。为此,在承包工作中仍有几个问题不可忽视:

一是单纯拓宽承包领域并不能彻底排除隐患。承包中的问题是很多的,仅凭借这一方法只能解决其中的部分问题。

二是推行承包的同时,灵活引入股份制等其他一些经营机制,效果则会更佳。如果我们使租赁制、承包制、股份制共生,一方面各自扬长避短,另一方面各取其所长、补己所短,总的收效是不会不显著的。

三是租赁制、承包制、股份制三大形式的利弊亟待定论。一般认为,租赁制适合于较小企业,而股份制则适合于较大企业,承包制的适用范围却是前两者的总和所不能比拟的。租赁制由于受有关因素的制约,是不易形成"大气候"的。股份制由于受社会主义初级阶段发展水平的制约,人们手中的货币不会有较多积累，现实中又不会有众多的人甘冒风险，加之被局限于可能盈利的经营单位中，其结果不可能广泛推行。而承包制却有较大的不同，其空间范围几乎不受任何限制，过程中的少数问题基本上可用股份制等方面的优点来弥补。从规范化的角度看，股份制较易，而承包制、租赁制却较不易，其中承包制更难规范。

通过上面的分析，我们可以看出，承包的趋势已有一些明了，但要使承包从随机化、经验化转变到规范化、科学化，还有许多工作要做，还有待于统筹全盘，下完和下好最后的一步棋。

评论：这篇文章在承包的领域应该扩大、事业机关部门也能引进承包两大方面进行了重点和详细的分析，并有较好的创新意义。但是在文章最后的"关于几个需要补充的问题"中，我对"股份制"的发展预测，现在看来不够准确。但是总的来看，我对这篇文章还是比较满意的。

(二)《承包经营责任制探讨》

我对《一盘并未下完的棋——关于承包格局浅议》在"我为改革献一策"征文活动中获奖比较满意，但是仍感有不足之处，那就是这篇文章能在哪里正式发表一下就好了。于是，我就把这篇征文作为稿件投给了《安徽会计研究资料》刊物，并在1988年第5期上以《承包经营责任制探讨》这个新的标题发表了4500字左右的内容。这篇文章的原文大约有5500字左右，分为三大部分，这次刊登的是前面的"承包中的新老问题"和"承包的趋势及其最终格局"两大重要部分，后一部分近1000字的"关于几个需要补充的问题"没有刊登。

因此，这篇文章总体上与"征文"原文相同，只是修改了标题，只是发表了绝大部分内容，没有全部发表。征文之后，能在有关刊物或报纸上发表一下就是好上加好，能够换个标题和修改一下再去发表则更好。但在同一篇文章中不管怎么修改和加工都很难有新的大的收获，都很难有新的大的突破。所以，从这个角度看，不如重写一篇文章，当然重写一篇文章也不是那么容易的事，除爱好、水平之外还要有一定的灵感。

评论：总的来看，原文标题比较有特色，也比较大气，这次标题改得比较普通，但是新的标题也有好处，在一定程度上这篇文章相当于一篇新的文章，而且刊登的前面两大部分的内容确实是本文的重点，没有刊登的后一部分的内容正好不是本文的重要内容，另外后一部分内容中的关于"股份制"推广可能性的相关表述本身也不够准确，所以这后一部分的内容整个没有刊登也就没有什么大的遗憾了。最终，这篇文章在《安徽会计研究资料》上得到了比较满意的发表。这从表面上看有一点像"斤斤计较"，但又不是"斤斤计较"，而是一种执着精神，一个人就是在这种执着精神的驱使下才会逐步提高和进步的。

(三)《一盘未下完的棋——关于承包格局浅议》此文与前面的征文原文标题存在一字之差

追求完美是一种境界。如果这篇文章的原文三大部分上次在省厅刊物上是全部发表的，我也就不太会有重新投稿和重新发表这篇文章的想法了。然而，之前发表的只是前面的一、二两大部分，虽然这两大部分是全文三大部分的重点，但第三部分没有刊登出来，我总感觉到有些遗憾，于是又有了这次投稿。

这一次投稿还是没有三大部分全部刊登，而是把我修改后的二、三两大部分刊登了。不管是上次发表的，还是这次发表的，原文的中间部分即第二部分都得到了充分的发表，这在一定程度上确实可以说明这个部分应该是全文的核心部分，即"承包的趋势及其最终格局"中关于"拓宽承包领域，促进有关各方配套发展，现存事业、机关部门也能引进承包机制"方面的内容，我自己一直把这个部分的内容看成全文的核心或重点。

在发表这篇文章的时候，原文《一盘并未下完的棋——关于承包格局浅议》这个标题被去掉了一个字，即删除了其中的"并"这一个字，从而使其变成了《一盘未下完的棋——关于承包格局浅议》。我认为，有没有这个"并"字，对标题还是有影响的。这不仅是指标题在语气上存在一定的差别，而且标题的变动会影响对文章正文部分的理解。我的原意是，我不是人云亦云地直接探讨"承包经营"这个相对陈旧的话题，而是打算重点去探讨"关于承包的趋势和格局"这个相对较新的问题，因为当时有一些人已经开始认为"承包"工作进行得差不多了，所以我才为此写了有点带有"反驳"意思的《一盘并未下完的棋——关于承包格局浅议》的这篇文章，而且我在这篇文章中认为应该扩大承包的领域，把承包机制引入事业机关部门。因此，我认为没有了这个"并"字，就有些缺少了"反驳"的意思，标题也就有些大众化和普通了，除"语气"之外，标题文字的"力度"明显不够了。总之，这就是典型的"一字之差"的遗憾。

评论：这篇文章最终在《合肥社联》双月刊1989年第1期"理论与实践"栏目上发表了3000多字的内容。这篇文章从征文到初次发表，再到修改后发表，经历了三个阶段，最后全文得到了发表。美中不足的就是仍然存在着上述"一字之差"这方面的遗憾。不过，如果我不主动讲，一般人很难看出这"一字之差"到底有什么区别。但从总体上来看，这篇文章还是完成了其历史使命——比较满意地发表了，这也是我比较满意的一篇文章。

（四）《论市场管理》

在当时乃至今天，市场管理是我们很多人关心的重大经济问题。为此，本人从两个方面谈了自己的浅见。

第一，在"对现有市场管理的看法"方面，我认为：

> 长期以来，很多人一直把对商品价格的管理看成市场管理的主要内容。实际上，这一看法是非常不妥的。其一，科学的市场管理应能很好体现价值规律的要求。价值规律要求我们，制定商品的价格必须依据商品的价值，商品的价格是根据供求关系的变化而围绕着商品的价值进行上下波动的。然而，由于我国制定的价格偏低，在一定程度上导致我国商品经济发展一直十分迟缓。随着经济体制改革的深化，这一偏低的价格政策已越来越暴露出了

自身的弊端。价格改革以后，由于商品数量的相对不足，造成了价格的过快上涨和居高不下，从而使我们再一次走进了市场管理就是价格管理、价格管理就是控制价格的老路。其二，农贸市场的成功管理值得高度重视。自从肉、禽、蛋、菜价格放开以后，农贸市场发生了可喜的变化，主要表现在购销适时、货源充足、品种多样、质量提高、服务优化、设施齐全等方面。然而，人们起初对此有许多顾虑。从市场的变化情况看，由于价格的放开与货源的不足，在一定时期内确实造成了物价的上涨。但是，我们目前只有这样才能真正调动更多的生产者去生产适销对路的"菜篮子"商品，从而在根本上解决商品的不足，最终恢复商品价格的本来面貌。因此，农贸市场管理的成功经验值得我们重视。

所以，放开商品价格以后，我们要尽可能地减少对价格的直接管理，最大限度地做好有关的市场配套或服务等间接管理工作，并以此为手段来真正促进市场管理的目标或目的——即合理的价格水平和规范的市场的早日实现，从而最终健全和完善我国的市场管理工作。

第二，在"关于市场管理的科学思考"方面，我提出：

我们为了进一步搞好市场管理，使广大消费者对市场有一个比较满意的看法，必须积极做好市场管理的主要工作。

一是优化服务：

我们一般认为，服务就是管理，管理就是服务。加强市场服务，是搞好市场管理、安定人民生活的重要方面，也是市场管理的主要内容之一。

二是加强秩序，加重处罚：

市场秩序怎么办，这给理论工作者和实际工作者提出了一个亟待解决的难题。我认为，比较切实可行的办法就是"加重处罚"即经济手段。以往我们只讲思想教育，却不讲或很少讲相应的经济处罚问题。只有改进方法,市场秩序才能较快完善。

在我国,由于不同于西方国家,这一加重处罚是在一定的前提下进行的。这里讲的加重处罚,是指在不削弱思想教育条件下的对市场秩序问题进行相应的加重处罚的一种管理手段。通过这种手段,我们才有可能促进市场秩序走向井然。

三是引导消费:

由于我国市场经济的发展刚刚起步,造成各方面的消费心理普遍十分脆弱,市场物价的每次波动都可以从消费或购买心理的变化中得到体现。

因此,我们必须从强化消费的应变心理着手,积极宣传科学的消费思想与技巧,做好引导消费工作,以最少的消费投入获取最大的消费效益,尽可能地削弱市场消费的非正常波动对市场的负面影响,最终搞好市场管理。

评论:这篇文章基本上属于"工作研究"方面的,重点写了"优化服务"、"加强秩序,加重处罚"和"引导消费"三个方面的内容,而且我们可以比较明显地看出这三个方面的思路都很清晰。这篇文章最终在《合肥社会科学》双月刊1992年第4期上发表了3000多字的内容。

(五)《市场秩序与经济处罚》

出于对我国商品市场的关心,我在《安徽日报》2001年10月12日《新世纪》专栏上发表了《市场秩序与经济处罚》一文。现介绍如下:

市场秩序的紊乱,既是市场管理失策的表现,又是对市场公平竞争的否定。目前,许多人证件不全或无证从事经营活动,以致相关部门很难开展市场管理工作,从而出现了批发环节过多,消费者利益受损,产品宣传失真,计量不实,货次价高,标价不明,按人论价,以伪充真,以劣充好,行贿受贿,偷税漏税,以"柔"克管,以"软"应管等问题。同时由于市场管理导向不明,造成市场管理职能弱化,一些市场秩序已经到了令人不满的程度。一些商贩不去交易场所,而是满街叫卖,这极不利于市场管理。更有甚者,欺行霸市,垄断市场,抗税拒理,有章不循,有法不依,以"刚"压管,以"硬"对管。

市场秩序怎么办?这给理论工作者和实际工作者提出了一个亟待解决的难题。以往我们只讲思想教育,不讲或很少讲相应的经济处罚问题。实际上,只有改进方法,市场秩序才能较快完善。

我认为,当前切实可行的办法之一就是适当"加重处罚",即在加强思想教育的同时对市场秩序问题进行相应加重经济处罚的一种管理手段。加重处罚并非是无限度的,而是依据不低于"市场秩序的破坏者自己给社会造成的损失以及能被合理查出的概率的'倒数'的乘积"对其进行经济处罚。比如,查出某个人偷漏税款10000元,而这一问题十人中只有两人或十次只有两次能被查出,那么施加经济处罚就应不低于$10000 \times (10/2) = 50000$元,非经济损失可以拆成经济损失,以此类推。我认为,这一做法既合理又合法。

以上是我在《安徽日报》上发表的这篇文章全文,虽然篇幅不长,但是表述清晰,因此这也是我比较满意的一篇文章。

评论:这篇文章体现了"市场秩序与经济处罚"的辩证关系,而且比较通俗易懂,对市场管理工作应该有一定的指导作用。同时,对以上"公式"的表述以及公式的形式本身也具有新意。另外,这类文章和这类报纸中能看到这样的数学公式是不多见的,这篇文章最终能在影响力很大的《安徽日报》上发表,这对我来说则是更大的收获。

五、粮食转化、乡村水利资金筹集使用问题

前一部分的5篇文章是以在《安徽日报》上发表的文章收尾的，这一部分的几篇文章则是以在《安徽日报》上发表的文章开头的。我在《安徽日报》上发表的文章正规的有4篇，我在安徽省委《理论学习》上发表并在《安徽日报》上作为"要目"介绍的有1篇，《安徽日报》上还有1篇文章是我和他人合作的，我将在后面的"合作文章"里介绍。因此，我总体上把《安徽日报》看成我自己发表文章的第一阵地。这里介绍的这一部分文章由4篇组成，这组文章分为两类。一是粮食转化方面的文章，二是农村乡村水利资金筹集和使用方面的文章。前者是这组文章的重点，刊登的级别也较高一些，这里的第一篇文章就是在《安徽日报》上发表的关于"粮食转化"方面的文章。

（一）《积极做好粮食转化工作》，这是我特别重要的一篇文章

我父亲大约在1990年夏天的时候曾建议我写一篇关于"教育要从娃娃抓起"方面的文章，我知道邓小平同志在这之前就强调"教育要从娃娃抓起"的思想，我觉得父亲的建议很好，但我还没来得及动笔，就于当年的7月到我所在省城下面县里的农村开展了为期四五个月的扶贫工作。我到了农村以后，很快就被粮食生产大丰收的景象鼓舞。为了帮助农民解决"卖粮难"等有关进一步发展粮食生产的问题，我就写了《积极做好粮食转化工作》这篇文章，而有关"教育"的那篇文章以后一直没有再写过。我现把当年发表在《安徽日报》上的《积极做好粮食转化工作》这篇文章

介绍如下：

　　今年，我国粮食生产形势喜人，可望达到历史最高水平。面对这样的大丰收，以往那种主要依靠做好粮食收购的工作方法应该已跟不上形势了。我认为，在确保完成国家必要收购任务的前提下，抓住抓好"粮食转化"工作，对于我国粮食生产今后的发展至关重要。这一转化的顺利进行，必将成为我国粮食生产取得突破性发展的根本出路。但是，这一转化的障碍有很多，其中主要是以下几个方面：首先，一味追求传统的"生产—交售型"的单一粮食经营思想。其结果必定是只讲向国家上交或出售粮食，而根本不讲对粮食的再加工与再利用。一旦国家收购任务趋于饱和，就意味着粮食生产随之趋于顶峰。其次，落后的粗放饲养观念仍然根深蒂固。农村饲养业的发展，是粮食加工、转化利用的主要部分。目前，农村饲养业虽普遍存在，但规模一般很小，远比不上规模经营，其饲料基本上来源于交售之后的原本余粮，利用效率很不理想，发挥不了余粮的应有作用，造成饲养业水平长期不能较快提高，从而阻碍了粮食生产的进一步发展。再次，可用的财力、物力、人力不足。对粮食进行加工、转化，必须要具备一定的资金、设备和愿为之而探索、开拓的掌握生产技术的劳动者，而目前农村实际生活中，这三者处于没有真正结合发挥作用的阶段，甚至各自的力量都十分微弱，连转化必须具备的临界力量也未达到。最后，宣传、引导、支持粮食转化的工作有待于改进和加强。

为了积极做好粮食转化工作，我当时提出了一些比较可行的观点和思路，其相关内容如下：

　　做好粮食就地转化工作，应以经济手段为主。自从我国产品经济逐步向有计划的商品经济过渡以来，经济杠杆在生产发展中的作用日趋重要。充分发挥经济手段的主导作用，粮食就地转化工作才能持久进行下去。首先，仍要以较合理的价格收购每年实际需要的粮食。虽然这一收购数量每年相对比较稳定，但相应的资金和粮仓必须予以保证。同时应该考虑，今后要逐步把城市中与粮食有关的各类加工厂与粮仓，尽可能地合理迁移或建设在生产粮食较多的地方。这样不仅便于推动粮食生产的就地转化，而且可减轻运输的负荷，粮食副产品还可加工成饲料就地出售给农户用于饲养家禽、家畜。城市中所需的饲料占全社会饲料总量的比重不会较大，今后完全可以根据实际需要量，合理在农村或城市中购买。其次，充分利用现有的粮食、饲料、食品等各类以粮食为主要原料的加工厂，积极加工或转化粮食。农业是我国国民经济的基础，各地各类以粮食为加工对象的生产企业都已存在，但由于过于分散，以致很难形成粮食生产的规模经营，同时由于开工不足，造成生产效率很低。因此，我们必须积极挖掘农村现有粮食企业的潜力，强化经营管理，尽快走出企业生产的低谷。与此同时，加强与城市粮食企业的联系，以便更好地推动粮食转化工作的顺利进行。再次，应尽快制定有关粮食转化（尤其是就地转化）的便农优惠政策，积极宣传、鼓励和支持横向以及纵向的生产联合，促进农村经济责任制向更深、更完善的方向发展，推动农村经济"农、工、商"一体化的早日实现。最后，国家应在可能的条件下修建一定数量的粮食加工厂，变大力收购为大力转化，科学宣传粮食就地转化的合理性和重要性，适时培训有关的组织人员和技术人员，确保农业命脉的水利设施正常运转，从而保证粮食加工业的稳定和持久发展。在粮食商品化日益发展的今天，便利的交通运输对促进粮食加速转化，对促进粮食从生产地到消费地的必要转移，日益显示出"先行官"的极大重要性。

这篇文章最终是在1990年9月25日的《安徽日报》上发表的，以上是发表的全文，这一全文大约为1500字。

评论：这篇文章在级别较高的《安徽日报》上发表只是本文的特点之一，本文还有几个特点：一是这篇文章与我省一名研究"三农"问题的专家撰写的文章组成涉农的"专版"一起在报纸上发表的，他的文章是关于"农村集体经济"方面的文章，我的文章是关于"粮食转化"方面的，两篇文章各有特色。二是提出一味收购的方法不可取,并明确提出了"变大力收购为大力转化"的思想,这一思想是本文的核心内容,不然一旦正常的收购达到顶峰,"卖粮难"的问题将更加严重,通过转化可以很好地解决这个问题,比如把粮食转化成食品、酒类、饲料、生物燃料等,但当时由于国内外粮价倒挂,所以外卖比较困难。三是当时使用的"粮食转化"这一理念十分新颖,这与现在的"去库存"思想比较接近。可见,我的观点相当"早",思想和思路相当"新"。另外,粮食优质和高产的问题属于技术方面的问题,不属于本文探讨的内容,优质是属于品质方面的问题,如果是高产的问题,则更应该思考如何"转化"的问题。最后,原文中的一个重要内容不知什么原因没有发表出来,这就是大灾之年通过合理减少"转化"就基本上可以确保人的正常用粮。总的来看,这是我特别重要的几篇文章之一,也是我几篇"得意之作"中的一篇,至于哪篇是第一,我一直没有确定下来,那就让读者来决定吧。(注:我认为,前面的"东引西伸"、"超前研究"、"经济预警"文章的思想和观点各超前5到10年,这篇"粮食转化"文章超前25年,当然,还有颠覆性的"按劳分配"那篇文章。)

(二)《谈谈如何筹集和使用合肥市乡村水利建设资金》

水利是农业发展的命脉,如何搞好合肥市当时的三县一郊的水利建设,是一项重要工作。为此,本文从资金的角度谈了几点看法。

第一,在"乡村水利资金的投向"方面,我认为:

> 合肥市三县一郊的乡村水利设施,最有代表意义的就是农民所讲的"当家塘"。从合肥市的三县一郊看,"当家塘"在乡一级是指一种微型的水库,在村一级是指一种较大的水塘,一般每个乡、村相应都有一两个,水面约有几十亩乃至几百亩不等,这些"当家塘"多是20世纪五六十年代修建的。近年来,农村实行生产责任制,难以集中力量维修这些水利设施,造成淤泥沉积、水面减小、塘坝危急、塘田不分,这些"当家塘"已不能起到应有的作用。1990年,合肥市三县一郊遭受了较大的旱灾,许多"当家塘"干枯见底,

不仅使一些庄稼因缺水致死，就连乡村人畜用水也成了大问题。今年三县一郊更遭受了几十年未见的特大水灾，由于水利设施较差，致使损失尤为严重。农村水利设施的形式虽多种多样，有大、中、小型水库，有河流干渠等，但由于我国现有的财力不足，较大的水利设施近年内难以修建，也难以管理，而乡村这些较小的水利设施即"当家塘"则有立竿见影的作用。"当家塘"的顺利修建，不仅能基本上保证农业、人畜、养殖业和乡村工业等用水，而且能起到蓄水防洪、调节水量的作用。但由于乡村"当家塘"的修建是一种集体公共积累事业，单个农户无力全部承办，所以理应由政府、财政部门出面组织和提供部分资金支持。

第二，在"乡村水利资金的需要量及其来源"方面，我认为：

合肥市三县一郊约有150个乡共300多个微型水库。微型水库的清挖，由于工程土方较大，建议以机械作业为主，用推土机把泥土推到周围，然后进行人工修整完成。如果我们把修建微型水库的重点工作放在清挖淤泥、增加蓄水方面，那么每修建一个微型水库的修建资金约需1万元，三县一郊计300万元。据测算，每清挖一次微型水库大体上可保10年，这样三县一郊一年只分摊30万元，投入产出效益可观。另一方面，每个乡约有10个行政村，三县一郊共有近2000个行政村，计3000个较大的水塘。数目虽大，但由于每一水塘面较小，一般只有几十亩面积，工程不大，以人工为主也能较好地完成清挖任务，并且最终平均费用不会过高。从总体上考虑，农村水利建设资金的来源应坚持乡一级"当家塘"的建设应以政府即财政支持为主，村一级"当家塘"的建设应坚持以村民筹资为主的原则，并采取财政（政府部门）、乡、村、个人联合筹资等多种形式进行，资金的比例也可灵活机动。当然，由于多年来造成的乡村水利问题较多，"当家塘"的清挖修建，应明确区分轻、重、缓、急分批分期进行。在前期的两三年中，工作任务有可能比较集中，费用开支有可能相应较多，但到了最后两三年中，其任务主要就变成了一些零星的扫尾工作，费用将大幅度降低。随着第一轮工作的逐步完成和时间的推移(约10年),乡村水利基本建设将走上一个新的台阶,之后新一轮工作也将相应展开。

第三,在"资金投入后的回收"方面,我认为:

投入乡村水利建设资金的回收可分为两个方面。其一,属于受益人方面的个人筹资,一般可采取以所受的利益进行冲抵的方法。筹资数量大于受益的个人筹资,筹资部门可从该部门总体受益中抽出相应份额分批分期退还。筹资数量小于受益的个人筹资,受益人则应该向筹资部门一次性或分批分期补交相应的合理差额。其二,虽属于受益人但不以筹资与受益相互冲抵的资金,总体上应以收"水费"的方法为主,比如交款不够的,需要按照比例补交或多交"水费";而交款已经超过标准的,则需要按照比例减免"水费"或合理退还。另外,如果我们把资金集中投入县、区一级水利工程服务部门,水利工程服务部门再为各乡、各村的水利兴修进行有偿服务,这样不仅投入产出的效益较好,而且通过有偿服务收回资金也较方便。

这篇文章最终在《合肥经济研究》双月刊1991年第4期上发表了2000字左右的内容。

评论:我感觉这篇文章属于典型的"工件研究",其内容确实比较可行,而且"当家塘"表述得也很新、也很好,对农村的乡村水利工作应该具有较好的指导意义。

(三)《关于合肥市乡村水利资金的调查与思考》

我的上篇文章发表之后的几年里,合肥市尤其是三县一郊农村的广大乡村,不是发生旱灾,就是发生水灾,从未停止过。为此,我结合当时新的情况,在《合肥财会》上发表了这篇《关于合肥市乡村水利资金的调查与思考》,其内容分为三个方面。

第一，在"资金的投向"上，我认为：

面对旱情，政府、财政等相关部门筹集资金，组织打井，在保证人畜用水方面起到了一定的应急作用。但是，农业灌溉用水仍然无望，而且每打一口井约要一个月的时间，费用也是不低的，平均每口井要几千元，但每一口井所能发挥出来的作用极其有限则是核心问题。

第二，在"资金的用量与来源"上，我除了分析受通货膨胀影响造成那几年费用增加大约一倍之外，在其后的地方对当时财政下拨的支农资金有关内容进行了充实：

值得一提的是，有关支农周转金，在今后的具体使用上完全有理由抽出一部分或合理的部分投放到乡村水利基本建设中，投放到有利于壮大公共积累事业中，这是今后支农工作的中心任务。只要这一资金能够用活、周转起来，实际资金用量将会更少，其他农村（农业）生产的调节主要应根据市场的变化而定，以培育我国统一市场的健康成长，从而促进乡村其他工作的开展。

第三，在"资金的回收"上，我在其相应的地方主要增加了"以水养水"等方面的内容：

在总体上，应以收取"水费"为主，从而做到"以水养水"，促进良性循环。旱灾之年，水量求大于供，水费一般不难收取；水灾之年，由于雨季水量供大于求，此时水费难收将会成为事实，但在我们这个地区整个一年中雨季相应较短，因此总体上看全年收取水费工作仍然能够开展起来。另外，在财政资金许可的条件下，建立乡村水利建设基金，可以更好地保证乡村水利的兴修建设，如果财政资金允许，每年还可抽出一定数量的资金无偿投入乡村水利的兴修建设中，以壮大乡村的公共事业，从而进一步搞好乡村财源建设，最终促进合肥市财政收入的增加。

总之，通过以上调查与可行性论证可以看出，搞好合肥市三县一郊乡村水利资金的科学使用，是既可防涝防旱，又可促进其他相关行业发展；既投资少、见效快、作用大，又具公益性和基础建设方面的作用。除此之外，还可以保证农村生产的稳步发展。

评论：以上是通过调查得出的一些想法，这在一定程度上还可以适用于合肥市三县一郊的道路修建等工作。这一措施得到实践证明后，还可供其他乡村参考。这篇文章中的"水费"、"以水养水"等思路也比较有新意。这篇文章最终在《合肥财会》双月刊1995年第4期上发表了近3000字的内容。

（四）《积极做好粮食转化工作》几乎全文在级别更高的全国农业经济类核心期刊《乡镇经济》上发表

近年来，我国粮食生产形势喜人，已经获得历史较高水平。面对这一丰收之势，中央有关部门正在要求各地财政、银行务必早日筹措资金，切实保证原有与新增粮仓的修建以及粮食收购资金的落实工作，真正消除农民种粮的后顾之忧，为今后搞好粮食工作打下可靠的基础。为此，我就如何进一步做好粮食工作谈了自己的看法。

第一，在"打破落后观念，牢固树立粮食就地转化思想"上，我认为：

从发展的相对水平看，我国还是一个粮食生产的落后国家，一年全国粮食人均生产水平一般情况下只有800斤。目前，发达国家的人均生产水平已有2000斤。从这一角度分析，我国粮食生产的潜力是很大的，以致人们认为只要政府拿出部分资金，修建尽可能多的粮仓，收购农民尽可能卖的粮食，粮食生产就能顺利地发展上去了。其实，现实情况要复杂得多。从发展的绝对水平看，我国已是一个粮食生产大国，平均一年全国粮食生产总量已超过4亿吨。国家每年实际收购储备的粮食只是当年生产的一部分，农民留足全年使用之外仍有不少余粮。近些年来，不仅这些余粮出售很难，就连国家计划使用与储备的粮食，由于资金和粮仓的不足，也难收购上来。我认为，在我国经济还不发达、资金不足、设施不全的条件下，只讲收购、储备的方法是不可能持久的，这一方法所能起到的作用较小，在工作中也很被动。这样一来，我们不讲粮食生产人均提高到2000斤，就是1000斤甚至确保800斤也很困难，因为今后一些年内还有一个人口增长的趋势。

粮食工作怎么办？为此，我进行了有关分析：

前些年，我国有人根据国情，就已提出粮食工作必须走就地加工成饲料、食品等这条必由之路。只有这样，我国粮食生产才能取得历史性和根本性的突破。但那个时候，我国农村经济正刚刚向家庭承包责任制的纵深方向发展，目前也只是正由走向农村经济"农、工、商"一体化全面发展的前沿。这样就造成了我国农村经济正处于原有旧的落后经营已被打破、新的规模经营又未建立的以家庭为单位进行承包生产的这一格局。

因此，从客观上分析，新旧转轨阶段中的农民在总体上仍不可能有能力进行粮食加工转化工作，从而理想之路未能顺利成为现实，以致我国粮食生产从1984年大丰收以来一直没有取得实质性的进展。

评论：粮食生产的主要瓶颈问题就是因为与粮食相关联的"转化"工作开展得不够好，即"缺少转化"或"缺少充分转化"是根本原因。我认为，"粮食就地加工"与"粮食转化"或"粮食就地转化"存在一定的区别，前者"加工"，主要是指加工成"米"、"面"以及"食品"等，后者"转化"主要是指"米"、"面"、"食品"之外，还有"饲料"以及"酒类"、"生物燃料"等。而且"加工"的内涵不如"转化"的内涵全面，这是因为"转化"比"加工"的空间范围更广、更大，所以我认为使用"粮食转化"一词更好。

2001年是一个大丰收之年，如何抓住这一机会推进粮食转化工作，对于我国粮食生产的发展至关重要。这一转化的顺利进行，必将会成为我国粮食生产取得突破性发展的根本出路。但是，这一转化的障碍有很多。为此，我还进行了认真分析。

第二，在"国家应以经济手段为主，自始至终促进粮食就地转化工作"上，我进行了相应的思考：

自从我国计划经济逐步向社会主义市场经济过渡以来，经济杠杆在生产发展中的作用日趋重要。充分发挥经济手段的主导作用，粮食就地转化工作才能持久进行下去。

首先，在"国家仍要以较合理的价格收购每年实际需要的粮食"中，我认为：

> 虽然这一收购数量每年已相对比较稳定，要想再有明显提高却也很难，所以也就很难再给农民增加出售剩余粮食的方便，因此正常的必备的收购资金和粮仓更应该予以保证。同时，我们还应该把城市中与粮食有关的各类加工厂和粮仓，尽可能地合理迁移到生产粮食较多的地方（比如商品粮生产基地的县），今后尽可能地不在城市再次修建，这样不仅极为便利推动粮食生产的就地转化，而且可带动余粮就地转化，减轻运输中的负荷，粮食副产品还可加工成饲料就地出售给农民用于饲养家禽、家畜。城市中所需的相关粮食以及不会太多的饲料等，其今后完全可以根据实际需要量进行采购。

我在充分利用现有的粮食、饲料、食品等各类以粮食为主要原料的加工厂积极加工或转化粮食中，也提出了很好的对策。

其次，在"国家应尽快制定有关粮食转化的便农优惠政策"中，我认为：

> 这些优惠政策主要是指粮食就地转化的便农优惠政策，同时要积极宣传、鼓励和支持横向以及纵向的生产联合，促进农村经济责任制向更深、更完善的方向发展，并以经济手段为主包括在特殊情况下采取合理行政手段的干预，来推动农村经济"农、工、商"一体化的早日实现。

最后，在"重视变大力收购为大力转化和加强交通运输工作"中，我认为：

国家还应修建一定数量的粮食加工厂，"变大力收购为大力转化"，科学宣传粮食就地转化的重要性，适时培训有关的组织人员和技术人员，确保农业命脉的水利设施正常运转，从而保证粮食加工业的稳定和持久发展。在粮食商品化日益发展的今天，便利的交通运输对促进粮食加速转化，对促进粮食从生产地到消费地的必要转移，也日趋显示出"先行官"的极大重要性。

总之，我国虽是一个粮食生产大国，但我们目前却是以仅占世界7%的耕地，养活着占世界22%的人口。因此，大力以粮食转化来促进粮食生产就显得尤为重要。粮食生产总量有了实质性的增加，就会为我国现代化建设提供可靠的物质保证。即使突遇严重的自然灾害，我们也拥有比较可行的对策，在非常条件下我们可以通过合理计划限制粮食在其他方面的使用量，比如饲料、酒类、食品（尤其非主要食品）以及生物燃料等，这样我们就仍可以有很大的可能确保人民群众的必要用粮。

评论：这篇文章最终是全文在全国农业经济类核心期刊、全国百家期刊阅览室指定刊物、中国人文社会科学引文数据库来源期刊、中国学术期刊综合评价数据库来源期刊的国内外公开发行的《乡镇经济》（原名《乡镇经济研究》）月刊2001年第11期上有幸发表了大约3000字的内容。总体来看，这篇关于"粮食转化"的文章，虽与当今的"去库存"或"粮食方面的去库存"有一定的相似性，但我认为"去库存"工作比较被动，"粮食转化"工作比较主动，之所以还有"去库存"工作要做，是因为之前的"转化"或"粮食转化"工作没有做好，反之，就不需要"去库存"了。而且我这篇文章比当今"去库存"思路的提出要早很多年，因此这篇文章应该是一篇很好的经济类论文。

六、会计与财政

这一组文章共有9篇，基本上可以分为会计、财政两类。这组文章的特点有三个，一是关于《中华人民共和国会计法》方面的文章观点比较新颖，二是关于"比较成本学说"方面的文章观点比较独特，三是关于积极财政政策方面的文章篇章结构比较规范。另外，这组文章的内容相对来说比较具体一些，大都是属于"工作研究"方面的文章。

(一)《对合肥市会计人员基本情况的调查与思考》

从当时的情况看，自中华人民共和国成立以来，合肥市社会经济发生了可喜的变化，会计队伍也逐步得到了充实与壮大。截至1988年年底，合肥市会计人员总数为14984人（含四区三县，但不含农村3468人，以下类同）。我依据合肥市会计人员基本情况从两个方面对合肥市会计人员进行了具体分析。

一方面，从会计人员数量、学历和今后发展的情况看：

第一，从数量上看，可以分为以下几种基本情况：

　　1.会计人员总数适中，占职工总数的3.15%（占合肥市人口总数的0.42%）；

　　2.以工代干比例几乎达到一半，不利于稳定会计队伍；

3. 年龄结构中每一岁组距的表现：51岁以上（一般女55岁、男60岁离休、退休）约为130人，36至50岁约为290人，26至35岁约为660人，25岁以下（一般从22岁起工作）约为780人。由此可见，会计人员越年轻，所占比例越大，它很好地反映了会计队伍逐步充实与壮大的过程；

4. 会计人员实践经验比较丰富，其中会计工作年限10年以上者占总数的28.66%，5至10年者占45.76%，两者合计达74.42%，不满5年者只占25.58%。

第二，从学历情况看，可以分为以下几种基本情况：

1. 有正规中专学历以上的会计人员占总数的37.89%，其中中专占29.44%，专科占7.51%，本科（含本科以上）仅占0.94%。另外，无正规中专以上学历且又未经培训的会计人员占31.83%。由此可见，合肥市会计人员总体学历偏低，专业文化结构也不太合理；

2. 已评聘会计专业职务的会计人员占总数的27.68%，但由于会计系列专业职务评聘工作起步较迟、工作量大、考核较难，所以推至1989年新被评聘为会计专业职务的会计人员将有较多的增加，会计专业职务的组成结构也将有较好的完善；

3. 具有总会计师等职务的人员还为数不多，因而满足不了工作的需要。

第三，从今后的发展看，可以分为以下几种基本情况：

1. 现正在进行培训的会计人员占总数的13.39%，1990年前拟培训人员占总数的11.03%，1991－1995年拟培训人员占总数的9.76%；

2. 重中专以上正规培训，轻三个月以上短期培训，在现有生产水平普遍较低的情况下，应把三个月以上短期培训放在培训工作

的首位,这是一条开支少、时间短、效果好的培训途径;

3. 由于自然减员和经济发展需要,拟补充会计人员的培训任务,合肥市有关会计学校基本上能够予以保证;

4. 培训任务不够均匀,前期(1990年前)较重,后期(1991—1995年)较轻,这不利于培训工作稳步发展。

通过以上分析,我们从总体上可以看出,合肥市会计人员只是在数量方面的情况相对好些。因此,今后的任务是,大力加强会计人员的培训工作,切实提高他们的职业素养。

另一方面,从会计人员所在企业的所有制类型和所处的行业分析:

第一,按会计人员所在企业的所有制类型分类:

1. 全民所有制中会计人员占总数的59.95%,其中机关团体占4.68%,企业占34.51%,事业单位占20.76%;县以上集体中的会计人员占总数的19.92%,其中企业占17.87%,事业单位占2.05%;城市街道集体中的会计人员(均属企业)占总数的6.10%;乡镇企事业中的会计人员占总数的14.00%;三资企业中的会计人员占总数的0.03%;

2. 全民所有制中的机关团体、县以上集体中的事业、城市街道集体(企业)三个方面,平均每个单位会计人员不足2人,这与会计工作的需要以及合肥市有关规定或要求不相符合;

3. 不仅全市的以工代干会计人员比例高达49.19%,而且各种所有制中的以工代干分布比例普遍均高,这个问题如不能合理解决,将直接影响今后会计人员素质的提高和会计队伍的稳定。

第二,按会计人员所处行业分类:

1. 工业中的会计人员占总数的39.96%,会计单位个数占总数的32.40%,"商、粮、贸"(含外贸)中的会计人员占总数的22.32%,会计单位个数占总数的20.84%,两者合计会计人员占总数的62.28%,会计单位个数占总数的53.24%;

2.工业中的平均每个单位拥有会计人员3.43人,其中全民所有制为9.42人,"商、粮、贸"(含外贸)中的平均每个单位拥有会计人员2.98人,其中全民所有制为4.34人;

3.科学研究中的全民所有制平均每个单位拥有会计人员1.29人,行政机关中的全民所有制平均每个单位拥有会计人员1.41人。另外,金融保险,其他事业,农、林、牧、渔中的全民所有制平均每个单位拥有会计人员分别也只有1.75人、1.85人、1.95人。

总之,只有合理安排各单位会计人员的数量,才能更好地适应会计工作的需要,这是加强会计人员队伍建设一项十分重要的工作。

这篇文章最终在《合肥经济研究》1990年第1期上发表了近4个版面(其中表格占一个版面以上)的内容。

评论:充分利用现有工作中的有关资料写成文章或调研报告是一种很好的方法,这篇文章就属于这种情况,而且这种调研报告的资料可靠、实用性很强,所以我们在实际工作中就很需要像这样的文章或调研报告,而且越多越好。

(二)《对当前会计工作难做的一点思考》

在《中华人民共和国会计法》颁布施行的四年多时间里,我国经济体制改革有了明显的变化,国民经济已开始由高度集中计划管理的产品经济逐步向充分运用各种经济杠杆和实行宏观间接调控的社会主义有计划的商品经济过渡,在此过程中客观上就要求政企分离和适当扩大企业厂长(经理)的自主权。与之相适应,企业的经营形式也发生了巨大变化,租赁制、承包制已普遍推行,股份制经济也正在兴起。而这些新的经营形式客观上对我们现行的财务会计法规制度提出了挑战。

当然，我们不可否认现行既定的财务会计法规制度对保障会计人员依法行使职权、发挥会计工作在维护国家财政制度和财务制度、改善企业经营管理、提高经济效益、保护社会主义公共财产等方面所起到的积极作用。但是，随着客观经济形势的发展变化，近几年来，相关从业人员普遍反映会计工作难做。究其原因，关键就在于现行的做法在某种意义上的不完善以及在一定程度上偏离了经济形势的发展要求，已经不能很好地适应当前经济工作发展的需要。

《中华人民共和国会计法》中明确指出：会计人员必须按照本法规定办理会计事务，进行会计核算，实行会计监督。也就是说，会计人员在处理会计事务时，不论厂长（经理）采用何种工作方法，一切会计事务都必须以国家利益为重，按照现行既定的财务会计法规制度对本单位的经济活动进行会计核算和会计监督。企业或厂长（经理）的经济行为明显地被摆在了要受会计人员直接监督的次要地位，这与当时正在推行承包经营责任制中的层层负责精神以及追求企业经济效益的趋势存在不小的区别。

所以，会计人员承担着既是国家对企业微观经济行为实行宏观管理的直接监督者，又是为企业内部经营服务的直接管理者这两个方面的工作职责，即会计人员一方面要向国家负责，另一方面又要向所在的企业负责，这就是我们平时所讲的会计人员的"双重身份"问题。

如何正确又合理可行地解决好"双重身份"这个问题，现在有一种建议认为，可以采取政府（财政部门）或由上一级主管单位对会计人员实行委派制。

我认为，这一方法很值得商榷。首先，从一般的角度看，受委派的会计人员只会占一个单位人员的极少数，在没有解决好会计人员工作的客观环境前提下，是形成不了"大气候"的，对总体效应不会有什么大的影响。其次,从政府的角度看,要求基层会计人员过多地对国家负责,在社会主义有计划的商品经济条件下,国家、企业、个人三者之间的物质利益既存在着长远的一致性,又存在着近期的不一致性,会计人员的利益作为某个人的具体利益时,在短期内与企业利益(或表述为企业厂长经理的责任利益)是一致的,因此,要求过高不仅不现实,而且恰恰反映出了政府对基层企业厂长(经理)管理的不力,即政府职能或威信的软化。再次,从经济责任制的角度看,企业上级的有关部门一般只应对企业的极少数主要负责人进行要求与管理,而企业主要负责人的经济行为则要对其上级乃至国家负责,他们的一切经济活动都必须遵循正确处理国家、企业、个人三者之间物质利益的标准,即现行的财务会计法规制度。因此,"实行委派制"不是最佳方法。

可以看出,这种方法总体上并不怎么可行。为此,我们的当务之急应该根据实际情况,实事求是地制定一些切实可行、行之有效的办法,从而把这方面的工作做好。

所以,我们不应(甚至完全不该)对会计人员提出过高要求,会计人员不按统一规定填制凭证、账本、报表以及不按统一规定提供财务分析、开展会计监督等,其责任从根本上来说还在于企业领导,而不应过分指责会计人员。在这种情况下,成功的企业领导应对会计人员进行相应的处理,要求会计人员必须按照有关规定进行会计事务处理,而不负责任的企业领导则是视而不见、听之任之,更有甚者反而蛊惑会计人员按照单位领导的个人想法去做。对于后者,主要的解决方法不是直接去处理有关会计人员,而是通过重点去处理该单位的领导也包括合理处理有问题的会计人员,杜绝处理后的老问题再犯,达到最终解决问题的目的,同时有必要充分发挥审计等监督部门的作用。

由于我国正处于社会主义初级阶段,不仅生产力不发达,而且人们的思想觉悟还没有完全达到超然的境界,其活动的目的在很大程度上还受物质利益的驱使。

在上述这个前提下，当国家、企业、个人三者之间的物质利益不相一致的时候，在会计人员个人利益作为企业整体利益的一部分并与之紧密相连的情况下，我们要求会计人员的"近期目标"应该是对企业或本单位负责，即使讲成"对本单位领导负责"也是行得通的。会计人员如能真正做到对国家负责，那说明他（她）具备了崇高的工作理想。但是，从目前的现实经济情况看，会计人员既对国家负责，又对本单位负责的这一命题是很难成立的。我认为，与其去努力做很难达到的两全其美之事，倒不如宣传会计人员应先对本单位负责的这一近期目标思想。如果能够改为在一般情况下或原则上要对（先对）本单位负责，那么却是十分简单可行的。

当然，如果只是这样，确实不够科学、规范，我们还必须要求会计人员在一些方面应该向单位领导主动介绍和解释财务方面的法规制度，还应该向主管部门和政府（财政部门）反映本单位有关问题。"反映"与"不反映"，其性质是截然不同的。

不可否认，这样一来会计人员向本企业（单位）负责固然简单和可行，但这显然不是长久之计。因此，我们仍要有"远期目标"，仍要鼓励一批企业（单位）或优秀的会计人员带头处理好国家与本企业（单位）的物质利益关系，使本企业（单位）利益与国家利益合理趋同一致，在社会经济秩序已经井然有序的情况下，最终走向会计工作的规范化和科学化。

这篇文章最终在《安徽会计研究资料》双月刊1990年第2期《工作研究》专栏上发表了2500多字的内容。

评论：各个岗位的工作都存在一定的"难做"，工作人员也都存在一定的"双重身份"问题。一般来说，会计人员的"双重身份"问题较明显。我这篇文章的主要特点是，一般情况下或原则上，会计人员向本单位负责这一"近期目标"比较可行，如果是领导"授意、指使、强令"的，责任主要就在领导，但应该"要求"会计机构或会计人员主动向上反映,同时"鼓励"会计机构负责人和普通会计人员要认真执行财务会计法规制度这一"远期目标",即向国家负责。会计机构和会计人员由于自身原因而出现的问题,当然仍然应该自己承担。总之,新《中华人民共和国会计法》确实加大了领导"授意、指使、强令"行为的法律责任,这与我这篇文章的核心内容是十分符合的。

(三)《与会计相关的几个值得注意的问题》

这些问题都是当时我在实际工作中经常遇到的具体问题,为了使这些问题得到很好的解决,我就写了这篇文章。

第一,关于"征订单"的问题。

为了推销书刊、报纸,各式各样的征订单早已屡见不鲜,从而也就容易出现一些相关的问题。经办人员一般是先填写好征订单,经审核后即可转账做账或邮局汇款后报销做账,所订书刊报纸能否及时收到,自己没有多大把握,如果始终没有收到,还不能断定是对方已收到账款,但未予寄发或漏寄发,还是对方根本就没有收到账款。

书刊、报纸能收到固然很好,但最终未真正收到往往也就容易造成不了了之了,所以必要的追查账款去向还是应该的。另外,征订单的格式不规范的也有不少。比较规范的征订单应该注明"必须连同银行汇款单或邮局汇款单方可报销"(即使这样也并非是全策)。在实际工作中时而还能收到未加注明的征订单,更有甚者反而写有"汇款、现金均可报销"的字样。有的单位虽已收到,但不做验收手续,其结果容易造成公款私订或订后私分。还有一种情况,即不少单位普遍存在着购买的有关物品要比实际所需多出一定的数量,又由于管理不严或"不入库"的影响,这就极易出现自行赠送他人或单位的现象。所以,我们必须要在规范"征订单"的基础上,切实加强与完善书刊、报纸的验收、登记工作。

第二,关于转移资金后在外单位报销的问题。

目前，有一些人钻财务管理的空子，时而把有关工作委托给外单位代办，或者与外单位了结一笔经济往来时，有意将一些本单位难以报销的发票（或收据与代办条）放入外单位报销，而最终用一笔转账（一般不以现金方式）与一张总发票回本单位做账，或者是先开一张比实际费用大一定金额的发票，然后以此付款，这样就使一些发票在外单位报销成为现实。有的结账时，还有意地多付给对方一定的数额，以表示自己的"感谢"与"大方"等。如果我们不去了解，很难发现其中的真实问题。这一财务工作上的漏洞，应引起我们财务管理部门的重视。

第三，以"发票"来了结一些工作的问题正在出现。

办事人员在工作中遇到某些问题，与其去找领导解决，不如自己先垫付，然后再以发票实报实销。比如，打印材料、用车运输、办公用品等。日常工作中的一些事情本来是可以在单位内部就能解决的，但实际上增加了较多的费用。这一做法，不仅与"双增双节"精神不符，而且助长了工作中的无组织性和无计划性，还在一定的程度上造成了管理工作的失控。这正是受"发票没有问题，岂能不予报销"思想影响而逐步产生的，其结果只是便利了极少数人却损害了单位与国家。

第四，一些较合理的代办条不予报销，造成了以假发票冲抵报销问题的出现。

这种问题最常见于现金报销方面。首先，在财务管理上，一些合理不合法的开支单位领导或会计往往不予报销，其结果造成了一些经办人员为了收回垫付款项或完成报销事宜，不得不以相应金额的比较可行的发票报销。其次，同一劳务工作本单位自己办不付报酬，而让外单位代办却可支付，甚至更多，或者外单位比本单位的报酬要多得多。最后，单位发物比发钱影响要小，或者发物较多但要扣较少或交较少的钱被"公认"为是一条可行的途径。我认为，与其造成这种情况，倒不如积极加以改进，主动采取相应可行的变通或折中措施,杜绝出现这类问题。有些规定可以改进,合理与合法最终应统一到可行的标准上来,以保证会计信息的真实性和可靠性。

第五,关于其他几个问题。

这些问题,主要分为几种:(1)发票内容与经济往来不符。其最明显的表现,就是伙食费、招待费等,这类发票在单位中(比如机关)一般是不予报销的,经办人员凭着经验或在领导的授意下,往往是把这类发票的内容开成"会议费"或"会务费"等比较容易过关的内容。另外,所购物品(不属合理办公用品的)开成办公用品的,也属此类问题。(2)只转账而发票要不要一样,也非个别现象。这一问题主要是出现在信汇转账中,其结果容易造成汇错账号或汇给自己也难发现。(3)使用非正规的发票且不入账。目前,有关机构往往使用一些不正规的发票,或同时使用正规与非正规两种发票,并根据对方情况及自己判断而"见机"使用其中的一种,其核心的问题还不仅仅是使用何种发票,而是使用后如何入账的问题。(4)假发票问题。有的假发票是双方"交易"的结果,有的是卖方对买方投其所好将金额加大后再开票的。

这篇文章最终在《安徽会计研究资料》双月刊1991年第3期《工作研究》专栏上发表了2500字以上的内容,其中绝大多数的内容在这里都予以了介绍。

评论:这些问题虽然都是会计工作中的一些小问题,但是对我们会计工作有着不小的影响,而且负面影响普遍存在。为此,我做了比较细致和比较深刻的分析,以引起我们大家进一步注意。

(四)《关于"比较成本学说"的几点思考》

资本主义经济理论的一个重要组成部分就是英国资产阶级古典政治经济学家大卫·李嘉图的"比较成本学说",这一理论在资本主义发展的初期或上升阶段曾起过积极的作用，使资本主义得到了迅速发展。然而，"比较成本学说"不仅在过去，而且在今天仍然有一定的作用。为此，我谈了几点思考。

第一，"比较成本学说"的内容。

"比较成本学说"是指，一个国家或一个地方应当只生产自己的生产条件比较有利的、成本比较低的商品，并用这种商品去与其他国家或地方交换自己所需的其他商品。李嘉图的上述观点，比较带有那个时代的特征。当时，资本主义是以商品输出而不是以资本输出为主要特征的，随着资本主义发展，资本输出逐步代替了商品输出。

> 在"比较成本学说"中，李嘉图假设，葡萄牙生产一定数量的葡萄酒只需要80个工人劳动一年，生产一定数量的毛呢只需要90个工人劳动一年，而在英国生产同样数量的葡萄酒和毛呢，则分别需要120个工人和100个工人劳动一年。葡萄牙在两种商品的生产上都占明显的优势，然而在葡萄酒的生产上却占更大的优势。因此，对于葡萄牙来说，与其用一部分资金来生产葡萄酒，用另一部分资金来生产毛呢，还不如把全部资本都投在葡萄酒的生产上，而由英国专门生产毛呢。从英国的情况看，和生产葡萄酒相比，生产毛呢相对有利。这样，葡萄牙就可以用自己生产的葡萄酒去交换英国生产的毛呢，而英国则可以用毛呢去交换葡萄牙的葡萄酒，并且这对双方都是有利的。

第二，"比较成本学说"的现实意义。

"比较成本学说"对我国商品经济的初始发展、部门之间的分工与协作、外贸经济效益的提高都具有一定的现实指导意义。在工作中，我们只要结合自己的国情，注重协调各个地方、各个部门之间的发展关系，搞好国民经济的综合平衡，科学运用"比较成本学说"这一理论，就一定能够促进我国商品经济的较快发展。

当今的我国、我省或合肥市与李嘉图举例中的英国情况基本相同,这里不论是我国与发达资本主义国家相比,或是我省与其他省份相比,或是我们省会合肥市与其他省城相比,基本上也都是处在相对不利的位置上。然而,我们以前讲"比较成本学说"一般只能运用于一定条件下的两个国家之间的贸易往来中。现在看来,这种学说不仅可以运用在我国与其他国家的贸易之间,而且可以运用在我省与其他省份、省会合肥市与其他省城,以及任何两个地方、两个大的部门之间的国内贸易中一般均可运用,从而进一步促进我国商品经济生产的分工与协作。

第三,"比较成本学说"的实际运用。

根据"比较成本学说",要想提高商品生产的经济效益,促进商品经济的发展,我们必须做好如下有关工作。

其一,在"集中力量生产自己比较有利的产品"方面,我认为:

　　从全国来看,应重点生产纺织产品、工艺产品、土特产品、生活日用产品、玩具产品、部分机械产品、部分家电产品以及农产品等,然后去交换自己所需的产品,包括设备和技术。从我省来看,应重点抓好煤、铁、铜、家电、农业生产。从合肥市来看,应重点把精力放在家电、机械、高新科技产品、日用百货生产上,然后分别通过交换,得到各自比较难以生产的产品、设备和技术。

其二,在"研究和掌握市场的商品行情"方面,我认为:

　　自从实行社会主义市场经济以来,商品生产的发展日新月异,全国各省、各市以及各个地方的产业结构、市场结构都在发生不断的变化。因此,为了搞好商品生产,提高经济效益,就必须全面、准确、迅速地了解其他省份、城市和其他地方各行各业以及其他国家的商品生产信息,掌握对方生产的优势、劣势、成本、价格和消费需求,根据"比较成本学说",大力生产自己比较有利的商品。其中一部分用于自己本地方的内销需要,另一部分用于对外销售,换取自己生产成本高的商品。目前,由于国际贸易的日趋复杂化,在两个国家之间运用"比较成本学说"已有较大的难度,但在国内贸易中,由于我们国家鼓励合理的分工与协作,"比较成本学说"的运用前景仍然十分广泛,潜力仍然十分巨大。

其三,在"奖励外销生产,提高经济效益"方面,我认为:

不论是国与国之间的出口大于进口,还是一个省份、一个城市的出口大于进口,对一个地方来讲一般都是有益的。目前,我国的对外贸易已有一些优惠政策,然而从一个省份、一个城市同其他地方的分工与协作中出现的国内贸易却仍未得到应有的重视,尤其是"比较成本学说"在我们国内贸易中的作用一直未能得到应有的探讨和认可。为此,我省应根据实际情况大力着手鼓励粮食、冶金等生产积极加入国内贸易经济圈内,合肥市则应全力支持具有相对优势的家电、高新科技产品等生产主动加入国内贸易,同时要根据已了解到的商品信息,积极争取对方,在双方之间研究运用"比较成本学说"的可行性,以达到统一认识,最大限度地促进双方的分工与协作,促进两者之间的贸易发展,从而避免不必要的障碍和损失。可以看出,我们在国内贸易中积极运用"比较成本学说"仍然是十分可行和必要的。

这篇文章最终在《合肥财会》双月刊1995年第2期《理论探讨》专栏上发表了2500字左右的内容。

评论:一般情况下,在对外国际贸易中合理运用"比较成本学说"是可行的,但是不能一味这样。一个国家如果长期只能生产仅仅具有相对优势的产品并出口,而长期不能生产具有绝对或明显优势的产品并出口,那么这个国家是没有发展前途的,所以还应该"尝试"生产那些技术含量高的,"将来"既有相对优势又有明显或绝对优势的产品以及酌情出口创汇。但是,"比较成本学说"在一个国家之内的国内贸易中的"负作用"总体上不存在或很小,这是因为双方如果在各自的产品上都具有相对优势,这样双方通过国内贸易在总体上还是能够得到满意发展的。如果国内贸易出现不平衡,可通过再分配等手段进行调节。"比较成本学说"在我国改革开放初期在对外贸易中发挥的作用确实不小,而现在已有一定的降低,因为现在对外贸易更多的是考虑知识含量、技术含量这种绝对优势了。总而言之,"比较成本学说"在当今国内贸易大发展中的作用不仅没有减弱,甚至增加了,我们更应该进一步探讨这方面的作用。

(五)《实施积极财政政策的新思考》

所谓积极财政政策,其实质是指扩张和激进的财政政策,就是政府通过运用各种扩张和激进的财政手段和措施,实现一定时期预定的宏观经济目标的政策。1998年以来,我国采取的财政政策就属于积极的财政政策,这一政策在适时适度地扩大财政举债规模和财政支出、增加投资、刺激消费、扩大出口等方面已产生了一定的收效。为此,我就积极财政政策的主要目标和主要措施谈了自己的几点新看法。

第一,积极财政政策的主要目标。

这里所讲的积极财政政策的目标,是指通过积极财政政策的执行或实施所要达到的目的或产生的效果。为此,我们可以将积极财政政策的主要目标概括为三个方面。

其一,在"经济增长的目标"方面,我认为:

> 经济增长就是要求经济保持发展速度,不要下降或停滞。它通常有两种含义:一是指国家在一定时期内的产品和劳务的总量要有实际增加,二是指国家在一定时期内按人口平均的产品和劳务的数量要有实际增加。因此,一个国家的产品和劳务的总量和平均数量,在一定时期内都必须保持一定的增长率。否则,经济的发展就没有保障。

简单来讲,经济增长速度越快越好,然而经济增长速度过快(比如10%以上),则很难实现最佳的经济结构组合,很难进行可持续发展,极易造成社会资源的巨大浪费,经济增长速度过快已经成为经济波动的特征之一。

至于经济增长速度究竟多大比较合适,不同的国家在不同时期的目标也不相同。从我国的实际情况看,我国经济增长的起点较低,加上处于大改革、大发展时期,所以我认为,较为理想的经济增长率不应偏低,比如需要达到6%左右才行。

其二,在"充分就业的目标"方面,我认为:

在正常情况下,为了充分就业就必须要求生产能力能够全面发挥出来,应该且能生产出来的商品(劳务)要求能够迅速生产出来,经济效益明显,社会安定团结,这就是充分就业的表现。我国是人民群众当家做主的一个国家,充分就业在这里显得尤为重要。如果充分就业工作做得不好,就会出现失业现象。失业一般可分为季节性失业、摩擦性失业、周期性失业、结构性失业以及绝对失业等几种情况。比如,农业方面的失业属于季节性失业,岗位变换过程之间的失业属于摩擦性失业,周期性经济危机造成的失业属于周期性失业,不能适应新的产业结构带来的失业属于结构性失业,人口在一定意义上的过剩引起的失业属于绝对失业。

我国人口众多,生产力发展水平不高,劳动就业岗位不足,这都是造成我国失业问题的重要原因。

我们的当务之急,一是为农民"离土不离乡"创造可行的条件,城市人员失业要比农民失业的问题更加严重。二是要积极实行"广就业"政策,争取尽快推行"周四天"工作日等制度,从而增加就业人数,使我国就业率保持在一个合理的水平上,以达到既有生产积极性和生产效率,又有社会稳定的大好局面。在制定政策时,一定要考虑到我国的实际情况,我国存在绝对失业有其重要原因,较快解决这一问题不很现实,但我们仍要重点减少绝对失业的比例。总之,我国的失业是客观存在的,这方面的工作需要社会保障工作的配合。

其三，在"稳定物价的目标"方面，我认为：

在一般情况下，稳定物价就是要控制通货膨胀，通货膨胀与物价上涨紧密相连，物价全面持续过快上涨是通货膨胀的标志。货币供给增长率与实际经济增长率保持协调，物价才能稳定，才能不造成经济非合理性的波动。

因此，所谓的物价稳定，在一般情况下并不是指物价不变，而是要求将价格的上涨幅度控制在一定的范围内。因为，物价的过快上涨或过快下跌一般都是不可取的，我国稳定物价的目标，就是要把物价水平控制在这个合理的范围内。另外，我们平时所说的一定范围内的结构性价格变化，在总体上一般不会造成物价整体水平全面持续上涨或下跌方面的变化，而我们经常遇到的物价变化问题却以物价上涨的问题为多。

近几年来，我国物价持续下跌造成市场消费疲软十分严重，虽然今年以来物价止跌开始回升，市场情况有所好转，但是回升幅度过大又会造成市场消费过热。根据其他国家的普遍经验，一般认为物价水平控制在2%或3%左右较为合理可行，我国也不例外。这样做，通过一定的货币贬值，不仅可以将银行存款部分转移到消费市场，而且可以体现出"消费对生产"的特殊的决定作用。我认为，从现代社会的角度分析，消费与生产的关系应是相辅相成的，是一对矛盾统一体的相互依存、相互决定的两个方面，由于矛盾的主次方面不同时期可以相互转化，在我国非常时期比如在市场疲软的情况下，就更能反映出"消费决定生产"的巨大作用。

应当指出，上述三个目标虽是积极财政政策所要追求的主要目标，但不同的目标之间可能相互冲突，这就要求我们必须科学、认真地处理各个目标之间的关系，使其达到最佳的结合，发挥出最大的社会经济效益。

第二，积极财政政策的主要措施。

为了实现积极财政政策的目标，我们必须做出不懈的努力。其中，财政及有关部门务必认真采取几大措施。

其一，在"增加政府支出"方面，我认为：

增加政府支出的重点，一是增加公共基础设施工程的支出，二是增加政府对物品及劳务的采购。增加公共基础设施工程支出，除了要考虑这一工程的单个效益尤其是经济效益，还应该考虑工程支出的乘数原理作用。一定数量的投资支出可能引起一系列相关投资支出的成倍增加，从而带来相关投资支出总效益的成倍增加，这就是乘数原理，又叫倍数原理。政府增加对物品及劳务的采购，能够较好促进国民收入的再分配，增加连锁消费，从而推动社会经济生产的加速发展，这就是加速原理及其作用。乘数原理与加速原理，应是财政部门工作的两个重要手段，两者相辅相成、相互作用、相应补充。

其二，在"通过银行货币政策进行引导与刺激"方面，我认为：

积极的银行货币政策，主要包括降低银行利率、增加货币投放以及降低银行准备金率等。为了消除市场疲软，降低银行利率、增加货币投放、降低银行准备金率是比较可行的对策与措施。通过降低银行利率，有较大的可能可以促使银行存款向消费市场的快速转移，只不过这一作用目前由于受我国传统消费观念的影响还未真正体现出来，多次降低利率的作用被物价的下跌抵消了一些。经济的增长必然要求货币投放的相应增长，货币投放的合理增长可以促进经济生产与市场流通。对银行准备金率水平高低的调整，也是财政金融即银行货币政策的一种手段，在投资和消费需求不足的情况下，通过降低银行准备金率，能够较好提高放贷比例，增加投资，从而达到引导和刺激生产与消费的目的。

另外，我们必须认真分析降低银行利率、增加货币投放、降低银行准备金率对稳定物价或通货膨胀的负面影响，必须处理好物价上涨、通货膨胀与充分就业、经济增长之间的利弊关系。一般认为，以上银行货币政策对实施积极财政政策是比较适用的。

其三，在"在市场疲软情况下应该加深'消费决定生产'理念"方面，我认为：

市场疲软的重要特征之一，就是有效需求不足，有效需求的不足又是因为现实购买力不足造成的。要想让潜在购买力最大限度地发挥出来，就必须使潜在购买力尽量充分转化为现实购买力。

总之，我们一般认为，市场疲软情况下宜实行相对适度货币赤字政策，市场过热情况下宜实行相对适度货币紧缩政策。

其四，在"利用减税、发行国债手段推动财政目标加快实现"方面，我认为：

降低税率是加快实现积极财政政策目标的重要手段之一，税收减少后，个人可以相应增加消费，企业投资相应也会增加，同时能增加就业促进生产，还能增加新的税收。因此，现代经济理论认为，任何时期税率的合理降低，税收总量不一定减少而且有可能增加。国债是财政工作常用的手段，增加发行国债能够带来直接投资。但是在市场疲软情况下发行国债，除了仍要考虑经济效益风险以外，还要考虑国债资金的来源。如果从准备用于现实购买力的货币资金中筹集国债资金投资生产，可能得不偿失。我们应尽可能从一定时期内不会很快转为现实购买力的货币资金中筹集国债资金，从而把停留在潜在购买力状态的货币资金转移到有效生产中，最大限度发挥其效益，只有这样才能最终解决发行国债中的"举债"与"消费"的矛盾。

其五，在"加快启动有关市场"方面，我认为：

市场的加快启动，既需要又可行。前期，我国已经启动的市场主要有：儿童消费市场、健康消费市场、旅游市场、家用大件消费市场、装饰工程市场、娱乐市场、社区服务市场等。目前，我国可以加快启动的市场主要有：农村生活消费市场、农业生产资料市场、教育产业市场、老年银发市场等有关市场。已经启动的市场仍要完善,还未启动以及需要加快启动的市场则是我们的主攻方向。农村生活与农业生产方面要搞好交通、电力、水利以及市场服务等主要工作。在教育市场中,需要搞清教育产业与教育产业化的区别。只有分清了区别,我国的教育方向才不会出现大的偏差。随着时间的推移,我国老年银发问题将会越来越多,老年人常要的保健、关心和家政服务就是我们需要开发的市场。

这些市场的潜力十分巨大,启动开发的成功与否都会直接影响到我国社会和财政经济的发展。

第三,有关的补充说明。

积极财政政策是特指扩张和激进的一种财政政策,而且在市场疲软条件下的作用比较明显。然而,积极财政政策各个目标的实现及措施的作用存在相互抵触的问题,甚至同一目标、同一措施在不同的时空中自身就存在一定的矛盾,这些问题需要我们正确对待,因此目标的制定与措施的选择应该因时因地灵活掌握。

总的来看,我国积极财政政策的展望是,在市场疲软、有效需求不足甚至今后较长一段时期内,应该积极采取扩张和激进的财政政策,同时不拘泥于财政收支平衡的过度约束,灵活适度运用当今世界许多国家普遍采用的财政赤字理论,以争取拉动我国社会经济的全面、快速发展。

评论:这篇文章,最终在《合肥财会》双月刊2000年第5期上发表了5000字左右的内容。这篇文章最大的特点或长处是篇章结构比较规范,文字比较流畅。

(六)《实施积极财政政策的目标与措施》

这是我在《安徽财政研究》上刊登的一篇文章,其实这篇文章与上篇《实施积极财政政策的新思考》有相似之处,在此就不赘述了。

评论：这篇文章在级别又高一级的省厅《安徽财政研究》月刊2000年第10期《工作研究》专栏上发表了近5000字的内容。

（七）《关于"比较成本学说"的几点思考》在2001年《安徽会计管理》上得到了发表

当时，我国正在申请加入WTO（世界贸易组织），于是，我结合新的实际，从"比较成本学说"的视角出发，就有了这篇文章。因为前面已有相似文章，所以不介绍了。

评论：这篇文章最终在级别更高的《安徽会计管理》双月刊2001年第4期《理论探讨》专栏上发表了2500字左右的内容。

（八）《发挥财政职能作用　进一步促进国民经济和社会全面发展》

世纪之交，我国胜利实现了现代化建设的前两步战略目标，经济和社会全面发展，人民生活总体上达到了小康水平。从新世纪开始，我国进入了全面建设小康社会和加快推进社会主义现代化的新的发展阶段。我认为，"十五"期间，我国要进一步发挥财政职能作用，全面促进国民经济和社会加快发展。

第一，促进农村经济全面发展。

要始终把农业放在发展国民经济的首位，保证农业在提高整体素质和效益的基础上持续、稳定发展，农民收入较快增长。

其一，在"拓宽农民增收领域"方面，我认为：

通过加工转化、扩大出口等多种形式，解决粮食等农产品阶段性供过于求的问题。调整农产品结构，发展多种经营，引导农民面向市场生产附加值高的产品。实行适度规模经营，推进农业机械化，提高劳动生产率，降低农产品生产成本。积极有序转移农村富余劳动力，引导农民更多地从事非农产业。建设一批有利于农民直接增收的项目,增加农民的劳务收入。

其二,在"调整农业和农村经济结构"方面,我认为:

农业和农村经济结构的调整,要面向市场,依靠科技,以农户和农业产业化经营企业为主体,不断向生产的广度和深度进军。以优化品种、提高质量、增加效益为中心,积极调整种植业作物结构、品种结构和品质结构,发展优质高产高效的种植业。合理调整农业生产区域布局,发展特色农业,形成规模化、专业化的生产格局,提高商品率。加强对农产品出口的协调、服务和政策支持,继续建设农产品出口创汇基地,大力发展创汇农业。加快农产品加工技术和设备的引进开发,发展农产品销售、储运、保鲜等产业,提高农产品加工水平和效益。鼓励农业服务组织创新,培育经纪人队伍,全面发展农业社会化服务。支持引导乡镇企业推进结构调整、技术进步和体制创新,促进乡镇企业合理集聚、健康发展。

第二,增强国际竞争力。

要坚持以市场为导向,以企业为主体,以技术进步为支撑,突出重点,有进有退,努力提高我国工业的整体素质和国际竞争力。工业改组改造要遵循市场经济规律,正确引导投资方向,依靠现有基础,防止盲目扩大规模和重复建设。坚持引进技术与自主创新相结合,先进技术与适用技术相结合。重点强化对传统产业的改造升级,进一步发挥劳动密集型产业的比较优势。积极发展高新技术产业和新兴产业,形成新的比较优势。以信息化带动工业化,发挥后发优势,实现社会生产力的跨越式发展。

其一,在"加快工业改组改造"方面,我认为:

加快转变工业增长方式,围绕增加品种、改善质量、节能降耗、防治污染和提高劳动生产率,鼓励采用高新技术和先进适用技术改造传统产业,带动产业结构优化升级。提高工业产品开发和深加工能力,优化产品结构。抓住世界科技革命迅猛发展的机遇,有重点地发展高技术产业,实现局部领域的突破和跨越式发展,逐步形成我国高技术产业的群体优势。

其二，在"优化企业组织结构"方面，我认为：

按照专业化分工协作和规模经济原则，依靠优胜劣汰的市场机制和宏观调控，形成产业内适度集中、企业间充分竞争，以大企业为主导、大中小企业协调发展的格局。通过上市、兼并、联合、重组等形式，形成一批拥有著名品牌和自主知识产权、主业突出、核心能力强的大公司和企业集团，提高产业集中度和产品开发能力。实行鼓励中小企业发展的政策，完善中小企业服务体系，促进中小企业向专、精、特、新的方向发展，提高中小企业与大企业的配套发展能力。

第三，促进地区协调发展。

实施西部大开发战略，加快中西部地区发展，合理调整地区经济布局，促进地区经济协调发展。

其一，在"推进西部大开发"方面，我认为：

力争使西部地区基础设施和生态环境建设有突破性进展，科技、教育有较大发展。要开拓新思路，采用新机制，着力改善投资环境，扩大对内对外开放，大力发展多种所有制经济，积极吸引社会资金和外资参与西部开发和建设。促进西部边疆地区与周边国家和地区开展经济技术与贸易合作，逐步形成优势互补、互惠互利的国际区域合作新格局。

其二，在"形成各具特色的区域经济"方面，我认为：

要打破行政分割，重塑市场经济条件下的新型地区经济关系。改变追求经济门类齐全的做法，发挥比较优势，发展有市场竞争优势的产业和产品，防止结构趋同。通过区域规划和政策，引导和调动地方的积极性，形成各具特色的区域经济，并先行在生态功能保护区、专业化农产品生产基地、旅游经济区等方面取得突破。

第四，促进城乡共同进步。

提高城镇化水平，转移农村人口，有利于农民增收致富，可以为经济发展提供广阔的市场和持久的动力，是优化城乡经济结构，促进国民经济良性循环和社会协调发展的重大举措。随着农业生产力水平的提高和工业化进程的加快，我国推进城镇化的条件已日渐成熟，要不失时机地实施城镇化战略。

其一，在"形成合理的城镇体系"方面，我认为：

推进城镇化要遵循客观规律，与经济发展水平和市场发育程度相适应，循序渐进，走符合我国国情、大中小城市和小城镇协调发展的多样化城镇化道路，逐步形成合理的城镇体系。有重点地发展小城镇，积极发展中小城市，完善区域性中心城市功能，发挥大城市的辐射带动作用，引导城镇密集区有序发展。防止盲目扩大城市规模。要大力发展城镇经济，提高城镇吸纳就业的能力。加强城镇基础设施建设，健全城镇居住、公共服务和社区服务等功能。以创造良好的人居环境为中心，加强城镇生态建设和污染综合治理，改善城镇环境。加强城镇规划、设计、建设及综合管理，形成各具特色的城市风格，全面提高城镇管理水平。

其二，在"有重点地发展小城镇"方面，我认为：

发展小城镇是推进我国城镇化的重要途径之一，小城镇建设要合理布局、科学规划、体现特色、规模适度、注重实效。要把发展重点放到县城和部分基础条件好、发展潜力大的建制镇，使之尽快完善功能，集聚人口，发挥农村地域性经济、文化中心的作用。发展小城镇的关键在于繁荣小城镇经济，把引导农村各类企业合理集聚、完善农村市场体系、发展农业产业化经营和社会化服务等与小城镇建设结合起来。

其三，在"消除城镇化的体制和政策障碍"方面，我认为：

打破城乡分割体制，逐步建立市场经济体制下的新型城乡关系。广辟投融资渠道，建立城镇建设投融资新体制，形成投资主体多元化格局。在政府引导下主要通过发挥市场机制作用建设小城镇，鼓励企业和城乡居民投资。科学制定设市、设镇标准，尽快形成符合市场经济体制和城镇化要求的行政管理体制。加强政策协调，改进城镇化的宏观管理。

第五，提高持续发展能力。

要面向经济建设，围绕结构调整，按照有所为、有所不为的方针，总体跟进，重点突破，发展高科技，实现产业化，提高科技持续创新能力，实现技术跨越式发展。力争在主要领域跟住世界先进水平，缩小差距，在有相对优势的部分领域，达到世界的先进水平，在局部可跨越领域，实现突破。

其一，在"为产业升级提供技术支撑"方面，我认为：

以企业为技术创新主体，推进技术升级。加快开发能够推动结构升级和促进可持续发展的共性技术、关键技术和配套技术，为产业结构调整特别是传统产业升级提供技术支撑。加强对引进技术的消化吸收和创新，积极推进高技术研究，在有相对优势或战略必争的关键领域取得突破，在一些关系国家经济命脉和安全的高技术领域，提高自主创新能力，努力实现产业化。

其二，在"加强基础研究和应用基础研究"方面，我认为：

加强基础学科重点领域的前沿性、交叉性研究和积累，加强应用基础研究，支持发展新兴学科、边缘学科和交叉学科，促进自然科学与社会科学的融合，推动管理科学发展。要深化科技体制改革，形成符合市场经济要求和科技发展规律的新机制。优化科技资源配置，进一步解决科技与经济脱节问题，建立企业技术创新体系,鼓励并引导企业建立研究开发机构,推动企业成为技术进步和创新的主体。建立为中小企业服务的技术创新支持系统,提高中小企业创新能力。

其三,在"加快教育发展,提高全民素质"方面,我认为:

教育是提高全民素质、培养人才的基础,要面向现代化、面向世界、面向未来,适度超前发展,走改革创新之路。着力推进素质教育,重视培养创新精神和实践能力,促进学生德智体美全面发展。把加强基础教育放在重要位置,继续提高国民教育普及程度。加快办学体制改革,积极鼓励、支持和规范社会力量以多种形式办学,基本形成政府办学为主,公办学校和民办学校共同发展的格局。采取多种措施突破教育投入瓶颈,增加国家对教育的投入,加大中央和省级人民政府对义务教育的支持力度,加强县级人民政府对基础教育的统筹,完善政府对义务教育经费特别是教师工资的保障机制。

其四,在"实施人才战略,壮大人才队伍"方面,我认为:

人才是最宝贵的资源,要把培养、吸引和用好人才作为一项重大的战略任务切实抓好,按照德才兼备的原则,培养数以亿计高素质的劳动者、数以千万计具有创新精神和创新能力的专门人才。加快培养和选拔适应改革开放和现代化建设需要的各类人才,加快建立有利于优秀人才脱颖而出、人尽其才的有效机制,形成尊重知识、尊重人才、鼓励创业的社会氛围。

第六,完善社会主义市场经济体制。

要大胆探索,勇于创新,突破影响生产力发展的体制性障碍,逐步完善社会主义市场经济体制。

其一,在"深化国有企业改革"方面,我认为:

进一步深化国有大中型企业改革,基本完成产权清晰、权责明确、政企分开、管理科学的现代企业制度的建设。健全责权统一、运转协调、有效制衡的公司法人治理结构。对国有大中型企业进行规范的公司制改革,除少数国家垄断经营的企业可改制为国有独资公司外,鼓励其他国有大中型企业通过规范上市、中外合资、相互参股等形式,逐步改制为多元持股的有限责任公司或股份有限公司。建立分工明确的国有资产管理、经营和监督体制,使国有资产出资人尽快到位,探索授权有条件的国有企业或国有经营公司行使出资人职能,强化对国有资产经营主体的外部监督。深化企业内部改革,强化科学管理,建立健全行之有效的激励机制和约束机制。进一步放开搞活国有中小企业,对国有小企业继续采取改组、联合、兼并、租赁、承包经营和股份合作制等多种形式,进行产权制度和经营机制改革。完善市场退出机制,积极疏通和逐步规范企业特别是上市亏损公司退出市场的通道。继续执行现行的国有企业兼并破产政策,对长期亏损、资不抵债、扭亏无望的企业依法实施破产。鼓励非国有企业、个人和境外投资者参与国有企业改制,推动非上市国有企业股权结构的调整和股权交易,形成混合所有制企业。规范国有企业改制行为,完善有关政策规定,强化对国有资产产权交易的监督。

其二,在"调整完善所有制结构和健全市场体系"方面,我认为:

要坚持公有制为主体、多种所有制经济共同发展的基本经济制度,积极探索各种有效方式,有进有退,有所为有所不为,加快国有经济布局的战略性调整。发挥国有经济在国民经济中的主导作用,发展多种形式的集体经济,支持、鼓励和引导私营、个体企业健康发展。进一步开放市场,放开价格,继续发展商品市场,重点培育和发展要素市场,建立和完善全国统一、公平竞争、规范有序的市场体系。

其三,在"深化金融体制改革"方面,我认为:

　　建立和完善金融组织体系、市场体系、监管体系和调控体系，对国有独资商业银行进行综合改革，有条件的国有独资商业银行可以改组为国家控股的股份制商业银行，建立风险防范机制，提高竞争能力。在健全监管体系的基础上，规范发展中小金融机构。形成严格约束与有效激励相统一的经营机制，完善稳健的会计制度，提高金融资产质量。确立企业在竞争性领域的投资主体地位，基本形成企业自主决策、自担风险，银行独立审贷，政府宏观调控的新的投资体制。

其四，在"深化财税体制改革"方面，我认为：

　　积极稳妥地推进税费改革，清理整顿行政事业性收费和政府性基金，建立政府统一预算。健全税收制度，改革生产型增值税税制，完善消费税和营业税，逐步统一内外资企业所得税，建立综合与分类相结合的个人所得税制度，适时开征社会保障税和遗产税，完善地方税税制。依法加强税收征管，打击偷、漏、骗税的行为，清缴欠税，严禁越权减、免、退税。增强预算的透明度和约束力，实行部门预算，逐步以"零基预算"取代"基数预算"。改革国库制度，建立以国库单一账户体系为基础的现代国库集中收付制度。规范政府采购行为，全面推行政府采购制度。调整财政支出结构，压缩竞争性领域的支出。合理界定中央和地方政府的事权范围，完善分税制和转移支付制度，加强财政再分配功能。加强审计监督，严肃财经纪律。强化财政监督，防范财政风险，合理控制财政赤字和政府发债规模。保持财政收入稳定增长，提高国家财政收入占国内生产总值的比重和中央财政收入占全国财政收入的比重。逐步建立适应社会主义市场经济要求的公共财政框架，建设稳固、平衡、强大的国家财政。

第七，健全社会保障制度，提高人民生活水平。

扩大就业是促进经济发展和维护社会稳定的重要保证，也是宏观调控的一项重要内容，要努力开拓就业渠道，扩大就业。完善的社会保障制度是社会主义市场经济体制的重要支柱，关系改革、发展、稳定的全局，要基本建成独立于企业事业单位之外、资金来源多元化、保障制度规范化、管理服务社会化的社会保障体系。

其一，在"积极扩大就业"方面，我认为：

> 保持较快的经济增长速度，创造更多的就业岗位，制定和落实优惠政策，发展具有比较优势的劳动密集型产业，发展就业容量大的服务企业、中小企业和非公有制企业。加大在职和再就业培训力度，提高从业人员的职业技能，增强失业人员的就业和创业能力。引导劳动者转变就业观念，采取灵活多样的就业形式，提倡自主就业。努力开拓国际劳务市场，扩大劳务输出。全面推行劳动预备制度和职业资格证书制度，严格执行离退休制度。加强劳动力市场建设，完善就业服务体系，促进劳动力合理流动。

其二，在"健全社会保险制度"方面，我认为：

> 依法扩大养老保险实施范围，继续完善社会统筹与个人账户相结合的城镇职工基本养老保险制度，在保证离退休人员基本养老金支付的基础上，实现社会统筹基金与个人账户的分账管理，确保个人账户的有效积累。按社会统筹和个人账户相结合的模式，全面推行城镇职工基本医疗保险制度，保障职工基本医疗需求。进一步完善失业保险制度，在试点的基础上逐步把国有企业下岗职工基本生活保障纳入失业保险，扩大失业保险覆盖范围。建立可靠、稳定的社会保障资金筹措机制，通过加大征缴力度、调整财政支出结构、变现部分国有资产、扩大彩票发行规模等方式多渠道筹集社会保障资金。积极探索并建立规范的社会保障资金投资运营的方式，实现保值增值。提高社会保障资金的管理水平，加强社会保障行政监督和社会监督，推进社会保障管理和服务的社会化。

其三，在"深化收入分配制度改革"方面，我认为：

> 坚持效率优先、兼顾公平的原则，实行按劳分配为主体、多种

分配方式并存的分配制度,把按劳分配与按生产要素分配结合起来。发挥市场机制对初次分配的基础性调节作用,健全劳动力价格的市场形成机制,推行职工工资集体协商制度,规范全社会工资性收入的结构和支付行为,建立健全与经济发展水平相适应的最低工资保障制度和最低工资标准调整机制。

这篇文章最终在《合肥财会》双月刊2001年第2期《改革纵横》专栏上发表了6500字以上的内容。

评论:我在这篇文章中用的是笔名"李通",我也有其他几篇文章用的是这个笔名。"通者,百事通也",这里只是有点"百事通"这个意思而已。

(九)《市场疲软情况下应加深"消费决定生产"理念》

这篇小文章只有400字左右,也是我最短的一篇文章。现介绍如下:

> 我们要想解决市场疲软的问题,就应加大宣传"消费也是爱国"、"消费决定生产"的现代经济理念,只有国家经济生产得到发展,只有国家富强起来,才能是最可靠的"存钱防老"、"存钱应急"的保障。现代经济最新观点已经表明,新的"消费概念"或"消费念头"可以带来"消费欲望",有了欲望就有可能增加现实购买力,从而才能相应启动新的消费和推动新一轮社会经济生产的发展。一般来看,市场过热情况下宜相对实行适度货币紧缩政策,市场疲软情况下宜相对实行适度货币赤字政策。目前,在市场疲软、经济没有取得明显发展的情况下,积极的一定的合理直接增发工资与宣传"消费决定生产"理念,仍不失为一种可行的较好办法。

这篇文章最终在全国公开发行的《四川财政》月刊2001年第7期《快语直书》专栏上得到了发表。

评论:此文虽短,但能够在全国公开发行的省级刊物上发表,我还是比较满意的,而且文中特别强调了"消费"对"生产"的反作用或拉动作用。同时,文字比较流畅、表意清晰。

七、其 他

这是最后一组文章，这组文章中只有两篇文章，一篇是关于法律方面的"随笔"，另外一篇是关于综合经济方面的"杂谈"。

（一）《"法律面前人人平等"刍议》

我撰写的文章中，只有这一篇不是经济方面而是法律方面的文章，现也介绍一下。

想必"王子犯法，与庶民同罪"这句话很多人都听过。这句话在历史上曾起过不可低估的积极作用，在今天仍不失其现实意义。然而我认为，此话在其具有进步意义的同时，存在着不够完善的一面。"王子犯法，与庶民同罪"，就是指"法律面前人人平等"。我们在具体宣传和贯彻中存在着一个不可忽视的问题，即只讲"结局"上的平等，而不讲或很少讲"人人"这一前提条件上的平等，这就是目前对"法律面前人人平等"正统理解中的错误核心。

因为人不是抽象的，而应该是来自现实生活中的实实在在的人。由于每一个人所处的领域或部门不同，因而所受的教育各有差异。

在我国，由于教育水平的落后，很多人的法制观念比较淡薄，他们在较大程度上还认识不到存在着一个法度的问题，把握不住违法与守法的界限，因为法制观念模糊不清，甚至认为即使犯了法,也抱着侥幸的心理去逃避。另一方面,作为领导或党员的文化知识是相对比较高的,受教育的年限较长,对法律知识的了解要比普通群众多不少,因而对他们的要求应高于一般群众。

因此,当领导或党员犯了与一般群众相同的错误,对其施法理应重于一般群众。

当然,"法律面前人人平等"的立意是好的,但如果我们在理解和落实中发生了偏差,就会事与愿违,就会收不到应有的效果。

评论:这篇文章,最终在《合肥社联》双月刊1988年第6期《随笔》专栏上发表了1500字左右的内容。这篇文章初步探讨了法律"形式"上的"平等"在一定程度上掩盖了"实质"上的"不平等",也等于从反面初步探讨了法律"实质"上的"平等"在一定程度上掩盖了"形式"上的"不平等",为此呼吁减少"法权"偏向一方的错误,使"合法"与"合理"、"合理"与"合法"很好地统一起来。所以,我们不应该说法律完全不讲"情感",这里有一个"情感"影响"从重从轻"的问题。

(二)《随笔三则》

这一组随笔共有3篇小文章,其分别为《是支持粮食转化的时候了》、《市场秩序与经济处罚》和《工作中少不了"超前研究"》。

其一,《是支持粮食转化的时候了》。

最近几年,我国粮食生产形势虽然喜人,但仍存在一些问题,如"卖粮难"、"总产量未有质的突破"等。这些问题的出现并不是偶然的,而是与我国财政、银行等有关部门对粮食生产乃至粮食转化的重视和支持不够有关。农业生产在我国有着举足轻重的作用,然而一些部门只对粮食的收购、储备比较重视,以致忽视了粮食转化的战略意义。我认为,在我国经济还不发达、资金不足、设施不全的条件下,只讲究收购不是发展的长久之计。

因此，我们必须积极寻找一条思路正确、能力较大、方法主动的能够带动良性循环的我国粮食生产的根本出路。

转化粮食，就是一条真正的出路。只有这样，我国粮食生产才能取得历史性和根本性的突破。如何抓住和用好这一方法，对促进我国的粮食生产至关重要。为此，我们财政、银行等有关部门，一方面仍要以较合理的价格收购一定的粮食，充分利用现有的粮食、饲料、食品等各类以粮食为主要原料的加工厂，积极转化或加工粮食，另一方面还要尽快制定有关粮食转化（尤其是就地转化）的便农优惠政策，在可能条件下支持修建一定数量的粮食加工厂，形成规模经营，做到"变大力收购、大力储备为大力转化"。总之，我国虽是一个粮食生产大国，但我们目前是以仅占世界7%的耕地所生产出的粮食，养活着占世界人口总数22%的我国众多人口。因此，大力以粮食转化促进粮食生产就显得尤为重要。粮食生产总量有了实质性的增加以后，不仅我国人均水平会得到较大的提高，为我国现代化提供可靠的物质保证，即使突遇严重的自然灾害，我们也会拥有可行的对策，在非常条件下我们可以通过合理计划限制粮食的其他消费，比如饲料、酒类以及部分食品，这样我们就仍可以确保全国人民的必要用粮。

其二，《市场秩序与经济处罚》。

市场秩序的变动与紊乱，既是市场管理失策的表现，又是对市场公平竞争的否定。一是"软"性问题。目前，因为有些从事市场经营活动的人证件不全，所以执法部门很难开展市场管理工作，从而出现了极个别批发环节过多，消费者利益受损，产品宣传失真，计量不实，货次价高，按人论价，偷税漏税。二是"硬"性问题。一个时期以来，由于市场管理导向不明，造成市场管理职能极度软化，一些经营活动的从业人员有交易场所不去，却在不合适的地点售卖商品，这极不利于市场管理。

市场管理怎么办，这给我们理论工作者和实际工作者提出了一个亟待解决的难题。

我认为，当前切实可行的办法之一就是适当"加重处罚"，即在加强思想教育的同时对市场秩序问题进行相应加重经济处罚的一种管理手段。在加重处罚时，我们务必要做到具体问题具体对待。对于"软"性秩序问题，处罚较易，对于"硬"性秩序问题，处罚较难。但不论对于哪一种，加重处罚也都并非是无限度的或随意的，而是要依据不低于市场秩序的破坏者自己给社会造成的损失以及能被合理查出的概率的"倒数"的乘积对其进行经济处罚。只有这样，才能从经济方面使他们完全放弃以往的侥幸心理。如果是触犯法律的，还应交司法部门查办。我认为，这一做法既合法又合理。

其三，《工作中少不了"超前研究"》。

从我国的改革来看，经济理论研究的每次突破，常常是在改革的大潮一再冲击下而从理论上反映出来的。经济理论的这种落后研究严重地抑制了我国整个经济的加速发展，同时严重地阻碍了我国经济理论研究的正常开展。

改革需要理论指导，深化改革更有待于理论突破。经济理论研究的关键问题就是要有一种超前的经济思想或经济观念，用一个字来说就是求"新"。优秀的理论文章首先要满足命题新颖、论据充足的要求，其次才是对结构、文字等方面的要求。我国经济理论的研究在某种程度上缺少了一种超前的经济思想或超前的经济观念。经济理论研究是一项抽象思维很强的复杂工作，能够专门从事这一研究的人员很少，其中能够真正敢于思考和能够提出新问题、新见解的宏观理论人才更加稀少。因此，我们要充分发挥稀有人才的巨大作用。

另外，我们还要适时加强宣传，在宣传上也要做些改革。如果经济理论研究乃至整个科学研究跟不上时代发展的步伐，那么我国经济改革和经济建设就只能是一句空话。

评论：这篇《随笔三则》文章，最终在《合肥财会》双月刊1992年第4期《杂谈》专栏上发表了近2500字的内容。这些内容基本上都是我之前文章中的核心部分，后来我就把相对独立的这三个部分作为一组"杂谈"文章发表出来，读来仍有耳目一新的感觉。

第三部分
工作、荣誉和证书

我从1984年开始工作，在早期积极备课，比较顺利地、满意地完成了本单位所属的职业中专学校一年多的代课任务，之后又在省城我们市级单位内部的综合经济研究部门、综合经济管理部门、有关学会协会、编辑部、窗口服务等岗位工作了30多年。我在工作中特别认真、特别仔细、特别细心，一些工作和服务做得令很多方面都十分满意，曾经荣获过几次自己比较满意的荣誉称号。在工作的后半段时间里，我积极主动参加有关社会活动，先后参加了北京2008年奥运会开幕式、闭幕式创意方案征集活动，2008北京奥运会火炬接力合肥市传递路线方案征集活动，合肥市政务文化新区道路等有关命名活动，并都获得了很好的荣誉或称号。

一、努力工作与创新工作

　　我1984年7月份毕业，当月被分配到我现在的这个单位工作，我好像还是我们单位恢复高考以及改革开放以后进来的第一个全日制综合性大学本科（当时刚有学位）大学生。我们单位一般被认为是我们省城的第一单位或第一大单位，从这个角度看，我也许能算是我们这个省会城市或省城行政事业单位恢复高考以及改革开放以后的第一个"学经济的"大学生，不过在实际工作中我了解和接触到的我们省城其他单位或部门也有极少数"学经济的"大学生的工作时间比我还要早一些。我最初的具体工作是在我们这个单位所属的一所职业中专学校代课。不难看出，我理所当然地就成了第一个从高校毕业分配到这所学校工作的大学毕业生，同时是这所学校早期第一批代课教师之一。

　　虽然我从1984年下半年开始在这所职业中专学校总共只断断续续代了一年多一点的政治经济学课，有一章节内容的讲述到现在我还印象很深。这就是在讲述商品价值的时候，我认为商品的价值是一种客观存在，不过要想完全或百分之百计算出来却是不可能的，因为商品的价值由生产商品的社会平均必要劳动时间所决定，这个社会平均必要劳动时间又是受生产该商品的全社会千千万万个具体劳动时间所影响的，同时这个全社会千千万万个具体劳动时间又是数不清或是不断变化的，所以商品的价值不可能真正精确计算出来，但是商品的价格则是由商品的供求关系所决定，并围绕价值而上下波动的。

　　在这之后单位内部调整了工作，我于1985年10月份来到了主管局的综合经济研究和管理部门并相应开展了综合经济的研究和日常管理工作，还做了大量的学会、协会和编辑等工作，后期直到目前为止我大约还连续做了15年左右的窗口服务工作。

来到新的岗位后，早期我仍然关注政治经济学的有关理论或问题，大约是在1986年的时候，我还专门写了一篇这方面的文章，并对帝国主义的"垂死性"有了新的理解。其主要内容是：

> 我们要准确解释和理解帝国主义的垂死性，这在政治经济学的教与学中是一个比较难以解释和理解的问题，其中把帝国主义的垂死性误解为垂而不死就是一例，这种误解在客观上带来的严重后果和影响不是我们所能想象出来的。一是解释存在不准确或错误，造成很难准确理解其义。二是造成一部分人把帝国主义的垂死性误解为虽然衰败，但是不会死亡。三是在逻辑推理上有些自相矛盾。所以，我们应该把帝国主义的垂死性解释或理解为垂而未死才比较科学，也就是虽然已经衰败，但是还没有完全死亡，甚至在一定阶段还会出现繁荣，但是最终必然走向死亡，这就是帝国主义发展的必然趋势，即帝国主义的垂死性理论。

另外，帝国主义的腐朽性，即"腐而不朽"的问题，应该同理类推解释或理解为腐而未朽即可。

评论：创造性地讲课，不仅可以增加学生的学习兴趣，而且可以增强学生的思维能力。同样，创造性地解释和理解帝国主义的"垂死性"以及"腐朽性"问题或理论，对我国社会主义社会的发展都有益处，这也从一个侧面反映出我在一定程度上是比较善于创新思考的。

我来到主管局综合经济研究和管理部门工作的早期，除了日常工作和刚刚学写个别有关文章之外，大约是在1986年上半年的时候，我们单位因为工作需要等原因，打报告经过特批购买了2台基本上是一样的电脑。当时的电脑远不如后来的386电脑，甚至要差不少，那时的电脑很难买到而且很贵。当时，我们这个综合经济部门的主任带着我一同去买的，好像后来是我一人按照价款去具体结账付账的，每台几万元。之后，这2台电脑就先放在了我们这个综合经济部门一至两年的时间，在前半年还由我具体学习使用和负责管理，所以我可能就成了我们这个省会城市全市机关几大部门中最早去具体购买电脑的人，而且还可能是全市机关部门中具体接触电脑和学习电脑的最早一人或一批人之一。

大约半年之后，我们单位很快就有其他人专门做这方面的工作了，随后还成立了电脑室，好像又过了一年多的时间，这个电脑室就逐步与我们这个综合经济部门分开并独立办公了。

几乎还是在1986年上半年的前后，市里还进行了当时有关方面的"市带县"经济、县域经济以及全市百亿工业总产值发展目标的规划和调研，我有幸陪同我们单位的局长参加了由市长牵头的全市绝大部分主管部门主要领导共二三十人参加的，当时是去市属三县为期10多天的调研以及财政资金的现场拍板工作。因为我们单位性质或地位最特殊，可以说我们单位的局长一直都陪同在或会上坐在市长的身边。参加这次三县现场调研的人员除市长、各主管部门领导和市长的一名秘书之外，就只有我这一位普通人员参加了。

大约到了1986年下半年的时候，全国各地普遍都在进行当地社会经济发展战略的研讨与制定工作，我们市里也成立了总的战略课题组和有关相应的几大子战略课题组，当时的中国工商银行合肥市分行、合肥市乡镇企业局、合肥市财政局、中国农业银行合肥市分行、中国人民银行合肥市分行、合肥市城乡建设委员会、合肥市技术改造与技术引进办公室、合肥市计划经济委员会等10个部门参加了其中的"投资战略"这个子课题组，我是我们单位参加这个子课题组唯一的具体承办人和具体执笔人。最终这个"合肥市投资战略调研"课题由两人具体承办和执笔完成了，我是这两人中的其中之一，"合肥市投资战略调研"课题中的"对策"部分就是由我具体完成的。后来，这个课题的主要内容和对策部分，还分别在有关刊物上发表了，我在前面都已经详细介绍过了。

那个时候，各个方面的发展目标、发展战略就已经很多了，当时的

"市带县"经济、县域经济、百亿发展目标和"社会经济发展战略"等几件工作既相互独立，又相互联系，这在当时基本上算是几件相对独立的工作，现在看来只能算是一件大的工作了。

应该是在这一年的下半年，因为工作需要，我去订制了全市有关资料柜里面专用的业务纸盒，大约有10万个左右，我没有收厂方给的"好处费"，厂方适当降低了价款，凑巧的是厂里的会计正巧是住在我父母家一墙之隔的老师的妹妹，所以后来她很快就看见我并"点赞"了我，还得知我是学校校长家年龄不太小的小儿子。

还是在那个时候，单位经常开展活动。应该是在1986年下半年的时候，我所在的单位即主管局与所属的职业中专学校联合举办了足球循环对抗赛，主管局组织了一个代表队，学校5个班各组织了一个代表队，最终决赛正巧在主管局代表队与学校5个代表队中的一个代表队之间进行，加时赛之后仍然没有决出胜负，所以就出现了大家普遍十分关注的"点球大战"。当时，双方各派5人进行"点球"比赛，前9人比赛的结果仍然是平局，我是最后一位出场的，这时我一脚正好把球踢进了球门一侧的最上角，最终我们局的代表队获得了第一名，获得了冠军，而我的贡献明显应该是最大的。之后，大约是在年底的时候，我们局黑板报的显著位置上很快登载了一篇这方面的报道，我对其"标题"至今都印象深刻，这就是——《李永进同志一脚定乾坤》。

除了足球之外，我在局早期组织的我参加过的羽毛球、乒乓球、步枪射击比赛以及参加全市百科知识大赛等活动中的成绩也基本上是比较好或很好的。

早期，我在工作中具体筹办了局所属的珠算协会，并于1987年10月16日正式成立，珠算协会现已改称为珠算心算协会，这是全国先进珠算（心算）协会，我现仍然是协会成员之一。我于1988年上半年还具体筹办了局综合经济管理部门，且与我当时所在的局综合经济研究部门合署办公（其实这一工作之前就由这个综合经济研究部门代管），但是到1990年下半年的时候分开办公了。我在早期的工作中，除了教书，开展综合经济研究、办协会、做综合经济管理工作之外，主要还做日常的学会、编辑等工作。我于1986、1987、1988年参加过合肥市会计职称初级和中级考试的出卷和总后勤工作，后来不久就全国统考了。1989年的时候，我还参加了全局的招干以及总后勤工作。

评论：我大学毕业较早，接触电脑也早，在工作早期的10年中真做了一些工作，我的大部分文章也是在这个阶段完成的，其中不少的工作尤其是在经济论文方面更具有一定的创新精神和超前思想。宣传报道我"一脚定乾坤"这件事同样也很经典。

我自己写了四十篇左右文章，绝大多数在前面用很多文字全面、详细介绍过了，现在还有3篇发表过的与我们经济工作也有关系但情况比较特殊的文章，我打算在这里分别简单介绍或简单说明一下。这3篇文章都是较早时期（1987至1991年）的事情了。那个时候，我才刚写了10篇左右的文章，写作水平有待提高，所以当他们叫我加上名字，我就把自己的名字加在后面了，因为在他们较好的综合经济文章上加上我自己的名字可进一步增加我对写文章的兴趣。其中，前两篇都是我前面提到的那位大学同学鲁同学执笔的，后一篇是与我在同一省城的市政府经济研究中心，与我同姓的李同志一起写的。他们的文笔都是很好的，他们都比我小一两岁，我较大一点，所以那个时候他们有时请我帮助投稿。现在，他们都已经工作得特别好了，鲁同学好多年前就是广东省的智囊团主要成员和正厅级学者型领导，那位李同志也早就是我们省城很有名的特大民营上市公司的企业家了。这3篇文章的大致情况分别如下：

第一篇文章是鲁同学主要执笔的，标题是《论国有工业企业租赁经营的困惑和出路》，文章占了4个版面，有6000多字。这篇文章共分四大部分，第一部分是"困惑一：国家的困惑"，第二部分是"困惑二：承租者的困惑"，第三部分是"困惑三：职工的困惑"，第四部分是"解惑：走出困惑的理想之路"。这篇文章的内容、篇章结构、文字、撰写风格或手法等方面都很好，并对我后来撰写的文章具有不小的影响和帮助。我前面介绍过的我自己近万字的《怎么办——关于投资波动的思考》那篇文章就是在受到了这篇文章的影响和帮助后写成的，我的《怎么办——关于投资波动的思考》分为"思考之一：问题的提出"，"思考之二：问题的分析"，"思考之三：问题的根源"，"思考之四：问题的对策"，我对自己的这篇文章也比较满意，而且前面也已详细介绍过了。

这篇加有我名字的鲁同学是主要执笔人的文章，最终发表在《合肥经济研究》双月刊1987年第5、6期合刊《经济体制改革》专栏上。

第二篇文章也是鲁同学主要执笔的，标题是《对雇佣劳动的反思》，文章有4500字左右，共有两大部分，第一部分是"雇佣劳动范畴在社会主义初级阶段能否成立"，第二部分是"社会主义雇用劳动关系的性质分析"。这篇也有我名字的由鲁同学主要执笔的文章，最终发表在我们省城《企业经济》双月刊1988年第6期《理论研究》专栏上。

第三篇文章则是那位李同志主要执笔的了，其标题是《对城市财政补贴问题的几点思考》。这篇文章包括三个部分的内容，第一部分是"城市财政补贴的现状及主要特点"，第二部分是"城市财政补贴的作用及深层次问题"，第三部分是"进一步改进城市财政补贴的思路"。这篇文章最终在《安徽财政研究资料》半月刊1991年第24期《工作研究》专栏上发表了近4500字的内容，并且还是这一期刊物的第一篇文章。

在这篇文章上，也加有我自己的名字。但由于那位李同志的姓名是两个字的，而且与我自己不久以前在省厅同一刊物才用过的两个字的笔名"李通"很相像，造成了省厅编辑部的工作人员误认为那个两个字名字就是我自己之前用过的那个笔名，因此编辑就把稿件上我的名字"李永进"放在前面了，被误认为是我笔名的那个第一作者的名字却放在后面了。在这篇稿件中，我用的不仅是自己三个字的真名，而且写有我的工作单位名称，当然更有那位李同志的名字和他的工作单位名称，并且他的名字和工作单位原先都分别在我的前面。但是，发表出来之后的最终结果变成，我三个字的名字在前，真正的第一作者两个字的名字在后，而且只有我的工作单位名称了。所以，我至今都觉得对不住那位李同志，而且这也是我工作中的最感到遗憾的一件大事。

大约在这段时间里，我还做了两件值得一提的工作。一是去市属肥西县农村扶贫和救灾，二是在市属长丰县农村开展救灾工作。

1990年7月份开始，我在市属肥西县的农村开展了为期4个月的扶贫和救灾工作。当时的农村发展水平比较落后，之前也有断断续续的扶贫和救灾工作，再加上1990年我们这个地方又遭遇了特别严重的干旱，所以我们单位就有了相应的扶贫和救灾工作了，而且是不断轮换进行的。我们这组有三个成员，一人比我大七八岁，是我们的组长，另一人比我小一些。因为工作原因，平时就我们两个较大年龄的在岗。这位组长很快就发现了我的长处，比如人品较好、见识较广、爱好较多以及见解独特、综合条件较好等，所以他很快就给我介绍了自身条件很好且工作单位和父母家在省城以及家境很好的女朋友，即我现在的爱人。

不仅如此，而且我前面介绍过的有关"粮食转化"、"水利（当家塘）"方面的文章也都是在这段不太长时间中的收获。

另外，有一次从这个肥西县返回的途中，我在市里转乘的一辆较大较长的公交车上，突然发现旁边有一个比我小一点的男小偷正在行窃（还未成功）。当时车上乘客不算怎么多，我就很正常地示意他不要这样做。然而我这一"示意"却被车上靠后面的他的两个男同伙看见了，这两人中的一人明显要比我大近10岁，有三十八九岁的年龄，这个人虽然身高平常但身形十分彪悍且正值壮年，他走过来说我再多管闲事就把我从车窗扔出去。当车中途到站时，我就立即从中门下了车，但马上又回到了车上，结果他们三人都被我很顺利地从后门骗下去了，从而避免了一场一般人认为没什么大必要的"战争"。不过，通过这件事可看出我有一点见义勇为的精神。这之后，我又有过三次以上制止小偷行窃的经历。

又过了近一年，我于1991年10月被派到市属长丰县的农村进行了为期也是4个月的那年全国性大洪灾之后的我市第一批救灾工作。这次工作要比上年的扶贫和救灾工作辛苦许多，比如上次的地点离市中心只有二十里左右，离市县交界处很近，这次远了好几倍以上。上次我们住的是公路干道旁边的当地招待所，这次住的是村民家，离能坐到长途汽车的公路还有十几里的路程，而且绝大部分村民的住房都已受灾倒塌了。上次是吃食堂小炒，这次是自己动手烧饭菜吃。上次的季节以秋天为主，这次是以灾后大雪天气为主。上次是以给钱帮助农村集体打井为主，这次是以督促发放救灾衣物为主。所以，这次工作很难开展。但由于我们的工作方法比较可行，村干部和村民对我们比较满意，这次救灾结束进行轮换的时候，村干部和村民一二十人冒着大雪基本上是敲锣打鼓把我们这批救灾组的工作人员真情欢送了十几里，最终送到了公路车站。

在这次救灾工作中，我的工作方法相对比较独特和可行，所以我还荣获了全市"抗洪救灾工作先进个人"的荣誉称号，这也是我早期比较满意的一本证书。

在工作中，我们一直都在为上级省厅征订和发行省厅自办的和省厅承办部里的期刊和报纸，以及包括征订和发行我们自己的刊物，而且一般每年都有10种以上，其中几种比较重要的能够各征订到3000份以上，每种大约有2000个订户。总之，我们10多种刊物的订户合计约有12000个甚至更多，但实际真正订户只有3000个左右，因为许多订户订了好几种。之前，主要是我和我们同一部门字写得都很好、都是三四十岁的两个女同事通过手抄每一种报刊的全部订户名单，并把其中上级的名单报给上级再由上级自己录入和打印成发行的信封封签或标签，我们自己这一份刊物订户名单的手抄、录入和打印工作也是这样进行的。

不过之后，到了20世纪90年代中期，我就通过"努力"和"创新"，正式开始在电脑上先用"数据库"按照顺序把每一个订户的邮编、地址、单位名称、收件人名称以及每一种刊物和报纸相应的征订数量一次性全部录入，然后再按照各个刊物或报纸分解成各自相互独立的订户名单数据。省厅及省厅以上的订户名单数据，我们是按照要求上报省厅的，之后省厅自己直接打印出用于发行信封上的封签或标签，完全减去了省厅大量的录入工作，同时完全减去了我们自己刊物订户名单相应的录入工作。

在那个时候，我本人通过这一方法，使工作效率提高了至少有两三倍甚至更多，我的这一做法得到了省厅的高度肯定，这也是我本人每年都是省厅征订发行工作先进个人的原因之一。现在看来，这也许是比较平常的方法，但我使用这一工作方法已经是很多年前的事了。从1996年年底、1997年年初的时候起，我们家就有"联想"奔腾电脑了，这在当时也是很领先的事了。

当时，我们自己办的刊物发行工作大部分都是通过市政府收发室进行的，也有一些是我们自己到附近的市邮局寄出的。我清楚记得有一次是在20世纪90年代中后期的一天，我骑自行车去邮局的路上，本来就有不小的风，快到市中心附近的市邮局时，又突然迎面刮来一股更大的风，这股大风对我并没有什么大的影响，然而我前面3米之外一名也正在向前骑自行车的、比我当时的年龄可能要小一点，而且有些时髦的女青年的白色小太阳帽却被大风一条直线地就直接吹到了我的面前，我正好又是一名运动素质很不错的体育爱好者，自然有点身手不凡，我在条件反射后很轻巧地就在自行车上接住了被风快速吹来的那个白色小太阳帽，而且没有任何停顿地就顺势继续向前骑去，并同样也很自然地就把这个白色小太阳帽递给了还没有反应过来停下车的那位女青年。

不过，她到现在为止应该也不太可能知道我到底是怎样才把这个太阳帽递给她的，然而看到这一过程的路上行人却有很大可能是会为我的娴熟动作和一气呵成"叹为观止"与"点赞"的。

我们除了大量的征订和发行工作之外，还有大量的编辑刊物和一定数量的编书出书工作。在那时，这些大量的征订和发行工作基本上都是以我为主的，在这之外，就是我经历过的前后近20年大约有八九十期七八百万字的编辑、校对刊物文章和排版印刷等工作。这些基本上都是日常工作，没有什么大的特色，我就不再展开叙述了。不过，2000年前后的三四年时间内，我们这个综合经济研究部门当时编印的五六本书，尤其在最重要的一本书上，我们都付出了很多的精力，在最重要的这一本书中还体现了我们单位工作"辉煌五十年"不平凡的成绩，其资料内容从1949年一直编写到1998年年底，我们的编印工作从1998年下半年就开始了，到1999年9月底在国庆五十周年前夕，按照计划最终全部完成了申请有省内部图书编号，包含巨大工作量、彩版精装、内有大量插图、大16开版本的编印工作，同时在合肥长江剧院举行了隆重的有市主要领导参加的首发式。这项工作是由本书编辑委员会主任、副主任、委员、顾问、本书编辑部总编辑、副总编辑、编辑有关人员共同完成的。其中，我本人是三个编辑人员中的第一编辑，并具体负责了本书的印刷等工作。这是我们单位1999年的三大硬性工作之一，同时也是我们单位具有创新、具有特色的一次工作。

这个时期，另外的那几本书编印情况就简单一些了，其中有四本书分别是我们单位上一年工作方面的论文、调研报告、工作材料等内容，包括书名、版式有关几个方面连续四年也都是一个统一模式或系列的，也都有省内部图书编号，与《辉煌五十年——合肥财政五十年》那本书相比，除主编、副主编之外，在这四本书的编辑工作中我更是具体的第一编辑了，而且同时我仍然是具体负责印刷这几本书的工作人员。

在这个时期，还有一本是我们学会的书，这本书也是我们综合经济研究部门编印的。这本书具体是由我们单位所属学会的一名工作人员编写的，虽然其编排、校对、申请省内部图书编号和印刷是由我们这个部门承担的，这次具体的这些工作却都是由我一个人完成的。

这几年中，我们综合经济研究部门一共编写、编印了六本书，其中我一人就付出了大约至少一半以上的时间，这六本书也给我和我们全体有关工作人员留下了比较满意的印象，我们对自己所做的工作也比较认可。

我们单位的内部管理比较严格和规范，我们单位很早就有了目标管理和年终考核（打分）这一程序。我清楚地记得，我们单位电脑室独立办公大约三年时间之后，我们综合经济管理的这一职能工作于1990年也相继分开办公了，最后只保留了原有综合经济研究和管理部门中的"研究"职能工作了。我们单位20世纪八九十年代就已经有20个左右处室或科室，现在增加到近30个了，虽然增加了，但是原有综合经济研究的这一职能部门于一二十年后即现在的5年前则被撤销了，而且是我们单位唯一真正被撤销的部门，在一定程度上可以说明这个部门现在不很重要或当初就不重要。然而，我们这个综合经济研究部门却在被撤销之前的2000年前后评优时，连续三年先后分别获得了我们单位当时20个左右部门中的第一名、第三名和第五名。

我在上述评选工作中做出了特殊的贡献，也受到了当时部门新领导的高度肯定和赞扬。我们当时新的领导来到我们部门之后，对我们部门的工作和考核都很重视，我积极配合和全力支持，并在实际工作中还动了很多脑筋，做出了不少"创新"之举。比如，在我们单位的考核中，发表的文章甚至通讯报道不论长短都能按照国家级、省级和市级的标准分别加3分、2分和1分，由于我们这个部门本身就是综合经济的研究部门，而且内设了一个内部刊物编辑部，所以我时而自己、时而和我们部门的同事一起，在我们自己的刊物上适当发表文章，同时也在市级其他刊物以及省级甚至国家级的刊物上发表文章，所以我们部门的考核加分自然就多，当然我们的文章大部分都是在外面的报刊上发表的。

另外，我尽量把考核中的有关工作拆细上报，这样也有可能增加考核分数。比如，一般情况下，我是把我们编辑内部刊物的校稿分成一校稿、二校稿和三校稿上报参加考核的。因此，相应增加考核分数的可能性就很大并最终实现了，当然在此我要感谢当时负责这一考核工作的人事部门主要领导对我工作的支持和肯定。

所以，在我们综合经济研究部门新领导一上任的高标准要求下，在第一年中我就为我们这个相对不重要的部门争得了全单位年终考核的第一名。因为这个原因，我们单位对考核政策进行了"修订"。但我通过进一步的"努力"和"创新"，在第二年中我们仍然夺得了很满意的第三名。还是因为考核政策不断修订的原因，在第三年中我们只获得了第五名（当时只取前5名），不过我们仍然比较满意。之后的考核政策又有了较大的变化，比如发表的文章或通讯报道中，不仅要有执笔人姓名，而且要有我们单位工作内容或名称落款才能加分，另外一件工作也不能随意拆细再加分了。2002年下半年，我又进行了新的轮岗，这样一来，这个部门后来好像再也没有获过这方面的奖励了，又过了几年就被逐步撤并和撤销了。

评论：我很早就能主动学习别人撰写文章的长处，还能利用"数据库"开展有关工作，明显具有一定的创新精神，而且能够很好起到事半功倍的作用。同时，我做了不少实实在在的比如像具体编书、出书的工作。不仅如此，我们这个特别普通或最不重要的综合经济研究部门能够被评为我们全单位当时20个左右部门中的第一名（包括之后两年的第三名和第五名），更是来之不易，我们大家尤其是我本人不仅付出了很多的努力，而且做了不少创新的工作。所以，这也能算是我工作中的"得意之作"之一。

大约在2000年前后的时候，我们还有一件工作很值得一提。这就是在2000年或更具体地说是在这前一年的时候，我们单位在三大工作方面通过积极努力和创新，不仅一举获得全国（国务院）表彰的先进单位称号，而且更使我们单位成了我们中华人民共和国成立以来我们这个系统中唯一获得这一最高荣誉的单位。我们单位获奖以后，为了做好有关来电咨询、来电交流和来电学习等来电来访方面的工作，加上因为我们单位又普遍知道在综合经济研究部门长期工作的我本人工作或服务意识特别强的原因，所以我们单位决定就以我的办公固定电话代替这部重要电话，并对外公布了这个联系电话的号码。

紧随之后，我们单位还成了全国我们这个系统中第一个通过ISO9000认证的市级行政机关单位，在这之前，我们这个系统中只有东部一个大省的省会城市所属的一个区级单位和北京市所属的一个区级单位曾分别获过此殊荣，然而我们现在却是以一个真正省会城市的省城市级单位这一级别获得的，我们还参加了相应的业务培训和颁发证书仪式。

因为工作岗位的变动，从2002年9月份起，我在我们单位另一个综合部门（业务方面的综合部门）工作才2个多月之后，就于当年12月初被抽调到了我们省会城市的行政服务中心（现已改为政务服务中心）窗口工作。刚开始的三四年，窗口工作就我一人，而且工作不很忙，不过我不仅没有浪费这些时间，而且在这期间我还参与了北京2008年奥运会开幕式、闭幕式创意方案征集活动等有关几个方面的活动，并都得到了很好的收获，我将在以后的章节中详细介绍这些情况。

2006年夏天的时候，我们原先于2002年11月底从市行政服务中心撤出的窗口工作，按照市政府的最新要求，又于2006年8月份重新回到了市行政服务中心。不仅如此，这个重新搬回窗口的工作就是15年前与当时我们这个综合经济研究部门分开办公的那个综合经济管理部门的工作，所以我本来就很熟悉这个工作，加上我已经在这个窗口工作三四年的时间了，因此更是"熟上加熟"。由于以上情况，加上我本人工作主动、热情、服务意识强等方面的原因，我们这个已经分离多年但又重新有工作联系的这一"综合经济管理部门"，主动牵头并通过单位领导把我从原综合经济研究部门调入才近四年的业务综合部门（其中这近四年中的大部分时间我在窗口工作），又调入了这个所谓新的综合经济管理部门，并且仍然留在了这个窗口岗位和全面负责窗口工作，而且我一直工作到现在。这个工作在20世纪80年代中后期基本上就是我一个人具体在干，现在可以说，我重新回到了这个原先我具体筹办的"综合经济管理部门"。

我一到这个新部门或"回到"这个原部门，很快就能在窗口这个所谓"新"的工作中熟悉起来，并且很快就能得心应手。我们这个窗口现在新的工作在正常情况下一般有四至五个工作人员，当时面对的全市相关"持证"群众等方面的服务对象就有八九万人以上，而现在这个数字已经增加到二十五万人以上了。其中，我们市本级直接管理的工作要占到百分之六十左右，市以下的区县等工作与我们也有很大的关联度，比如每年约有十万人次参加全国和全省举办的合肥地区全市统一的三大报名、统一的三大考试、绝大部分在市本级的三大统一办证这方面工作。不仅如此，因为我们是省会城市的服务窗口，所以全省其他地市以及省直部门加在一起还有数十万以上的大量持证和将要持证的人员也经常到我们这个窗口现场办事或通过电话咨询。我们这个窗口2002年搬走的原因，主要就是因为太忙，才请我们窗口搬走的，现在重新搬回之后，这些办事和咨询的繁忙程度更是可想而知了。

新工作进驻市行政服务中心窗口才一个月左右的时间，我们单位就为我们窗口工作写了一篇较长约有1500字的通讯报道。其标题是这样的：《服务中心"新成员"倾情奉献成美谈——市行政服务中心我局"窗口"

优质服务受赞誉》，现把其主要内容摘录如下：

> 按照市里统一要求，8月11日，我局在外的"窗口工作"已经开始再次进驻市行政服务中心办公，以设立我局窗口的形式，正式对全市有关持证人员及有关各类考试事务提供一站式服务。窗口"开张"一个月以来，热情周到的服务赢得了群众的赞誉和好评。

在这篇通讯报道中，共有三个方面的内容。其中，两个主要方面的内容分别如下：

一是"紧张繁忙的服务'窗口'"：

> 我局窗口尽管是行政服务中心的"新成员"，但由于工作量特别大，该"窗口"已经成为中心最繁忙的一角。在这一个月的时间里，共发放三个方面的准考证合计近22000个、职称成绩合格单约500个、从业证书办理150多个，为120多名持证人员办理了注册、变更及调转等方面的工作，组织了15000余人的从业资格考试。近期，窗口平均每天要接待来人、来电上千次，由于需要不停地解答问题，有的窗口工作人员嗓子经常哑，但仍然坚守岗位，使服务对象深受感动。

我们的工作确实十分繁忙，而且我本人除全面负责窗口工作之外，还要接听大量的我们窗口绝大部分的来电，大量的也是我们窗口绝大部分的现场咨询，大量的接待引导群众办事，所以这段纪实通讯主要是报道我的，另外窗口大量的疑难问题和维持秩序等工作也基本上都是由我来处理的。

评论：我的本职工作除全面负责窗口工作之外，主要就是接听电话了。那个时候的电话一般一个只有一分钟，我前台办公桌上一般有1—2部电话，有时几部都由我一个人接听，就是2到3部电话了。我们朝九晚五、一天8个小时480分钟上班，不含中午大约20分钟吃饭的时间，我最多的时候有好几天一天中接过500多个电话，一天中接400到500个电话有过二三十次，一天中接300个左右电话的次数就已经不计其数了。当然，在大部分时间里一天接听200个左右电话，由于最近几年办事普遍涉及网络，电话解答的内容增多和更加详细，一个电话往往要用2到3分钟，所以现在一天一般只能接听100到200个电话了。在窗口工作的大部分时间里，我都在接听电话。因为我对工作特别"熟"，所以我接听电话的"熟练"或"老练"程度就能特别"牛"（前面已提到过我是属牛的，即"成熟的老黄牛"），这也是由于我太追求完美的原因促成的。

二是"倾情奉献暖人心"：

　　　　由于市行政服务中心远离市区，我们窗口刚重新迁入不久，部分考生由于特殊原因无法按时领取准考证，李永进等同志就主动将有关准考证带到比较方便的约定地点，办完手续后当面把准考证交给考生，以便他们能够顺利参加考试。9月1日是领取从业资格考试准考证的最后日期，已经是下午五点半了，已下班半个小时了，李永进同志仍在岗位加班工作，此时来了几位以为我们是五点半下班的考生要领准考证，我们的同志就立即把准考证递到了考生手上，这几位考生深受感动，并专门写了表扬信。我们窗口的工作人员都很努力工作，都已经多次受到了群众的表扬。

其实，我本人在工作中加班加点是经常的事。2002年，我到窗口工作之前，没有特殊情况的话，我每天下班后晚走半小时至一小时，因为我们的日常工作主要是编辑刊物的稿件和校对样稿，时而也有编书这方面的工作，所以我经常在安静时间加班加点。我到窗口工作以来，尤其是2006年我们原窗口重新搬回市行政服务中心之后，我不仅仍然是经常迟走半小时以上，而且几乎每天比我们9点的上班时间提前一个多小时到岗，因为几乎每天都有许多人会提前很多时间来到我们窗口办事。中午，我更是没有哪一天休息过一分钟。总之，超负荷工作对我而言是很平常的一件事。

评论：我本人不仅经常加班加点工作，而且有一个特别之处，这就是我本人工作33年以来，只请过大约3天的假。1天半请假是因为我母亲去世，另外请了1天半的假是因为我参加大学校庆。我没有请过病假、公休假等。因此，我猜想我本人应该是这方面的"唯一"或可能的"唯一"，这就得请广大的读者自己去好好地想象了。

我们单位当年十月份的《内部信息》，通过这篇纪实通讯报道对我们窗口的工作尤其是对我的工作给予了极大的肯定，我在后来的有关工作材料中还引用了这篇纪实报道中的一些重点内容。

我们窗口工作人员所做的一点工作，群众都看在了眼里、记在了心里。现将同年11月8日我们单位外网咨询表扬园地一位留有手机号码和电子信箱的姓王的同志留下的标题为《赞一个》的群众表扬信介绍如下：

> 近日因事咨询，一位男工作人员在电话里给予了详尽的解释与建议。11月6日我又到政务区的办公大厅现场，当时很多人围在窗口前咨询，桌上的两部电话铃声此起彼伏，但是他依然不急不躁，一边给大伙现场解答，一边在电话里耐心答复，还主动帮助咨询的人员联系相关事宜。他的服务态度使我想起前几个月去办公大厅办理事情时，我听到旁边的一位男士在电话里对咨询人员的回复是非常详尽细致的，当时就感觉到他的工作素质一流，这次我亲自感受了他的超一流的工作态度。和同事说起此事，大伙都说，在那种繁忙的工作状态下他依然保持温和有礼的工作态度，细致地为大伙服务，的确相当难得。在这里，我们要说谢谢他的服务！也请他多保护自己的嗓子，他的工号是115，是一位偏瘦的、说话很和气的中年男士。

当我看到这封表扬信时，我的眼泪一下子就流了出来，而且后来不管哪次再看，同样还会流出许多眼泪，这不仅包含有激动的热泪，也包含有部分惭愧的泪水，因为包括我本人在内的我们窗口工作在一些方面做得仍然还不够满意，我作为一名改革早期的大学生做这点简单的工作真的不算什么。

评论：我不仅认真和热情地解答群众的咨询，还经常"合理展开"解答群众的咨询，因为他们一般在这方面缺少经验。我"合理展开"所用的时间往往要占一次解答全部时间的一半，我还很注重他们咨询过程中和咨询之后的心理感受，我的这些做法，在其他部门和单位也许有一些这样的人会这样做。我认为我有这两大长处，一是"方法"很多，二是"实用心理分析"很棒。我自己收藏的书主要是关于"思维、哲理、社科以及数学、天文"方面的，我爱人的300本心理学方面的书我大部分都翻看过。另外,我在咨询中时而还带有一些关于"人生"方面以及年轻人如何提高自己的启迪或鼓励。

这一年的12月20日上午,市效能办暗访组一行3人对市行政服务中心我们单位的窗口进行了暗访,并就有关问题做了通报。现将暗访基本情况的这段原文介绍如下:

> 暗访组在市行政服务中心窗口暗访后反映,115号工作人员态度热情,服务周到,回答问题耐心、细致,给暗访组留下了深刻印象。

这次暗访的结果,主要是对我们窗口,工号为115号的我给予了高度的肯定。实际上,我们窗口一般情况下有好几名工作人员,他们相对比较年轻,不忙的时候有时看点业务书刊和报纸等,主要是因为这方面的原因,可能对窗口或他们的服务工作有一点所谓负面的影响,但我认为总不能把宝贵的时间浪费掉吧。

评论:我本人不仅在服务方面如此,而且在窗口业务工作中同样是一名十分特别的"高手"。可以说,我至今没有发现有什么疑难问题是我本人解答或处理不了的,有的时候我是通过牵头和指导我们窗口比较年轻的工作人员来具体解决问题的,省里网上办事须知、说明甚至有关考务办证通知中有不少的内容我都建议修改过,有的时候我还对省里甚至部里做得不好的相关工作提出我自己的看法或是直接投诉上级有关工作。所以,我本人不仅有"为人民服务"的强烈意愿、强烈愿望,而且有"为人民服务"的能力,因此我在这方面是十分自信的。到底有多么自信,我认为我本人虽不是大科学家、大领导等,但应该是与目前常说的"大国工匠"类似的人。我所做的工作在我们整个系统中,很大可能在我们省甚至在全国范围内都是一流的,也有可能是"第一"的。

我们这个繁忙窗口已在两三年前从市行政服务中心服务大厅搬回到我们单位一楼服务大厅,并继续开展这些有关工作直到今天。

回顾在市行政服务中心总共有十一二年的窗口服务工作,虽有很多的辛苦、极少数的误解、极少数的委屈，但更多的是群众的满意、赞扬和表扬。在这10多年的时间中，我在有关方面的收获和荣誉也是不少或不小的。其中，早期的前三四年因为不太忙，我主要参加了北京2008年奥运会开幕式、闭幕式创意方案征集活动，合肥市政务文化新区道路等有关命名活动，并都有很好的收获，在后八年左右的繁忙工作时间中，我主要获得了2008北京奥运会火炬接力合肥市传递路线方案征集活动的证书、市优质服务标兵、市文明职工、公务员三等功以及四次市行政服务中心窗口先进个人称号。最近几年中，我们单位的一把手以及有关领导还抽空到我们窗口看望大家和指导工作。

　　评论：到目前为止，我的工作经历和收获大致可以分为三大阶段：前10年我主要写了这本书中提到的大部分文章，中间10年主要完成了少量文章，后10年主要就是以上提到的北京奥运会等几个方面的收获了。这后10年好像没写一篇文章，但很想争取好好完成这本书的出版工作。

　　最后，我还想说说我对我们工作的一些建议。一是窗口可订报刊（指业务方面的），通常也有这方面的业务书，但总体上不给大家在上班的时间看。建议在不影响工作的情况下，可以合理地看。二是窗口人员虽有单位内部QQ群，但不需保密的普通材料和普通文件都不给传送，建议可通过新技术、新手段提高工作效率。三是全日制毕业证书、非全日制毕业证书在专业技术资格（也叫职称）等方面报名中的工作年限计算存在不合理性，全日制的太吃亏，建议相关的国家人社部门牵头修改有关规定。四是考试网报工作中，所谓担心年龄偏小不够工作年限容易造成乱报名，从而设定网上报名通过不了的需要到现场报名，我认为这一点不尽合理，这与鼓励早出人才的精神是不相符的，建议取消这项设定或改为要求这大约不到1%的考生报名前，原则上需要咨询考试办公室关于到底够不够条件报名的问题。五是我们这个系统的从业证书二三十年前就规定需要经过考试才能取得，无证从业违法，但这两三年上级规定已经从业满20年的可以照顾免考办证，就是说无证从业"等到"违法满20年就能免考办证？所以建议取消这一规定。

二、荣誉与证书

　　我在我们这个省会城市的市级行政机关中至今已经工作了33年，虽然我们单位在我们省城的市级行政机关中是大家比较羡慕和向往的一个单位，但是我们单位仍算是一个基层的工作单位。在这么多年的工作中，许多基层工作尤其是基层窗口服务工作能有所收获确实来之不易，但这些工作本身都是我本人应该做的，然而服务对象和我本人所在单位以及有关部门却给予了我不少的荣誉和证书。前面是"努力工作与创新工作"，这里是"荣誉与证书"，后面是"北京2008年奥运会开幕式、闭幕式创意方案征集活动证书"。

　　工作早期的20世纪80年代中后期和90年代初期，我那时已经有不少年是单位内部的年度先进个人，也获得过本单位内部体育比赛等方面的证书。

　　工作中期，我获得过全市灾后救灾工作先进个人和两三次单位内部的先进个人称号，其中一次是1997年度单位内部的先进个人。另外，到1998年度评比的时候，我在知道好像这次再评上还能加一级工资的情况下，把自己比较重要的一票投给了对方，最终对方多我一票。因为开会人员只有相关三个小处室的共计11人，参与投票的只是当时我们7名普通工作人员，其过程基本上半公开，大家普遍知道我没给自己投票，结果是按照新文件规定，2003年我比较重视的主任科员任命中，主要因我近5年中由于大致一样的情况都没有获过先进个人称号而没有成功，以致这一任命被推迟到了2007年，并相应影响了其他方面的事情。

我虽然越来越有一些与世无争，但是在工作后期尤其是窗口服务工作开始繁忙之后，我还是获得过好几个相应工作方面自己比较满意的荣誉和证书，又因为我一直很喜欢思考问题，在这段时间里我还抽空参与了北京2008年奥运会开幕式、闭幕式创意方案征集活动和2008北京奥运会火炬接力合肥市传递路线方案征集活动，并都获得了我自己很满意的证书。

在我的荣誉证书中，有好几个相对比较重要，我是比较喜欢的，但我打算在这里介绍一下其中的大部分。关于我获得的北京2008年奥运会开幕式、闭幕式创意方案征集活动证书，我计划单独或专门放在下一节中并打算给予全面、详细的介绍。不难看出，这就是我最看重的一本证书。

在这一节中，我准备先把工作方面比较重要的荣誉证书按照时间的顺序分别介绍一下，然后再分别介绍基本上是工作之外的合肥市政务文化新区主干道名、水域名规划方面的证书，2008北京奥运会火炬接力合肥市传递路线方案征集活动的证书以及与两个奥运火炬手有关的故事，同时打算尽量分析这些证书的重要性或我本人对它们喜爱的程度。

（一）全市抗洪救灾先进个人证书

我工作的早期主要只有一些我们单位内部的年度先进个人证书以及我们系统内部省厅或省厅处室连续多年颁发的刊物征订发行等方面的证书，这本"全市抗洪救灾先进个人"证书在我当时已有的证书中，应该是最令我满意的一本证书。

这主要是因为这本证书属于市级证书，而且"抗洪"与"救灾"是作为一件整体工作在合肥市一个大会堂进行隆重颁奖的。1991年的全国性大洪水是多少年都难遇到的，我只参加了灾后救灾工作，正常情况下应是单项奖，实际上1992年拿到手的却是"抗洪与救灾"整体工作的"综合奖"以及物质奖励，其中有纪念意义的物质奖励之一的钢笔至今还保留在我的家中。颁奖大会上，领导讲到的个别同志为此推迟了婚期，说的应该就是我。

评论：在这次救灾工作中，其实我没有做多少事，只是工作环境很差，我工作的地方距离城市很远，所以生活很艰苦，但由于我的工作方法比较得当，我们这个救灾组还是很好地完成了全部救灾物资的发放工作。

（二）全市优质服务标兵称号

我们原先早已十分繁忙的窗口一搬回市行政服务中心，立即就给市行政服务中心的我们服务窗口以及整个市行政服务中心的服务大厅增添了许多新气象，马上就成了服务大厅最繁忙的一个窗口。从前面的"纪实通讯报道"、"赞一个"表扬信以及"暗访表扬通报"等方面可以看出，在这短短的时间中，我就牵头和带领我们窗口全体人员认真、主动甚至加班加点开展服务工作，并取得了不少成绩。

2007年3月6日上午，合肥市创建文明行业活动指导委员会隆重举行市创建文明行业表彰大会，对2005—2006年度文明行业、先进个人进行了隆重的表彰，包括我在内的80多名"先进个人"获奖。这些鼓励和表彰，一方面是对我们以往工作的肯定，另一方面对我们以后的工作提出了新要求。为此，我们单位在自己的网站上对我们本单位有关获奖的创建文明行业工作和包括我在内的获奖人员进行了比较详细的报道，并用"喜获丰收"以及"真情服务、奉献社会、学习楷模、勇当标兵"全面概括了这次工作和今后的新要求。

评论："全市优质服务标兵"证书是我工作中另一本我比较喜欢的证书，也是我工作中第一个比较侧重于"精神文明"方面的证书。我对抗洪救灾证书与这个优质服务标兵证书的喜爱程度大致是一样的，不过"全市优质服务标兵"这本证书好像还带有一点"劳模"的味道，所以我当时还比较认可。不过，我很快又获得了一个新的而且更好一些的证书了。

（三）全市文明职工称号

在我们窗口服务工作中，我不仅有了"用武之地"和"得心应手"，而且更是"如虎添翼"。只过了一年，2008年6月12日合肥市创建文明行业活动指导委员会对2007年度合肥市创建文明行业先进单位、文明窗口和文明职工这方面的工作与个人又进行了评比和表彰，包括我本人在内的50多名"文明职工"获奖。

可以看出，这次"全市文明职工"获奖与上次"全市优质服务标兵"获奖有较多的相似之处，都是市级、市文明委颁发的，然而也有一些我比较满意的特色。这主要就是，这次我成了这年获奖人员与上年获奖人员中连续两年获奖的5人之一，而且这次我们单位中只有我1人获得了表彰。

另外，之前的抗洪救灾证书好像是在快到了举行表彰大会和我参加大会的时候我才得到消息的，之后的这两次表彰，我是在大会之后我们单位通知我在本单位拿证书的时候才得知自己获奖的，从中基本上可以看出可能是因为我们服务窗口工作实在太忙而不好通知我去参加大会，还可以看出我们单位是在没有通知我的情况下就决定对我进行了这两三次推荐表彰，因此从中更能看出我们单位对我本人的工作以及我具体负责的整个窗口服务工作的支持和认可。

评论：当年只有很少的工作人员获得"全市文明职工"证书，我能有幸获得，非常高兴，这个证书明显带有一些"劳模"的感觉，可以看出这本证书是我工作以来直到今天在工作方面最好的一本证书，并明显带有"精神文明"的意思，即"全市文明职工"就是这样既有崇高精神文明，又有先进工作水平的劳动者。但是，这本证书包括我之前已有的一两本证书仍然只是市级和比较普通的证书，就是这样，在这之后直到今天，我再也没有哪一本工作方面的证书能够超过这个"文明职工"的证书了，我后来在工作中只是又获得了几次小的奖励和1个仍是相当于市级的获奖。

（四）市行政服务中心先进个人

自从我们原先就很繁忙的服务窗口重新搬回市行政服务中心，很快就成为中心特别繁忙的窗口，所以我们做了大量的服务工作。其中，我本人在获得2005—2006年度全市优质服务标兵称号、2007年度全市文明职工称号之后，2008年度被评为"行政服务中心"的先进个人，2010、2011、2012连续三个年度被评为"行政服务中心"的先进个人。

我在市行政服务中心窗口工作的十几年间，早期参加了社会上的北京2008年奥运会开幕式、闭幕式创意方案征集活动，合肥市政务文化新区道路等有关命名活动，2008北京奥运会火炬接力合肥市传递路线方案征集活动，并获得了证书。中期和后期，我在工作中确实做了许多工作，并获得了一些相应的奖励，这有工作量特别大的客观原因，也有我自身努力工作的主观原因，更有大家对我的认可。

（五）获得市公务员三等功证书和奖章

根据有关规定，公务员连续三年被确定为优秀等次的，记三等功。我这次获得市公务员三等功荣誉称号，就是在这最近的2010—2012年连续三个年度中我都是年度先进个人这个基础上才获得的，这是我又一个相对比较喜欢的荣誉称号。

我在机关尤其是在窗口服务工作中，经常能够听到前来办事的人员说我还在窗口工作真好，如想咨询应该还能得到详细和满意的解答，有的是慕名在电话中甚至是前来现场向我咨询。更有甚者，大约是在2015年12月份，一次我去一个离家、离工作单位都较近的大超市购物付款时，我只说了一两句大概是"你好，多少钱"或"您好，多少钱"这类的话，这时正在低头忙碌工作的一名很年轻的女收银员突然抬起头比较大声地说："是你吧，你是那个窗口工作人员吧？"并且我很快就了解到她并没有到过我的窗口见过我，也只是打过一两次或两三次我的咨询电话而已，仅这样她就能准确记住和听出我的声音，这真是有趣。而且当时她还是很高兴的样子，这基本上可以说明我给她留下的咨询服务印象应该是"相当美好"的，所以这一印象是正面的，而不是负面的。

还有一次，我下班后傍晚在回家的路上正常行走时，我突然感觉到后面好像有人在喊叫什么，这时我看见一个30多岁的女青年正从离我二三十米的一个沿街店面向我跑来，原来她去过我们窗口两三次，对我有较深的印象，那个店面就是她自己开的，她这次很想问一问有关事情。我觉得，这也是比较好玩的一件事。

那时候，我们经常组织的考试一般都已有上万人参加，而且这些报名工作普遍还是在现场进行的，准考证也要到现场来拿。一次一个女考生向我们反映，拿到手的准考证上她本人的照片贴成别人的了。后来我们发现，原来照片并没有贴错，而是前后连续两个准考证的女考生正好同名（比如都叫李娟），当时她只是先看了照片和姓名，还没有来得及仔细看身份证号码等内容，可以说不是贴错照片，而是我们正巧把两个准考证号码连续、姓名相同且照片又相像准考证中的一个准考证误拿给她了，更巧合的则是同名的另一个女考生当时一人不隔地就站在她的后面，所以是万分之一的万分之一即一亿分之一的巧合，最终她们两人还是都顺利拿到了准考证。

评论：这是我目前与工作有直接关系的最后一次获奖，这次除荣誉证书之外，还有一枚奖章，这是我第一次获得"奖章"，所以也就比较喜欢。因此在前面这些证书中，我总体上相对比较喜欢的也就变成"文明职工"证书与这个包含奖章的"公务员三等功"证书了，"优质服务标兵"证书次之，"抗洪救灾"证书也是次之。这几本证书，都只是市级的证书，我仍不够满意，但如果把这几个证书加在一起的话，我真认为应该起码能够超过半个市级劳模了。不仅如此，我在实际工作中经常或始终都是按照"劳模"的标准来严格要求自己的，我很想把工作做得更好一些。

（六）合肥市政务文化新区主干道名、水域名规划证书

这本证书不仅基本上与我的学习和工作无关，而且可以说是我在学习和工作之外获得的很早的一本证书。我平时做事一般有一个特点，这就是要做就好好做，我在合肥市政务文化新区主干道名、水域名规划活动中也秉承了这种态度，所以我很喜欢这本证书。

大约是在2006年1月下旬的时候，省城晚报用近半个版面对合肥市未来的政务文化新区主干道，水域包括区内湖泊、岛、环区河道刊登了命名，并同时相应进行了公示。我看到这个"命名公示"后，很快就有了一些不同的想法。为此，我在公示规定的时间内写了一篇《从"政务文化新区有关命名"做起》的文章，并在公示的最后一天中午赶在下午将要宣布公示通过的会议召开之前专门把这篇文章当面递交给了会议工作人员和领导。在此，我把这篇文章或建议全面介绍一下。

之前，我们合肥的路名等有关方面的命名几乎以我省下辖区域地名（包括山名和河名等）来命名。我认为，思想需要解放，目前"政务文化新区"正在进行的有关命名，虽然总体上没有以"地名"来命名，但是起得仍然不好，现在应该从"政务文化新区道路等有关命名"开始，把合肥市有关命名工作做好。

第一，河名：天河。

　　大哲学家康德有句响亮的名言：简单讲就是"我们一要具备高尚的道德，二要了解灿烂的星空"。公示中的"匡河"的"匡"很不好，有包围、保护的含义（包括其发音也不太好），时代已不同了，不应是"包围、保护"，而应是"开放"，不然的话，"匡河"包围、保护的"天鹅湖"将是一潭死水。天，含有天然、自然、宇宙以及"蓝蓝"的含义，天文地理中的"天河"就是"银河"，所以"天河"与老城区"包河"西边的"银河"能够相互呼应。广州有重要的天河区和天河路，而且其市中心也正在向其转移。探索天空、太空和宇宙包含了尖端的科学文化，我们的合肥是全国著名的科教基地和"绿都"，同时天河是蓝绿色的，因此与绿色的合肥协调。总之，老城区有"银河"，新城区有"天河"，而且"天河"包含了合肥"科教"与"绿色"这最大的两大特点。

第二，湖名：天鹅湖。

　　所有的原命名中，我只真正欣赏"天鹅湖"这一个，这不仅仅是因为人们已经熟知这个名字，而是其确实很好。天河的"天"与天鹅湖的"天"能够统一，我们的天空上还有著名的"天鹅座"。我们不仅经常讲"天"是蓝蓝的天，而且我们的合肥还是著名的绿都，蓝色和绿色都是大自然的颜色。

第三，岛名：蓝岛（如是一个），或蓝岛和蓝屿（如是两个，因为公示图上好像有两个小岛）。

由"蓝"很容易联想到"蓝色的激光"，即"蓝光"，属于高科技，合肥就是我国著名的科教之城。赤橙黄绿青蓝紫，大陆有著名的"青岛"，台湾有著名的"绿岛"，台湾著名的《绿岛小夜曲》就是指这个，而我们合肥将要有响亮的"蓝岛"。简单来看，"青出于蓝而胜于蓝"，但在当今科技大发展的时代中，"蓝"应该是"赤橙黄绿青蓝紫"或"绿、青、蓝"中最好的一个。"蓝"与"绿都合肥"的"绿"很接近，并能很好代表已经属于著名科教之城的合肥。我相信，"蓝岛"及"蓝屿"能够为我们合肥带来很好的效应和效果。

第四，纵向路名：中间的称"未来大道"，西边的称"未知大道"（内容尚可，但不够美，争取修改），东边的称"未名大道"。

合肥是科学城、科教城，但高新区已有"科学大道"了。这里的"未来"，含有"美好未来"、"未来社会"的含义，"未来社会"是科学技术发展的结果。这里的"未知"，含有"未知世界"的含义，"未知世界"需要我们用科学技术去探索。这里的"未名"，含有"谦虚"、"我们如何实现宏伟蓝图目标"的含义。北京大学有十分著名的"未名湖"，我国古代还有著名的"无（未）字碑"。另外，从西到东连接"未知大道"、"未来大道"和"未名大道"之间较小支路的路名也可相应命名。从"科学"角度来命名，能够反映出合肥的科学文化水平，能够反映出合肥"科教"和"绿色"这两大特点之一的科教特色。

第五，横向路名：从北到南依次是绿都新路、绿岛新路、绿湖新路、绿城新路。

这里有两大特点，一是"绿"即"绿城"，二是"新"即"新城"。"绿都新路"与旁边已有的生活小区"国际花都"能够协调，"绿岛新路"中的"绿岛"即天鹅湖中的蓝岛与蓝屿的别称，"绿湖新路"中的"绿湖"即天鹅湖的别称，"绿城新路"也有绿色之城的意思。连接这四条路之间较小支路的路名可用"都、城以及岛、湖"或"都、岛、湖、城"四字合理组合，或用"蓝岛路"、"蓝屿路"、"新岛路"、"新屿路"等来命名。

第六，其他。

如用"天河路"、"天鹅湖路"等命名有关路名也是可以的，"天河"、"天鹅湖"、"蓝岛"、"蓝屿"等还可用于附近有关"广场"命名。"广场命名"比"路名命名"好像简单一些，但两者也存在明显的依存关系，即有了"路名"，其附近的"广场"命名就比较容易。

第七，总结。

可以看出，一是以"天"开头的"天河"、"天鹅湖"命名，二是以"蓝"开头的"蓝岛"、"蓝屿"命名，三是以"未"开头的"未来大道"、"未知大道"、"未名大道"三条纵向大道命名，四是以"绿"开头包含合肥新城之"新"意的"绿都新路"、"绿岛新路"、"绿湖新路"、"绿城新路"四条横向道路命名。以上内容比较符合这次"政务文化新区道路等有关命名"的要求，其发音响亮，字形、笔画比较美观，同一组命名中的笔画数比较统一（比如未来、未知、未名的笔画数），有规律容易记住，符合时代发展的要求，符合我们合肥市"科教"、"绿色"的两大特点以及"新区"、"新城"的特点，同时包含了基本的"天文地理"内容，能够十分容易被本地人和外地人接受。正在规划中的"滨湖（巢湖）新城"，由于省级单位等原因，以后可从"全省"及"滨湖"的角度来命名，所以我的"政务文化新区道路等有关命名"应该不会与其矛盾。

我这篇文章或建议不仅在这次会议上得到了高度评价，而且对这次会议起到了决定性的主导作用。其结果，这次会议原则上或全部放弃了可以说是已经"定论"或是已经"公示"方案中的最主要部分即"主干道的命名"。在岛屿的命名中从原先公示的一个小岛变成了现在的两个小岛命名，新增加的较小的小岛命名基本上是受我文章或建议的启发和影响而采用了"绿岛"命名。（以下大约是2017年8月份对本书初稿修改时的补充说明：应该说，当今世界上两大公认的最前沿科学技术"人造太阳"和"量子通讯"都正在我们合肥快速发展，所以与高科技比较接近的"蓝岛"可能要比"绿岛"更好，虽然"蓝"和"绿"都能各代表合肥两个最大特色"科教之城"和"绿都之城"的一半，看似用哪一个完全一样。总的来看，"蓝岛"还是要好一些，从而能形成我国地理空间中的"绿青蓝大三角"，这就是我们未来很快将有可能出现的绿、青、蓝"三足鼎立"之势。我们也许认为，合肥的小"绿岛"或"蓝岛"不大，只与一个足球场大小相当，但是只要发展顺利的话，就一定会有大的影响。）

评论：好像是在2007年4月份的时候，我最终获得了这次会议组专门为我一人颁发的证书。虽然这个证书的级别不高，但是我特别喜欢，因为其中还有一个特别重要的原因，这就是这次会议专家组中有11名人员级别很高或特别高，其中大约一半的人员是本省相关"厅级"的专家，另外一半的人员则是更高的相关"部级"的专家。所以，这本证书很有实际意义，反映了我不仅不惧怕所谓的"权威"，而且总体上推翻了之前所谓的"定论"或"公示"，相关部门在我的建议下放弃了公示中主干道新命名的名称，而保留了原先应该是已经较好的名称，并且还使那个较小的湖中小岛命名基本上也是按照我的建议才命名成"绿岛"的，因此可以说，这是我为我们这个省会城市做出的具体贡献之一。

平时，我还比较喜欢参与一些其他的起名，比如我大约10年前左右起的关于财经方面的小型"金邦公司"，小型"金奥公司"，休闲方面的"月亮湾休闲中心"，宁国路全市大型某某"激情百度"酒吧方面的有限公司，培训方面的明光路全市大型"某某新视点培训学校"就深受他们工作人员和领导的喜爱。

另外，我为大姐、哥哥、小姐三个小孩分别起的名字"李王"（女孩，随母姓李，父姓王，古有李闯王，今有李王——确实合肥一流，合肥一中第一保送生，北大毕业）、"金天"（女孩，随母姓金，父北大毕业）、"刘小松"（男孩，随父姓刘，父、母名字中分别有"龙腾虎跃"的"跃"和"青松"的"青"，"龙腾虎跃"、"长青不老"、"松鹤延年"是相互关联的。另外，他是公历1989年1月上旬出生的，还是属于农历1988龙年的"大龙"，而非农历1989蛇年的"小龙"，仍是"真大龙、假小龙"）也应该都是不错的，只是我们大家最终分别修改了一点点，因"李王"不够谦虚，把"王"字变成"王"字旁保留了下来，"金天"与"今天"不易听清，中间加了一个字，"刘小松"中间一个字有了变动。他们至今都很喜欢自己的名字。

（七）2008北京奥运会火炬接力合肥市传递路线方案征集活动证书

2005年，我参加了北京2008年奥运会开幕式、闭幕式创意方案征集活动，并有幸于2006年荣获了只有优胜证书、纪念证书两种证书中的"纪念证书"。国内3人和国外10人共13人获得了相当于一等奖的"优胜证书"，较多一些的参与者获得的是相当于二等奖的这种"纪念证书"，我有可能是合肥市甚至是我省获得这种"纪念证书"的唯一的人。

2007年夏天的时候，全国很多地方都在进行当地的北京奥运会火炬线路创意策划工作，我们省城也不例外。我在看到我们当地报纸宣传报道并与组委会联系后，受特邀作为唯一的群众代表专门参加了由市体委和《合肥晚报》社专家组成的有省体委领导出席的，也有新闻记者到会的专题会议。会上，大家认真看了我的北京2008年奥运会开幕式、闭幕式创意方案征集活动证书，仔细听了我的关于我们省城奥运火炬线路创意策划思路。会上，专家还介绍了其他人员提交的方案。

总的来看，所有提交的我们省城奥运火炬线路的"起点"和"终点"归纳起来就是东门的合肥总火车站，即大火车站，也称老火车站（或旁边的胜利广场）、西南角市政务文化新区的合肥奥体中心、西北角的科学岛

（即中国科学院合肥分院）这三个"点"。其中，较多的方案是把"火车站"作为起点的，也有把"火车站"作为终点的，同样有的方案是把"奥体中心"作为起点的，有的方案却是把"奥体中心"作为终点的，这两者大约旗鼓相当，但在涉及"科学岛"的方案中好像都是把"科学岛"作为"终点"的，其原因可能是我们合肥已经"最终"发展成为全国著名的三大科教城或三大科教基地之一的城市了。

在这些方案中，主要路段一般都是火炬接力，部分路段要经过高架路段，湖面主要是龙舟护送形式，不论哪种线路方案普遍都有四五十公里，普遍都超过了省会城市也只能有大约30公里的原则规定。当然，每种方案的起点都有仪式、终点更加有仪式。综合起来的总体方案前后经过了两三次大的修改，几乎每次都同时在好几家重要报纸上用主要版面大篇幅进行了相关报道和"线路"展示。

已经基本决定下来的这个总体方案虽然经过多次修改，但是每次的"起点"、"终点"都是完全固定不会或没有再变，其详细的具体"线路"的思路基本上也是大致一样的。这就是每次的"起点"都是东门合肥总火车站旁边的"胜利广场"，"终点"都是西南角的"合肥奥体中心"。总之，这与我的方案几乎一样。

我的方案"起点"就是"胜利广场"，"终点"就是"合肥奥体中心"，线路全长在40公里左右。我的方案先从"胜利广场"开始，经旁边的主干道胜利路一两公里就上了一环路东段。我父母家正巧就在这个路口一环路东段一两百米处一所中学最靠路边的一楼，而且路的人行道与楼的墙脚或台阶已经完全是连在一起的，当时修这条路，不仅占了我父母家的整个院子，而且差一点就要把中学的这所楼房拆除了，所以按照"我的计划"，我的父母完全能够在一楼自己家的台阶上观看到举世瞩目的北京奥运火炬合肥接力活动。之后，火炬线路再或先或后经过市区的几条主干道和全国知名的逍遥津、包公祠等名胜景点，最终完美到达"合肥奥体中心"。

所以，最终定下的方案与我的方案大致是一样的。如果不是我等人坚持自己的思路，西北角比较偏僻、暂缺"人气"的"科学岛"有可能就成为"起点"或"终点"，尤其是"终点"了。为了宣传合肥市奥运火炬接力活动，合肥电视台根据合肥市组委会安排，专门拍摄了包括我的北京2008年奥运会开幕式、闭幕式创意方案征集活动证书在内的有关内容。最终，大约在2007年9月份的时候，合肥市奥运火炬接力线路创意策划组委会为包括我在内的有关人员颁发了2008北京奥运会火炬接力合肥市传递路线方案征集活动获奖证书，而且我还是这方面实际贡献最大的一个人。

评论：从一般的角度看，这本证书的"含金量"还是可以的，不仅是参照我的北京奥运证书印制得十分精美，而且影响较大，同时完全还可以成为我有关北京2008年奥运会开幕式、闭幕式创意方案征集活动证书的"姊妹证书"，但是我还是把这个证书归纳在"抗洪救灾证书"、"优质服务标兵证书"和"公务员三等功证书"这类比较普通的证书之中。所以，我先后获得的北京2008年奥运会开幕式、闭幕式创意方案征集活动证书（后面很快将要详细介绍）、文明职工证书和合肥市政务文化新区道路等有关命名证书应该是我最重要的三本证书。

就在北京奥运火炬接力前夕，2008年5月12日，我国汶川发生了震惊世界的特大地震，一方有难、八方支援，全国各地以及许多部门和单位很快就行动了起来并积极支援受灾地方，北京奥组委立即要求各地压缩经费和"节俭办奥运"，因此我们合肥市组委会紧急把奥运火炬接力线路改成了只在市政务文化新区里面的从市奥体中心向北、经天鹅湖西侧、在市政务大楼广场折返、经天鹅湖东侧、最终再回到市奥体中心这"三点一圈"近11公里的范围内。这个因特殊原因紧急修改的微缩版奥运火炬线路创意策划，就没有再公开征集方案了。

（八）与两个奥运火炬手有关的故事

这个故事实际上是与我有一定联系的两个关于"奥运火炬手"荣誉称号的趣事，而且这两件事之间也有一定的联系，另外这两件事都能够与我有一定的关系，其原因还是很难离得开我的北京2008年奥运会开幕式、闭幕式创意方案征集活动证书以及我的2008北京奥运会火炬接力合肥市传递路线方案征集活动证书。

大约是在2007年8至10月的时候，全国许多都已经在进行奥运火炬线路创意策划的地方中，有的也进行了"奥运火炬手"面向社会公开选拔，我们省也不例外——全省共有13000多人参加，一名与我一起参加过2008北京奥运会火炬接力合肥市传递路线方案征集活动的身高1米85，很开朗、很潇洒，当时只有二十三四岁的、很年轻的、和我同一办公室的这个大个子小伙子也参加了这次选拔活动，而且受到了我们大家的鼓励和支持。他的自我介绍材料在征求我的意见后进行了一定的修改，最终形成了近1500字的文字材料，其中中间的三五百字是专门介绍我如何参加北京2008年奥运会开幕式、闭幕式创意方案征集活动并获奖以及他本人如何与我一起参加2008北京奥运会火炬接力合肥市传递路线方案征集活动的，材料中还介绍了我如何"支持"他积极参加"奥运火炬手"的选拔活动。他通过努力，顺利入围了前100名，之后又成功入围了前30名，最后他终于成了我省公开选拔的16名"奥运火炬手"之一，因此这是他人生很重要的"里程碑"或新的"起点"。

几乎与此同时，合肥市奥运火炬线路创意策划组委会等有关部门也在积极认真"分配"本市官方200多个奥运火炬手名额，其中市委、市政府各有一个名额。如果我去争取，可能会成功，并假如能够如愿拿到相应的市政府这唯一的名额而且是在我们那位年轻同事的选拔拿到之前就拿到手，可能将对他的最终获选产生不小的负面影响。不然，我们一个部门或单位或同一办公室，就拥有了包括将要通过公开选拔拿到手的这一个名额在内的这两个都十分宝贵的名额了。所以，我是在他已把公开选拔的"奥运火炬手"名额完全拿到手的情况下，才最终决定在申请截止之前的最后一天带着有关材料去了市政府申请这一"奥运火炬手"的稀缺名额。不过，工作人员告诉我，名额已给单位了，结果这个单位正是我们单位。紧接着，我在我们单位就得知这一名额已经确定给我们单位内部一名很优秀的人选了，所以我与这次机会擦肩而过、失之交臂了。

　　我最终没能成为"奥运火炬手"的原因可能有几个，一是我在获得北京2008年奥运会开幕式、闭幕式创意方案征集活动证书之后，就不很想去争取一些事情了，这个证书极大可能是全省的"唯一"。二是我从2002年开始就在本单位外的市政府行政服务中心我们单位的窗口工作，到决定"奥运火炬手"人选的2007年已有好几年的时间，本单位内部的活动经常是不参加或是不通知我参加的，2007年当时我们单位的主要领导还是大约一两年前那段时间才调来的。三是我的工作做得可能还不够好。后来，大概是在合肥市奥运火炬接力活动开始的前后，合肥市奥运火炬接力活动的实际负责人汪领导因为其他工作来我们单位的时候，还顺便当面问过我是因为什么原因没有拿到"奥运火炬手"的资格。我想这可能主要是我自己的原因。

　　评论：我曾经获得过2008北京奥运会火炬接力合肥市传递路线方案征集活动的纪念证书，并且曾经与这两个"奥运火炬手"有一定的关系，另外还更有一个在后面很快将要详细、专门介绍而且是在这之前我就已经获得的北京2008年奥运会开幕式、闭幕式创意方案征集活动证书。实际上，大家应该能够明显看出，这个北京2008年奥运会开闭幕式创意方案征集活动纪念证书还是或者就是这些证书中最重要的一个。所以，我马上在后面就要开始专门并详细介绍我的北京2008年奥运会开幕式、闭幕式创意方案征集活动证书这本十分重要的证书了。

三、北京2008年奥运会开幕式、闭幕式 创意方案征集活动证书

在我的记忆中，北京2008年奥运会开幕式、闭幕式创意方案征集活动应该是在2005年3月1日这一天正式对外发布的，发布单位是"第29届奥林匹克运动会组织委员会"，简称"北京奥组委"。

（一）尝试参与

这一天的晚上，我在外面和几个同学喝过酒后，回到家已经是半夜12点左右了，当我打开电脑一下子就看到了这次征集活动的新闻和征集书。虽然，我在此之前并没有过多打算关注和参加这次活动，但是因为我这次刚从外面回到家多少有点意犹未尽、兴致未尽，所以很快就写了一篇有七八百字的材料并按照"征集书"上的电子邮箱发给了他们。这封邮件的内容主要是这样写的：

> 年前，我在网上发过大约有一千字的开幕式、闭幕式构想思路，而且几天后又做了补充说明以及提出其他猜想，以体现自己的大胆创新。本人水平不够深，但思想十分新颖，好像在周围很能得到大家的认可和认同。雅典奥运会的闭幕式之前，我与同事讲其闭幕式应该以宇宙或银河作为会场的主景，这样就有可能像其开幕式一样成功了，我只知道这闭幕式方案是希腊一个小人物建议的，其主景的螺旋红盘应该就是代表抽象的银河系吧。

其中，我还介绍了一些自己的情况，包括工作、论文、爱好和特长

等，还写到不论能否收到北京奥组委回复，我大约一周内仍然会发去新的并且是比较详细的内容。

评论：到目前为止，我仍然没有得到雅典奥运会"闭幕式"主景的"螺旋红盘"就是抽象的银河系这方面的确切消息。如果那个"主景"就是代表抽象的"银河"或"银河系"，那么从中就能很好地说明我的猜想和预见是相当的准确与非凡或与众不同。

好像只过了一天或第二天，我就收到了北京奥组委一位姓王的同志给我回复的电子邮件，后来才得知这位姓王的同志是一位女同志。这位王同志鼓励我继续积极参加这次活动，同时建议我争取把征集方案尽量写详细一些。我开始的目标并不高，然而在这位王同志的鼓励和建议下，我们陆陆续续进行了好几次电子邮件沟通和交流，从而使我的征集方案不断得到了补充和完善。现把之后新发去的一次算是比较完善的以电子邮件为形式的"建议"在这里介绍一下：

开幕式：先用比如3分钟左右时间以特技在约4个大屏幕上同时播放宇宙从混沌开始到星系形成—切入似像非像五环的5个关联星系—切入其中的一个——银河系—逐步切入太阳系、地球、中国版图—切入以长方形中国平面地形地图为主景的主会场，此时会场上的五环亮起来（可像世贸废墟上的大射灯有立体感，五彩时强时弱动态呈现，用灯光相对环保，用灯光体现五环应是一大创新，五环灯光有一点点挡观众的视线，可通过4个不同位置大屏幕的作用来解决问题）。之前会场上基本无光，之后大亮，这时大屏幕同步转播主会场或特写直到结束。长方形中国平面地形地图做主景与主会场形状相似，地图要适当突出中国地形轮廓，周边国家淡些不必突出，五环放在"蒙古国"的位置上，地图会场应用透明材料，下面或双层材料的夹层中装有大量的小射灯和霓虹灯等，能够反映出长城、长江、黄河、黄山、中国五千年文化等一切需要或主要的内容，但可以不反映省界，大型的平原、高原以及山脉用不同的颜色或灯光，河流、海洋要用动态、蓝色的，在地图每一个位置（比如黄河)上都有相应的小型宣传或小型人文表演,但之前根据需要可搞大型团体表演(不过大型团体表演很难有新意,或可搞综合型的中型欢迎节目)。之后是各国运动员等有关人员从四面八方上场走上中国地图、走向中国,进行升会旗以及点燃会场火炬,等等。

我在开幕式的建议中还写到,会场很大,地图材料必须能拼合并且会后要能快速搬离以便于第二天比赛,要经得起重量和人站,有规律的能拼合的相对独立的每块9到10平方米,要600到800块,通过电线等可以拼合的这每一块实际上就是一个个相对独立的9到10平方米的小会场、小舞台,合理拼合后就是大约几十平方米至几千平方米或小或大的可以自由分割的会场或舞台,完全拼合后就是一个主会场或大舞台,拼合后数百块上的灯光应能协调一致,都要有灯光变换,只有河流、海洋要求再加上一些波浪感,单独一块波浪感不难,全场波浪感的整体一致性在技术上也不会很难,比如就像大型电视幕墙一样,做成"彩色广告灯箱"形式也较可行,费用也可能更低,视觉效果也可能更好,如搞大中型表演,每块的拼合线还可作为必不可少的定位划线,每块上应有的图案应该都有区别,故演出人员找出自己的位置不难,会场主景之上还应有较轻的道具布景、立体(电子激光)水幕、空中激光等。大型烟火要搞,但要有环保理念,这样"人文、科技、绿色"就都有了,如不考虑下雨的影响,"鸟巢"开顶应尽量大些,以增大视觉空间和开幕式、闭幕式的效果。

闭幕式:以中国在中间(西方国家出版的地图中国一般在旁边)的椭圆形(以区别于开幕式的长方形)世界行政地图(以区别于开幕式的地形地图)、七大洲不同色彩(南极洲也要用上)、每一国界尽量得到反映来作为主景,各国运动员等人员基本上站在各国自己的位置上,其中的中国版图是否要突出根据情况而定,裁判和工作人员可站在太平洋和印度洋的位置上,在地图的中国位置上有表演等,以上含有中国走向世界、各国运动员又走向世界之意。在有关时段中,大屏幕可播放比赛精彩片段或实况转播等。地图材料可与开幕式的材料相同,也可采用感光亮质的较软皮质(人造革)材料等,因感光亮质故可以增强照射的色彩和灯光变换效果,因材料较软故可以增加心理轻松的感觉,感光亮质较软材料费用较低,较易行,但仍需要100到150块的拼接,其上地图内容的粗细程度酌情表示,离主席台近的"南部"国家先上,"北部"国家后上,最后有降旗、熄灭火炬等程序。

但到这里为止,以上的每一次都只能算是"建议",这后面的最后一次才能算是比较完整或很完整的建议。

评论:总之,以上一是全面包含"上知天文地理,下知古今中外"或"上具天文地理,下具古今中外",古代人文、今天科技,中国地图、外国地图(世界地图)以及天文、地理都有。二是可能创中国地图、世界地图的世界之最。三是宏伟大手笔创新思想特强。四是世界各国普遍都能接受"地图"概念。五是中国版图宏大适用。六是中国的人文文化普遍具有"全人类"特征,即中国的就是世界的。七是强调了台湾是中国不可分割的一部分。八是没感觉到不如雅典。九是应该符合所有的关于"思路构想"方面的入选条件。另外,开幕式、闭幕式有整体统一性,应该是一件好事。

(二)全力投入

到了2005年7月上旬甚至是到了10号前后的时候,关心这件事的那位王同志还是很认真地鼓励和建议我争取按照"征集书"的格式要求,全面、规范地写一份"北京2008年奥运会开幕式、闭幕式创意方案征集活动方案"并报送给北京奥组委。但是,这离规定的2005年7月31日的截止日期已经没有多少时间了,然而到了这个时候我认识到:既然王同志每一次都鼓励和建议我继续参加下去,其中很大的原因可能就是因为包括王同志在内的北京奥组委对我的建议思路构想比较满意或十分满意,而且实际上,我的材料中还写到了对自己的"建议"也是充满信心和充满自信的,以及还写到了对"建议"的"自我评价"等内容。

因为那个时候我的工作不忙,所以我就决定了抓紧宝贵的时间来试一试"北京2008年奥运会开幕式、闭幕式创意方案征集活动方案"的撰写。结果，我按照计划前后共用了或只用了连续十四五天的很短时间就基本上完成了这一方案的撰写（包括有关附件的准备和材料的装订等事项）。当时，我几乎每天从上班写到下班之后的九至十点钟，回到家后大多数的情况下仍然还是继续在电脑上写一两个小时，休息日也大致这样没有放过。最终，整个方案共有57页，每页1500多字，共有约90000字的内容，其中我真正写的有16页约25000字，另有附件41页约65000字。

整个方案共有两个部分并按照规定分别装订，第一部分是"资质文件与法律文件"，第二部分是"应征方案"。下面，我就按照这一"方案"内容的先后顺序既比较全面又比较有重点地对其进行相应的介绍或摘录。

第一部分：资质文件与法律文件。

关于第一部分的"资质文件与法律文件"：原稿有47页，分为7个小部分，有6页是自己真正写的，有41页是附件。

第一个小部分：应征人填写表格。

表格分为"表一"和"表二"两种，其中表一为自然人填写，表二为法人或其他组织填写。我是自然人，填写的是表一。主要情况如下：我首先介绍了我本人的姓名、年龄、通信地址、邮编、电话、电子邮件以及授权联系人（授权联系人还是我本人）。

之后，我在应征人工作业绩简要描述中是这样介绍自己的：

我在工作中发表经济论文40篇以上，几乎每篇都有观点。其中，我早期的论文观点更新、质量更好，现选4篇附后，第一篇应该是当期最重要文章，并极早提出了"东引西伸"战略思想，与后期的呼应浦东、向西开发相吻合；第二篇很早就在经济理论中使用了"超前研究"的说法；第三篇十分符合最新的《中华人民共和国会计法》精神；第四篇很早就极力呼吁粮食工作要"变大力收购为大力转化"。以上应该能够证明我的观点很新。（见附件一：论文。此处省略。）

现在看来，当时我如果能够把1989年就建议建立"经济预警"系统的那篇经济论文也放到这个方案中则更好了。因为这篇文章与上面的四篇文章一样具有超前意识。

在"应征人以往参加大型文化体育、社会公益活动、文艺演出简要描述"中，我是这样介绍自己的：

> 本人是一名普通的机关工作人员，只参加过全市有关技术大型室内会场比赛以及有关学会协会会员代表大会、全国首届有关知识大奖赛合肥地区选拔赛、全国首届有关科技知识大奖赛合肥地区选拔赛等相关活动的组织筹备工作。

在"相关经历和证明者、以往活动或成果的案例说明（可以包括独立第三方对应征人的评价）"中，我是这样介绍自己的：

（1）初步成果和证明者：

> 支持有关人员较好完成高级数学游戏"完全幻方"（见附件二：4篇代表论文，此处省略，证明者签名，此处省略）。（该人员主持工作的协会多次荣获该系统的全国先进集体称号，其本人还是这方面的全国专家和这方面的全国比赛裁判。）

（2）支持材料：

第一：

> 我们单位是中华人民共和国成立以来于1998年在本系统第一个获得国务院以上表彰的先进单位，另外是2003年第一个通过ISO9000认证的全国我们这个系统市级以上单位（之前在我们这个系统中只有北京、南京各有一个区级单位已经通过）。

第二：

> 合肥是全国著名的科教城，是安徽的省会。上届国家领导人

与安徽有一定的缘分(其妹妹还在合肥工作过),本届国家领导人就是安徽人,本届全国人大主要领导人更是合肥市的肥东县人。另外,黄山、九华山、京剧(四大徽班进京的成就)和黄梅戏都属安徽,展现中国缺少不了黄山和京剧。许海峰是安徽巢湖人,巢湖与合肥山水相连(注:从2011年前后开始,巢湖市的大部分都并入合肥了)。包公、李鸿章都是合肥人。

第三:

雅典开幕式后、闭幕式前,我与同事谈到其闭幕式应该有宇宙、银河系方面的内容,这样才有可能使闭幕式像开幕式一样成功(证明者签名,此处省略)。我从报纸上得知闭幕式(或开幕式,或开幕式、闭幕式)的方案是希腊一个小人物提出的,其闭幕式上的那个红色螺旋圆盘会场主景代表什么,好像就是代表抽象的银河系。(但这个问题至今未得到可靠的证实,如是"树的年轮",同样也很像银河系。)

第四:

从细比如1~3毫米到粗比如3~5毫米渐变的较小或极小口径的从下到上并在一定高度比如20~30厘米的拐点处向下弧形弯曲的管道或最好是透明管道,其细头放在水中,粗头放在较高(或较高一点点,比如高于水面3~5厘米)的位置,在拐点处应该加上支架,管道中装满水,只堵住或密封相对高处的这一粗头自然放开,在地心引力下,较高处的较粗这一头的装有较多或较重的管中之水,应该可以自动从高处弯曲向下的管道口中流出并应该能把低处的水通过另一细头管道吸到(或带到)高处再次流出,从而不断循环,这就是"永动机"(我目前已经基本上能在流出口使水停住而不回流了,不过仍然可能是因为阻力或摩擦力大,水还流不出来,但我本人最担心的却是水流出之后经过一定次数的循环会使管道中出现空气或气泡而造成失败)。标准的永动机可能就这么简单,其实科学就是由很多的"简单"组成的。(以上属于"奇思妙想"和

"异想天开"的证明。)

我还写到，当时我已了解到的上百种"永动机"原理，其中包括苏联著名《趣味物理学》书中的20多种永动机原理，最近重新提到的我国20世纪30年代所谓刚刚发明的就被随后访问我国的爱因斯坦否定的"饮水鸟永动机"以及网上大量的"永动机"等，显然都不是真正意义上的"永动机"。

评论：我在"征集方案"中提到这一想法是第一次真正对外公布这一想法，能看到的人应该很少，而这一次是第一次在可能有大范围影响的"书"中真正对外公布，所以不打算再保密了，因此这次影响可能较大。后来，在最近几年中，我还买了一本基本上是能够比较全面介绍或反驳、驳斥所谓"永动机"方面知识的专著，还买了一个"饮水鸟永动机"。总之，现在普遍都认为"永动机"是不可能实现的，如果能够成功，将会打破一种传统理论，这就是"不可能的"或"最不可能的"也能变成"可能的"。因为，从哲学的角度看，世界上没有绝对能办成功的事，也没有绝对不可能的事。另外，"永动"与我的名字"永进"也很接近。

第五：

我有可能去申请某产品的专利：这款产品以往的构造不是十分安全，这次完善之后可能趋向百分之百（很难达到绝对的百分之百）。而且只增加一两分至两三分钱，售价却能提高10%甚至20%左右，并且在使用中不会造成我们的"不适"。此产品为分体或组合式的，等于增加一个附件，可根据安全需要决定是否加上附件一同使用，还可以生产出相关的系列产品，市场潜力和利润空间可能十分巨大。

以上都属于"奇思妙想"和"异想天开"的证明。

评论：同样的道理，我在"征集方案"中提到这一想法也是第一次真正对外公布这一想法，能看到的人也应该很少，而这一次也是第一次在可能有大范围影响的书中真正对外公布,所以也不打算再保密了,因此这次影响也可能较大。这个难度并不大,关键很难有人去主动思考,如果能够成功(实际上并不需要什么试验,因为只要能够想到就已经基本上等于成功了),今后可能的话,我打算以我的名字"永进"来命名或注册商标。

第六:

我从今年3月1日起分别于3月1日、约3月7日、日本2005年爱知世界博览会开幕的当天,已同北京奥组委通过电子邮件联系过三次,并已先后收到北京奥组委"Wangcheng"的关于前两次电子邮件回复各一封,从而使我增强了信心。(日本世博会开幕式思路与我三月初就发去的电子邮件中的关于采用"宇宙演化"作为开幕式开始的思路十分接近,此内容可参见我的"征集方案"的第二部分,也可通过"Wangcheng"了解情况。其实再宏大的"手笔"也难或也不可能超过"宇宙"的概念,此概念用到奥运会开幕式上应该更合适。加上我本人关于雅典奥运会等有关方面的猜想,可看出我的思维应该是可以的,或是十分超前的。)

总之,只有想不到,没有做不到,或者,之所以做不到,是因为没想到或是根本就想不到。

评论:不仅日本世博会的开头与我的思路几乎一样,而且日本2005年爱知世界博览会是在我2005年3月1日和3月上旬给北京奥组委发去几次初稿建议之后才举办的。另外,在这个世博会之后或当年7月给北京奥组委送去正规9万字方案之后,我们国家和世界上几乎所有大型体育比赛开幕式、闭幕式(尤其是开幕式)的"最大亮点"与之前较早的我的"建议"或"方案"中的思路总体上是一致的。因为对我来说,我认为从谦虚的角度来看,每一思路不外乎就那几大类,这里大家多少有点"所见略同"的感觉,当然"所见略同"也要有前提条件才行。在后面的内容中,我将会尽量介绍到这些情况,比如中华人民共和国第十届运动会、2006年都灵冬季奥运会、2006年德国世界杯等几个比赛的开幕式、闭幕式的场面情况。

第七：

　　大哲学家康德的名言对我的"征集方案"起到了极其重要的有力支持,这句名言共有两条(关于"道德"和"星空"的,即只有这两样东西能够深深震撼我们的心灵)。一是我本人经常关心困难群众,其中2005年1月和6月我就分别关心过《合肥晚报》和《安徽商报》报道的困难群众三人次,近年还分别帮助过两名下岗职工开办小霓虹灯厂和小经营店,共帮助15到20人成功就业;二是我本人征集方案的第二部分含有宇宙、银河系、灿烂星空等,而且整个开幕式和闭幕式的会场主景都是由"开天辟地的故事"和"天文"(广义的天文可以包括地理)的内容引发而产生的。

第八：

　　应征人介绍:李永进,男,44周岁,中国共产党党员,爱好思考、天文地理、科普知识、体育(以上有关照片见附件四,此处省略),信仰共产主义,喜欢帮助困难群众,点子很多,成功率高,思维方式比较独特,思考问题明显超前,哥哥以及大姐女儿分别为北大哲学系和北大经济学院毕业生,本人只是我省第一综合性大学经济系经济学专业毕业生。我在省会城市我们这一重要单位工作21年,其中前18年在研究室工作,撰写的经济论文思想很新,总感觉周围人一般方面的能力尚可,但思考问题的方法普遍不怎样,不过进行深层次的研究却不是我本人的长处。我的长处是在思维、思考、构思思路方面。我对具体的行政工作不太感兴趣,我主要是依靠数学、地理两门高分考上大学本科的,当年这两门考到90分以上的,全省分别只有108和38人,我至今未发现我身边的同学当年有两门或两门以上在90分以上的(包括入学总分很高的)。我大学总体成绩在全班30人中属于很差,但仅有的与计算有关的高等数学、高等统计学这两门以及体育在班上或全系却很好,其中高等数学仅有的一次考试和一次考查都是满分(一次是考试2人,一次是考查约有10人),这可能是在一起上课的全系130人中至少是2人并列第一,即也有可能就是真正的第一或唯一。高等统计学应该"就差一个名次"就是全班最好,体育则至少是全班最强。我们家是合肥比较有名的教师之家,我嫂子的父亲是黄梅戏《天仙配》等剧作家和这方面的权威。

以上内容主要是为了引起北京奥组委上层的重视,因本人只是一个小人物,但本人自信此征集方案的"第二部分"应该有一定的作用或较好的有关思路构想方面的作用。我的其他设想或猜想,也时常引起身边有关人员的联想和共鸣。

第九:

　　我本人关于征集方案第二部分的特点:一是有一个引人入胜的好的传说故事——"开天辟地,或盘古开天地,或盘古开天辟地",这虽是神话故事,但完全可以看成一个美好的传说故事,并全面包含"上具天文地理、下具古今中外",天文、地理以及古代人文、今天科技,中国地图、外国地图(即世界地图)都有了;二是可能创中国地图、世界地图的世界之最;三是宏伟大手笔创新思想特强;四是世界各国普遍都能接受"地图"概念;五是中国版图宏大适用;六是中国的人文文化普遍具有"全人类"的特征,即"中国的"就是"世界的";七是强调了台湾等是中国不可分割的一部分;八是没感觉到不如雅典的,九是应该符合所有的关于"思路构想"的入选条件,包括现代化的高科技展示手段(其实并不需要一味地去强调高科技的展示手段,雅典开幕式中的"点燃火炬"、"爱琴海"和闭幕式中的"螺旋红盘"的科技难度都是很低的,但效果很好,关键是想到才能做到);十是高空及场内拍摄的视觉效果极好、色彩绚丽,并且会场主景壮观;十一是开幕式(会场主景为中国地图)、闭幕式(会场主景为世界地图)都由"开天辟地的故事"引发而产生,有整体统一性,应是一件好事。当然"中国地图"和"世界地图"的使用材料、表现手法等是不会相同的;十二是五环设计、点燃火炬很有创意。

另外,我本人征集方案的第二部分相对来说还是比较详细的,如果再通过"二次开发"就应该更可行了。

第十：

还是以古代或传说的故事为好，如果采用现今的故事可能不是很好（比如"一个春天里的故事"），因为我国辉煌的历史很难放入一个现今的"春天的故事"中或由"现今的故事"倒叙到"古代的故事"，所以都是不宜的，而从"古代的故事"叙述到"现今的故事（包括改革开放的故事）"很容易让更多的人接受。（曾有报道说，"不一定非得是历史故事"，反之如用历史故事应该也是不错的。）

第十一：

仍有短暂的先后为"龙、儿童、狮"三个片段的恰当欢迎场面，一是最优秀的传统文化代表尽量不要缺失，二是可使"开天辟地"的宇宙、银河系等画面内容与接下来的"人文展现"很好地衔接起来。

其中，"开天辟地"与"龙、儿童、狮"则形成了我本人征集方案"开幕式"的第一章"有朋自远方来"，并是第一章的主要内容。

评论：2008年8月8日北京奥运会开幕式第一章的"第一句话"就是：四海内皆兄弟也，有朋自远方来，不亦乐乎？这与我征集方案"开幕式"的第一章"有朋自远方来"这一标题"在本质上"应该是完全一样的，而且我在征集方案"开幕式"的第一章中还写了相应的充足理由。

第十二：

当代最伟大科学家霍金是著名的天文学家（也是理论物理学家），他的"宇宙大爆炸"观点及"时间简史"影响极大，不过他好像是一个很悲观的人。他认为，人类在100年之内（更不要说是100年之后了）即使还没有遇到"天灾"，也有一定的可能会因科技（军事）等的异常发展而自行或自我毁灭，所以他认为生命发展到高级阶段容易自行或自我毁灭应是一种规律,从而他认为很难有"外星人"存在(因为其可能已毁灭)。所以,2008 年的北京奥运会应该乐观,比如"开幕式"的名字可定为"灿烂中国(分4章)","闭幕式"的名字可定为"美好未来(分2章)"。(详见征集方案的第二部分。)

第十三:

我本人坚定认为征集方案的构思或思路是首要的第一环节并极其重要,如果实施方案不够细致、不够具体,可请有关部门分工与协助完成。如果既有思路,又有具体实施方案,当然更好。我本人征集方案的思路应该很有新意,与希腊人把"爱琴海"搬进主会场相比,我们则将整个中国(地图)和整个世界(地图)都搬进了北京奥运会的主会场,并表达了热烈的情感,还可增加"嫦娥"等表演,但实施方案仍然需要较大的具体的二次开发才能完成。

第二个小部分:身份证明。

我在这部分内容中提供的材料分为身份证和个人照片两类,共有3个。一是我本人身份证的复印件,二是 1986 年我在双杠上做标准"大倒立"的照片复印件,三是 1997 年我坐在自己办公室电脑旁边的照片复印件。

第三个小部分:授权书。

我是按照应征人为"自然人"的统一格式填写的,而且"应征人"、"授权人"、"被授权人"都是同一人,都是我自己,整个统一格式的"授权书"全文大约有 500 字。

第四个小部分:应征人致函。

这也是按照统一格式进行的,"应征人致函"相对较长,全文大约有 1800 字,包括两类共有十几个方面的具体要求。其中主要是要求提交应征方案(含有分别装订的应征方案第一部分和应征方案第二部分)全套材料正本1份、副本5份，另有电子版材料两套，提供的材料必须齐全，所有信息必须真实、准确和完整，所有内容必须自己拥有知识产权。不论是否最终中选都必须在2008年北京奥运会开幕前承担保密义务。

第五个小部分：知识产权转让承诺函。

这同样也是按照统一格式进行的，"知识产权转让承诺函"相对更长，全文有2000字以上，共有14个方面的具体要求，都是"承诺人"的"征集书"及其"全部附件"，这些必须符合北京奥组委要求的承诺。其中主要是要求，承诺人对该应征方案拥有充分、完全、排他的权力以及在全球范围内未曾并无权进行任何形式的使用或开发，在世界范围法律许可下全部转让给北京奥组委（含合法继承人，下同），无权干涉北京奥组委的修改并配合相关的修改工作，不进行任何形式的宣传活动，提供原创作者相关权利义务的书面证明依据，无论是否中选应征方案中都不会行使任何可能有损于国际奥组委和北京奥组委权利、形象、声誉或者名望的任何权利，本承诺函根据中国法律解释并以中文做出，自承诺人签字、盖章之日起生效。

第六个小部分：创意方案的补充材料。

这个补充材料分为三部分：一是宇宙中五环星系（即五重星系）以及六环星系（即六重星系）的概念经常能够看到（天文学中此时称"重"，图片材料请见后面有关附件，此处省略）；二是宇宙中环状星系很多（天文学中此时称"环"，图片材料请见后面有关附件，此处省略）；三是月球及金星等上面的环形山也是很多的。总之，这些都是为"开天辟地的故事"而提供的补充材料。

评论：有一定天文常识的人普遍知道"星空"或"宇宙"中很多地方都有"梦幻五环"，而且我还向北京奥组委提交了几张由世界最先进的哈勃天文望远镜拍摄和刊登在天文杂志上，并且都是"星空"和"宇宙"中最震撼人心与最近乎完美的"梦幻五环"的精美彩色天文照片。所以，想必北京奥运会"开幕式"上的"梦幻五环"有可能就受到了我建议由"星星"组成"奥运五环"

即"梦幻五环"这个重要的启发,而且这是我的征集方案的核心内容之一。

第七个小部分:实施创意方案计划的进度表(应列明表演部分、技术部分的详细时间周期)。

如果构想或思路很好,但只是实施创意方案不够细致,则完全可请有关部门按照分工与协作的方式通过具体的二次开发完成。

第二部分:应征方案。

关于第二部分的"应征方案":原稿有10页,分为4个小部分,这10页全部是我自己写的,没有附件。以下许多内容都是统一格式。

第一个小部分:应征创意方案摘要。

第一,概括。

整个开幕式和闭幕式的创意都是由"开天辟地,或盘古开天地,或盘古开天辟地的故事"而引发的。开天辟地之后就有了宇宙、恒星系(这里指银河系)、行星系(这里指太阳系)、地球,处处有五环(包括星空上的五环星系和地球上的五大洲以及奥运五环),从远(远处或很早以前)到近(近处或现在),从天到地,就有了地球上的"中国版图"(中国地图)并作为"开幕式的会场主景",就有了地球上的"世界版图"(世界地图)并作为"闭幕式的会场主景"。"中国"在前、"世界"在后的原因,可见有关具体的思路和理由。如用一句话概括北京奥运会的开幕式和闭幕式,就是"开天辟地"这四个字。

"开天辟地"、"中国地图"、"世界地图"符合"同一个世界"的思路,以"美好未来或美好世界"命名的"闭幕式"符合"同一个梦想"的思路,即符合"同一个世界,同一个梦想"的奥运口号。另外,整个应征方案也很符合"新北京,新奥运"的追求和"绿色奥运、科技奥运、人文奥运"的理念。

北京奥运会尤其是开幕式上应该有一些立体水幕等,如果真实的"水"很难表现出来,开幕式也可通过"中国地图"上的黄河和长江、东部的海洋进行表现,闭幕式也可通过"世界地图"上的海洋进行表现,因为"水"的内容是很重要的。空中激光、超导、磁悬浮等高科技内容,计划在点燃火炬中进行部分使用。

每个章节尽量要衔接紧,其中的"衔接"与"紧"在我本人的征集方案中已经得到很好的表现。

开幕式第一章前一部分即"开天辟地"在大屏幕上的效果不能是一般科普天文片的效果,而是要达到围绕反映"开天辟地之后在宇宙演化中,宇宙、星系、星球等到处都有奥运五环的身影或奥运五环的由来"的效果。

我本人设计的关于整个北京奥运会开幕式、闭幕式创意的重点是在点燃火炬,开天辟地包括显现大千世界到处都有奥运五环的身影,星星五环,五环组合,中国地图场景,世界地图场景,视觉效果比如灯光的效果与灯光的变换。整个北京奥运会开幕式、闭幕式表演内容的重点是在开幕式的第二章——人文表演,表演形式的重点是在开幕式的第四章——五环组合。我本人征集方案中的一些名字、概念感觉也是可以的,比如总体方面的"开天辟地的故事","灿烂中国","美好未来";篇章方面的"有朋自远方来","上下五千年","人杰地灵","梦想成真";场景方面的"冉冉(旋转)升起的火炬","开天辟地的播放视觉效果","时间隧道"、"五环组合","中国地图"、"世界地图";等等。

走上开幕式的"中国地图",表明世界各国运动员等人员已经"来到中国",走上闭幕式中的"世界地图",表明我国运动员等人员已经"走向世界"以及世界各国运动员等人员重新"走向世界",这里包含着全人类大家庭的寓意。

"大屏幕"在我本人的征集方案中有着重要的作用,我本人建议一定要有三个大屏幕，不惜适当减少座位，其中最大的一个就在主席台的正对面——正对面的座位上观看比赛及观看主席台的效果应该是很好的，但观看表演却是反方向的，不如就改成最大的超级大屏幕。这一最大的超级大屏幕的两侧或上下左右仍存在反方向的问题，这时可通过主席台两侧的屏幕来解决。两个较小的大屏幕要一样大，并最好放在主席台两侧合适的地方。三个大屏幕播放的内容要求始终一样，不然容易出现视觉混乱。"征集书"上好像只要求有一个大屏幕，并还是在会场的北侧或南侧，这样容易造成观众席和赛场上的所有视线都全部同时朝北或朝南看的问题。

"中国地图"上"奥运五环"的声控灯光技术、场景布置的霓虹灯效果等都应该尽量考虑到。

评论：我在"方案"中使用了大量的名词或概念，比如"开天辟地的故事"，"星星组成的奥运五环"，"五环由来"，"开幕式的中国版图（中国地图）会场主景"和"闭幕式的世界版图（世界地图）会场主景"，"开幕式的灿烂中国"和"闭幕式的美好未来或美好世界"，"开幕式的来到中国"和"闭幕式的走向世界"以及"有朋自远方来"，"五环组合"，"冉冉（旋转）升起的火炬"等，这些内容都很大手笔，都很有创意。星星组成的奥运五环——"星星五环"，实际上就是后来北京奥运会上的"梦幻五环"。

第二，开幕式。

"开幕式"的名字建议定为"灿烂中国"，共四章。（当然，"开幕式"中还有一些规定程序的入场、讲话、圣火火炬、烟火等仪式。"大屏幕"在开幕式的第一章"有朋自远方来"中的"开天辟地"播放之前，基本上现场实况直播会场上的有关仪式，"开天辟地"之后，基本上现场实况直播会场上的表演，也可插入一些有关的过去的奥运场面或奥运有关情况，也可用"大屏幕"的作用配合场景上的表演，比如配合"黄河"、"长城"、"黄山"、"时间隧道"的表演。）

第一章：有朋自远方来（建议用名）。

这章包括大屏幕中的"开天辟地"、会场中的"龙、儿童、狮"这些欢迎场面,"开天辟地"与"龙、儿童、狮"的内容最好放在一章中,因为"开天辟地"全部是在大屏幕中显示的,故单独成一章太单调,与"龙、儿童、狮"连接,能够增添"龙、儿童、狮"上场的气氛,以及使这两部分能够很好地衔接起来。"开天辟地"既是整个北京奥运会开幕式和闭幕式的主题或主线故事,又是整个北京奥运会开幕式和闭幕式的序幕开篇,当然更是开幕式的序幕开篇,如果"开天辟地"与"龙、儿童、狮"分开,会显得太简短,两个部分放在一章中相当于是一章中的两节。

所以,第一章的思路先是"开天辟地"等,紧接着就是"龙"(威武、雄壮、热烈)、"儿童"(轻松)、"狮"(威武、雄壮、热烈)的内容,这样就已经等于为第二章做好了衔接方面的气氛准备。

第二章:上下五千年(建议用名)。

这是指有重点或全面在"中国地图"适当位置上的(几乎是局部范围)人文表演,要考虑到时间的先后、在"中国地图"上位置的均匀或布局、表演的布景或道具的高低区别。比如我国北部的关于黄河及长城的人文表演,我国南部的关于黄山及长江的人文表演,我国东部的台湾当地的民族表演,我国西部的西藏当地的民族表演,等等。其中,可以有台湾的玉山、日月潭、高山族歌舞,西藏的布达拉宫、藏族歌舞。

在演员如何上场的处理中,我认为第一章"龙、儿童、狮"的"狮"下场之后,即进行第二章的第一个片段"黄河"(应放最先),之后比如是黄山、长江("山水"中的山在先、水在后,故黄山应放长江之前)以及再回到北方的长城(因为黄河、黄山、长江在历史上都早于长城出现),同样的道理建议东放先、西放后较好,故在此之后先是台湾,后是西藏当地的表演,之后可以是京剧等,可以根据需要决定取舍,最后是全国五十六个民族大团结表演,从而把气氛推向高潮,并为第三章做好准备,表演中每个片段的演员建议随所在片段现上现下,在上下场过程中,应尽量体现出与所在片段相适应的快捷、轻松、威武、雄壮、热烈等上下场的形式。上下场的过程中灯光可暗点。

另外,局部的表演不应过于局限在"局部",可合理地在场上"移动"以及相应的局部灯光也要进行合理的配合。大团结的表演高潮中,要在场上演员的后面逐步为第三章的场景"时间隧道"做好道具方面的衔接准备。

第三章:人杰地灵(名称不够满意,暂定)。

这是指有重点或全面在"中国地图"上通过"时间隧道"高科技方法,并以连续"方阵"的形式向我们或向观众展露出重要的历史人物、思想、著作,以及因杰出人物的影响而出名的地方或名胜(注:《辞海》的解释)等,在这里应以人物为主,时间久远的历史应先上场展露,先上的应先下,"时间隧道"可酌情设计,真人表演。演员如何"下场",可用另一"时间隧道"来处理,即主席台对面的一侧边角(最好是左对面的边角)先设计一个上场的"时间隧道",对面的另一侧边角(这时相应就是右对面的边角)再设计一个下场的"时间隧道",两个可以完全一样。关于"时间隧道"中的"进(经过时间隧道并走出时间隧道再走进会场)"和"出(从会场中走进时间隧道并走出离场)"是相对而言的,这是从不同的角度看问题形成的,而且在天文学中也是合理的,天文学中有"黑洞(一般只进不出)"和"白洞(一般只出不进)"的概念。

另外,表演力度尽量加大,表演可以从一角的"时间隧道"走出来到场地的中间甚至更长的距离,然后再走到和走进另一角的"时间隧道",最终是一个弧形的路线,以防与"雅典"的相似,"雅典"的是直线的。

"天文学"中经常提到宇宙中的"时间隧道"概念。"时间隧道"可能是我们很久以后从银河系飞向另一个恒星系极其重要的星际旅行途径或是走向和走进未来的途径,也可称之为"宇宙隧道"和

"星际隧道"。"时间隧道"的概念很难描述，但只有尽量描述清楚了，才能理解，从而才能在这第三章中用好"时间隧道"的概念。"时间隧道"属于展示中的高科技手段。

我在这段"时间隧道"概念的介绍原稿中，写得相对比较详细，这次在这里只摘录了其中的一小部分。

第四章：天工开物（名称不够满意，暂定）。

第三章与第四章的相互衔接要做好，比如换场之前要去掉上一章"时间隧道"的道具，不过不去掉但在位置上要有大的"调整"也是可以的。

　　第三章和第四章几乎都是反映过去的（前者主要是"人杰地灵"的"人"，后者主要是"天工开物"的"物"）。如果道具采用"调整"方案应放在"第三章"与"第四章"之间并不间断地进行，以防"第三章"与"第四章"之间的连贯性或衔接不充分。原先"第三章"是主席台各斜对面的会场之角上都有一个"时间隧道"（最好正对着附近看台之角的大门）共两个，并且基本上不阻挡观众视线，而在"第四章"中可各调整成比如一分为五共有十个的小"时间隧道"，并在水平运动中两两拼接为五个中等大小的"时间隧道"。显然，大、中、小"时间隧道"的口径都是一样的，口径可初定为4米，中等"时间隧道"的长度可初定为3米（即我国重要的"勾股弦"两个直角边），大的和小的长度相应就是7.5米和1.5米，五个中等的"时间隧道"都放在"中国地图"场景上的"蒙古国"的最边缘但仍在场景地图之上。

这样的好处是，不论从主席台看，还是从主席台的会场对面看都基本上是"五个"比较标准的"环"，即从东、西方向看都是"空心的环"，所以总体上也不会阻挡东西方看向"主看台"上观众的视线，又因为是在场景的边缘，所以总体上也不会阻挡南北方向"次看台"上观众的视线，这显然就是"五个"用来作为演员和道具上场的"时间隧道"（因为开幕式到此可算结束，最后一章即第四章中就不需要"下场"了），在这里当然更代表着"奥运五环"。

这些道具的变换形式应该还有潜力可挖,应该能够超过"雅典的橄榄树等拼接表演"的效果,比如再分开排成一排十个在"蒙古国"的最外边缘,其中"五个"在北侧,另外"五个"在南侧,甚至还可排在"中国地图"南北两侧各"五个",即许多地方都有"五"或"奥运五环",不过没有必要排在主席台的这一侧,但最终都要回到并停留在"蒙古国"最边缘的原先两两拼接的"奥运五环"的形式上,直到第四章或整个"开幕式"的结束。因为这里表现的是中国,所以不需要提到"五大洲"的概念。

在第四章中体现的这个"物"就是"科学成就"(主要是以前或古代的科学成就,与科学成就相近的也可),主要有"四大发明"等,也可提到"文房四宝"、"书法"、"京剧"等,还要比较全面,真人加道具一起表演,相应和分批次地上场,并先后都停留在场上进行"工作",比如是艺术加工后的正在进行"活字印刷"的工作场景,直到第四章或整个开幕式结束。

这一章结束的场面是:中国(古代)的科学成就一步一步地促进了中华民族的极大发展,同时一步一步地促进了世界科学技术的发展。直到今天,全人类已经取得了辉煌的科学成就。高潮部分还可另外加上一些"现代科技道具比如机器人、不是外星人的而是我们人类的飞碟——太空时代的星际交通工具"的表演,以渲染气氛。这些在关键时刻上场的演员,都应从"奥运五环"(此时这样理解最好)中以合理的形式同时上场欢庆,以达到会场的最高潮。这时也是"燃放烟火"(环保)的最高潮,整个开幕式到此全部结束。

因此,第四章的特点是"奥运五环组合展现科学成就"。("开幕式"共四章,如果篇章数量需要增减,比如多了,可以加工后把后两章合并。)

评论:在我的整个"开幕式"四个篇章中都有比较明显的亮点,我认为其中最主要的应该是第一章的"开篇"即"开天辟地"和"有朋自远方来"这个标题以及相应的故事,第三章的"时间隧道"场面效果以及第四章的"五环组合"奇幻变换形式等。

第三,闭幕式。

"闭幕式"的名字建议定为"美好未来"或"美好世界",共两章。美好世界也可,因为"世界"与开幕式"灿烂中国"的"中国"能够协调一致。("闭幕式"中还有一些规定程序或仪式,"闭幕式"大屏幕中的内容基本上是现场实况直播仪式和表演,也可插入北京奥运会比赛等相关的新的有关内容,也可用大屏幕的特技配合场上的表演。)

第一章:梦想成真(建议用名)。

这章要体现出"辛勤劳动"、"激烈比赛"、"幸福生活"等场面,要体现出能够与自然界协调发展的能力,要体现出能够解决能源短缺、土地(耕地)和淡水资源减少、环境(大气)污染、疾病、粮食、自然灾害以及战争、恐怖等危机的信心和力量。要能反映出通过全人类的共同努力,我们的世界一定能够成为一个美好的世界,我们一定能够拥有美好的未来,我们的梦想一定能够实现,"梦想成真"就一定会在我们的眼前出现!

演员可以一起上场,也可分批上场,不论如何最终还都应留在场上,以有利于和下一章的衔接以及直到下一章第二章即闭幕式全部结束才能真正结束,演员不会过累,因为下一场普通演员的演出比较轻松,下一场的主角是歌手。

第二章:欢天喜地(名称不够满意,暂定)。

这章是指"梦想成真"后的"欢天喜地"的场面,主要是大型的演唱会、灯光变换和烟火,歌手分别来自世界各地。场上的人员除歌手外,基本上就是"第一章"留下的演员和不断上场的有组织参与演出的世界各国的运动员等。"第二章"或闭幕式在一首雄壮的令人难忘的歌曲以及配合完美的灯光和烟火中最终静静地落下帷幕。

我设计的整个闭幕式也比较大气，而且轻松，其内容还具有一定的重要性，比如对能源短缺、土地（耕地）和淡水资源减少、环境（大气）污染、疾病、粮食、自然灾害以及战争、恐怖等危机的认识和再认识，尤其是在关注大气污染、疾病、恐怖危机等方面都具有较多超前的思想。

评论：我设计的闭幕式最大亮点是会场上的主景"世界地图"，在应对有关全人类的危机问题方面也进行了大声地呼吁，并为未来社会的发展留下了普天同庆的美好憧憬和美好梦想。

第二个小部分：完整的应征创意方案。

第一，开幕式。

1.各国运动员等按照程序入场来到中国（即走上"中国地图"）及进行有关程序—三位领导人按照程序进行讲话—会歌、会旗按照程序进行。

2.点燃圣火火炬的思路一定要新，以往的火炬基本上都是静止的，雅典的也只是向下低一下头之后又把头抬了起来（但思路很好也很成功），我们的火炬及点燃方式不能轻易重复，一定要有大的改进。我的总思路是一个"冉冉旋转升起的火炬"，其主导思路如下：

> 火炬升起之前，整个火炬几乎全部停留在有一定高度的火炬基座内，最多只让火炬口露在外面或上面，火炬的"后面"有一个足够高和适当宽而且是很密的激光幕墙，从"幕墙"的后面或前面把完整的还没有点燃的"影像火炬"或"虚拟火炬"很好地、清晰地投影到"幕墙"上，"虚拟火炬"与将要出现的"真实火炬"的高度完全一样，所以对"幕墙"的高度要求更高一些，如果一台"投影机"不够用，数台上下拼接使用就能达到要求，使观众感觉到还没有点燃的"火炬"就在自己的眼前。之后，就是运动员跑上"基座"和点燃真正的"火炬"，从而使"火炬"在音乐中"冉冉旋转"升起，在升起的过程中最好让"幕墙"和"虚拟火炬"都同步慢慢暗弱直到完全消失并

且使升起的"真实火炬"同时到位,不然容易造成视觉错乱。为了显示"旋转"的动态感,火炬"柱"上可有一条或一条以上合适的"盘龙"画面,其象征着"巨龙腾飞"(与后面演出中的"龙"的场面应该没有冲突)。旋转结束时,最好能让"盘龙画面"停在正面或合适的位置上。

所以,以上能够很好地达到"以假乱真"、"从虚拟到真实"和"意想不到的冉冉旋转升起"的效果。

我们知道,在雅典的场馆中能够很好地安排合适的火炬位置。在我们的火炬位置以及设计上,要按照在"北"的规定,并根据"鸟巢"的图形,安排在北边或偏东或偏西一点第三层看台上且靠第二层一侧的位置上比较合适,火炬的"柱"在"鸟巢"顶盖之上、之下的比例要尽量按照"黄金比例"进行设计,还要考虑到火炬手跑步上场点火的路线必须方便。在火炬的南面、侧面或北面点火应该均可(但不能挡投影机还在投影的效果),火炬的基座要有一点高度以保证观众能看得见。这样一来,相应的"鸟巢"顶盖上要有一个"开口",一组"激光幕墙"仍然可以,但"鸟巢"顶盖上、下至少各需要一个"投影机"才行。按照规定,火炬升到一定的高度和保证会场内外都能看到为止,而且火炬的"头"和"柱"都不宜太粗。火炬在看台上的好处是,升起之前基本上是在看台的下面,所以"冉冉旋转升起"之前有放置"火炬"的机动空间,而且这一点十分重要。同时,尽量远离场上的"会旗"等,"冉冉旋转升起"的形式与"会旗"等升起的形式有点相似,所以要尽量远离"会旗"等和加上"旋转"以作区别。

另外,还有一些参考思路,比如一是机器人或机械人火炬,并要配合"火炬手"点燃"火炬"后能够稳稳升起,但一定不能像美国的"自由女神";二是"超导"、"磁悬浮"有关材料组成的"火炬"。

评论:以上的最大亮点就是"虚拟"这个名词,后来北京奥运"主火炬"的最大特点也是"虚拟"的,即开始的时候是放置在"鸟巢"顶层上而且是看不见的，然后放置下来之后才能看得见。另外，我的是"旋转"形式的，后来现场的是用"火炬手"沿着"鸟巢"顶盖内边"跑一圈"的形式来点燃"主火炬"的，即"旋转"与"跑一圈"的关系；我的是"升起"形式的，后来现场的是"放下并固定下来"的形式。总之，我的"主火炬"形式应该是壮观的，也是有特色的。

3.点燃火炬之后按照程序放飞鸽子—参赛者、裁判员的代表按照程序宣读誓言—国歌、旗手的内容均可按照程序进行。

4.艺术节目正式开始（整个开幕式、闭幕式，大屏幕播放、演出的过程中除主持人以外，还必须要有"旁白"介绍和解释）：

第一章：有朋自远方来。

先用比如5分钟左右的时间以极高的特技在约三个大屏幕上同时播放从"开天辟地"到经过混沌、恒星形成、星系形成、众多星系群形成之后的宇宙形成，而且相关画面全部是动态的。

另外，原有的在征集书上看到的在北边或南边的只有一个超大的大屏幕也可，但效果不好，最好应改为三个大屏幕。其中，主席台正对面的是特级超大的大屏幕，主席台两侧的是特级超大的大屏幕一半大小的大屏幕，这样主席台上的人员观看正对面大屏幕的视觉效果明显更好，同时整个场内观众的观看效果也是更好的，因此大屏幕多占座位也很值得。

然后，切入似像非像具有五种颜色"奥运五环"的由"五个关联星系"组成的星系群，在动态中使五个关联星系显现变成"奥运五环"，之后回到五个关联星系的动态状态，再切入其中的一个，即指银河系，使银河系再显现变成单个"标准"的"环状星系"，之后再回到银河系的动态状态。这时，切入太阳系，并重点使视线扫过金星及上面的环形山与月球及上面的环形山，这时的金星与月球分别在地球的各一侧，在动态中拉近画面即拉近和切入地球（以上银河系、太阳系、地球都可适当动态旋转），在拉近和切入地球的过程中使地球上的中国版图（当然也包含了"蒙古国"的版图）出现在画面正中的片刻动态中,这时有"五个"小行星(因小行星的大小比较适合)分别依次(按照奥运五环的顺序)高速撞击到中国版图上方相当于"蒙古国"的适当位置上,撞击尘埃尽量向正上方飞溅(不能低于美国"深度撞击"飞船的模拟撞击效果),之后尘埃几乎落定后(留下一点点会有光芒感的效果)撞击的位置上要能明显地显现出"奥运五环"的效果和适当显现出五环各环应有的不同颜色。这时大屏幕要很好地只显现出"中国版图"和上方的"奥运五环",此时大屏幕上的内容要与之后的会场主景尽量一致。

但是大屏幕不能完全静止,要有动态五环的效果,还要有利于与后面"中国版图"会场主景的衔接。第一章的相当于第一节的内容到此结束。

评论:这就是一幅由灿烂"星星"组成的壮丽无比的"奥运五环"画面,然后从"星空"快速落入了我们的"人间",所以这就是我的"星星五环",而且这还应该是我对奥运方案的几大贡献之一。另外,后来现场的也是由星星组成的奥运五环,不过则是从"人间"飞向"星空"的梦幻的奥运五环,即后来人人都熟知的"梦幻五环"。可见,我的方案与最终的方案是十分接近的。

接着,大屏幕开始过渡并切换到以长方形中国平面地形地图为主景的主会场,同时要让会场主景"蒙古国"位置上凹陷灯组成的"奥运五环"大亮起来。实际上,切换前大屏幕上是虚的五环和版图,切换后是主会场实的五环和版图,即切换完成。

这可以使灯光具有立体感、五彩时强时弱,动态的并以"弱"的状态为主,五环自身的灯光要很亮,但灯光只要能够具有一定的短距离射程和较弱的视觉效果即可,比如看到的要仍然是五环形式的奥运五环,而灯光的作用则是次要的,即灯光的射程距离和强度能让观众感觉到即可,所以五环射灯不会挡"大屏幕"和观众视线,即使有一点挡也完全可通过三个不同位置的大屏幕作用来解决问题。如果"主大屏幕"不在主席台的正对面,那么射灯灯光的强度就可大大加强,用灯光体现"奥运五环"应属环保理念,用灯光体现"奥运五环"应是一大创新。

之前会场上基本无光，到这时，会场主景"中国地图"开始大亮，但在运动员上场—仪式—圣火时是中等亮度，只是在第一章相当于第一节"开天辟地"的"大屏幕"播放中才是基本无光的低等亮度，大亮时是高空及场内拍摄的最佳时刻，紧接着演员就上到了场上并进行"龙、儿童、狮"的表演。

大屏幕切换到会场之后，基本上就开始了同步或特写转播会场表演直到开幕式的最终结束。

长方形的中国平面地形地图做主景与主会场形状相似，地图要通过"颜色"等适当显示出中国地形轮廓，其上面可不反映省界。大的平原、高原以及山脉用不同的颜色或灯光标示，河流、海洋要蓝色的并最好能有动态波浪感，周边国家不必明显显示。五环放在"蒙古国"的位置上。地图会场可用透明材料，下面或双层的夹层中装有大量的专用灯等，要能很好起到和超过"彩色广告灯箱"的作用，厚度或高度约为30厘米或适当高度以利于进去维修，人能够在上面表演，灯箱要能经得起重量和人站。

会场主景很大，地图材料要能拼合并且要能快速搬离以便于第二天比赛，有规律的能拼合的相对独立的每块约10平方米或更大，约要600块，费用不会过多，通过电线等可以拼合的这每一块实际上就是一个个相对独立的10平方米左右的小会场，适当拼合后就是大约几十平方米以上或小或大、可以自由分割的会场或舞台，完全拼合后就是一个主会场或大舞台，拼合后数百块上的灯光应能协调一致并要有灯光变换，只有河流、海洋要求再加上一些波浪感，单独一块波浪感不难，全场波浪感的整体一致性在技术上也不应很难。比如就像大型电视幕墙一样，做成"柔性"的"彩色广告灯箱"形式也较可行，费用也可能更低，视觉效果也可能更好，每块的拼合线还可作为必不可少的定位划线，每块上的图案应该都有区别，故演出人员找出自己位置不难，会场主景之上还应有较轻的道具布景、空中激光等。大型烟火要搞，但要有环保理念。这样，绿色、科技、人文等就都有了。

评论：我的思路就是要以"地图"作为会场的主景。但是因为当时的技术手段可能还达不到，所以就以所谓的大型电视幕墙或灯箱来代替了。看过后来的俄罗斯索契冬奥运的观众，应该一定都会被他们的"投影地图"特效所震撼和折服，同样会被后来的巴西奥运会的有关投影特效所震撼和折服，而且使用大画面场景或投影应该是一种趋势。所以，我的地图大画面场景思路应该具有很强的超前性。另外，我的方案能够体现有关岛屿的主权意识，这也是我的思路重要特色之一。

另外，如果能够解决下雨的问题，鸟巢开顶应尽量大些，以增强开幕式以及闭幕式的视觉空间效果和拍摄效果。在第一章中的主景场地等设施基本上都适合后面三章使用，后面三章只需要在"中国地图"这个主设施上添加一些新的道具或布景即可。所以，第一章中的设施十分重要。其他的相关内容，可以参见前面"摘要"开幕式中的第一章。

第二章：上下五千年。（相关内容可以参见前面"摘要"开幕式中的第二章。）

第三章：人杰地灵。（相关内容可以参见前面"摘要"开幕式中的第三章。）

第四章：天工开物。（相关内容可以参见前面"摘要"开幕式中的第四章。）

以上开幕式第一章尤其是第二章、第三章、第四章的原文就是这样的，当时写得有些匆忙，其原因主要就是当时撰写的时间很不够用。在2005年7月份的时候，我是在北京奥组委的一再鼓励下才下定决心抽出半个月左右的时间撰写和完成了内容较多的这一北京2008年奥运会开幕式、闭幕式创意方案。因为这个方案必须在2005年7月底之前提交，而且我实际上是先写规定要求的必须放在前面的这一所谓的"摘要"或"要点"的，何况前面的"要点"已经比较详细了，后面的第一章尤其是第二章、第三章、第四章在当时既没有时间也没有过多的必要再展开撰写了。最后，我的整个开幕式方案还需要经过具体的二次开发才能实施。

第二，闭幕式。

1.各国代表团的旗手和举名牌的人员按照程序入场，随后运动员（包括裁判和工作人员）不分国籍入场，走向世界大家庭（走上"世界地图"），之后旗手在讲台的地方站成半圆形。

2.按照程序进行讲话、升旗、宣布"闭幕"、熄灭圣火、降旗、旗手护旗出场。

3.运动员退到会场主景的周围比如跑道上（以利于参与将要进行的演出），并适当留出通道以供演员上场通行。举名牌的人员，既可与旗手一起护旗出场，又可与运动员一起留在场上。

4.艺术节目正式开始（闭幕式仪式和演出的过程中除主持人以外，也必须要有"旁白"介绍和解释）。

演出场地要以中国在中间的椭圆形(以区别于开幕式的长方形)世界行政地图(以区别于开幕式的地形地图)作为会场的主景，七大洲不同色彩(南极洲也要用上)，每一国界尽量反映出来(不然视觉效果可能不佳)，其中的中国版图是否要突出根据情况而定，鼓励各国运动员等人员基本上站在所在国的位置上，裁判和工作人员可站在"太平洋"和"印度洋"的位置上，在世界地图中的中国位置上有表演等，以上含有中国与周围世界各国和睦共处、和平共处以及中国走向世界、各国运动员又走向世界之意。在有关时段中，大屏幕可播放比赛精彩片段或实况转播"闭幕式"的仪式和演出等，其中第一章比第二章的拍摄机会可能更多。地图材料可采用感光亮质的较软皮质(人造革)材料等，比如是奥运摔跤比赛中的"皮垫"。因感光亮质，故可以增强高空向下照射的灯光色彩变换效果。因皮质材料较软，故还可以增加赛后心理需要轻松的感觉，其费用可根据皮质的情况来决定。上面的世界地图内容要尽量像真的世界地图，离主席台近的"南部"国家人员先上，"北部"国家人员后上，最后降旗、熄灭火炬等。

第一章：梦想成真。

运动员退到"跑道"上之后，演员就开始了正式的演出。运动员退场后、演员上场前，这时场上的灯光应该已经很亮，这是高空等有关拍摄"世界地图"的极佳机会。（原文因时间紧张只有这么多，相关内容，可以参见前面"摘要"闭幕式中的第一章，而且所谓的"摘要"是先写的。）

第二章：欢天喜地。

要求上一章的演员和世界各国的有关运动员等人员都应该积极配合这一章有关"普天同庆"方面的演出。（原文因时间紧张只有这么多，相关内容，可以参见前面"摘要"闭幕式中的第二章，而且所谓的"摘要"是先写的。）

评论：在以上地图的中间位置根据情况适当"突出"或"凸出"中国版图，这样就能起到一定的以中国版图为"轮廓"的升降"舞台"作用，中国位置几乎又正好是在我们常用世界地图的正"中心"，所以这一点"正巧"也有明显的具体作用，而且与北京奥运会闭幕式的主景地球仪舞台有相似的思路。

第三个小部分：应征创意方案的可实施性分析报告。

我本人整个北京奥运会开幕式、闭幕式创意的重点是在"点燃火炬"，"开天辟地包括显现大千世界到处都有奥运五环的身影或由来"，"星星五环"，"五环组合"，"中国地图场景"，"世界地图场景"，"视觉效果比如灯光的效果与灯光的变换"。整个北京奥运会开幕式、闭幕式表演内容的重点是在"开幕式的第二章（人文表演）"，表演形式的重点是在"开幕式的第四章（五环组合）"。

我本人在整个征集方案中提出的一些名字、概念感觉也是可以的。比如总体方面的"开天辟地的故事"，"星星五环"，"灿烂中国"，"美好未来"；篇章方面的"有朋自远方来"，"上下五千年"，"梦想成真"，"欢天喜地（或普天同庆）"；场景方面的"冉冉（旋转）升起的火炬"，"开天辟地的播放视觉效果"，"时间隧道"，"五环组合"，"中国地图"，"世界地图";等等。

　　我本人关于征集方案（第二部分）的特点：一是有一个引人入胜的好的传说故事——开天辟地，或盘古开天地，或盘古开天辟地，这虽是神话故事，但完全可以看成一个美好的传说故事，并全面包含"上具天文地理、下具古今中外"，天文、地理以及古代人文、今天科技、中国地图、外国地图（即世界地图）都有了；二是可能创中国地图、世界地图的世界之最；三是宏伟大手笔创新思想特强；四是世界各国普遍都能接受"地图"概念；五是中国版图宏大适用；六是中国的人文文化普遍具有"全人类"的特征，即"中国的"就是"世界的"；七是强调了台湾是中国不可分割的一部分；八是没感觉到不如雅典的；九是应该符合所有的关于"思路构想"的入选条件，包括现代化的高科技展示手段（其实并不需要一味地去强调高科技的展示手段，雅典开幕式中的"点燃火炬"、"爱琴海"和闭幕式中的"螺旋红盘"的科技难度是很低的，但思路效果却很好，关键是想到才能做到）；十是高空及场内拍摄的视觉效果极好、色彩绚丽，并且会场主景壮观；十一是开幕式（会场主景为中国地图）、闭幕式（会场主景为世界地图）都由"开天辟地的故事"引发而产生，有整体统一性，应是一件好事，当然"中国地图"和"世界地图"的使用材料、表现手法等是不会相同的；十二是五环设计、点燃火炬很创新。（这部分与前面的支持材料相似，但不宜删除。）

　　另外，我本人征集方案的第二部分相对来说还是比较详细的，如果再通过"二次开发"就应该更可行了。

　　评论：这个"应征创意方案的可实施性分析报告"是北京奥组委征集活动的规定程序，而且我是以本人方案中几个重要内容的摘录和适当的加工后形成的，虽与前面有些类似，但还是不宜删除，这样才能使我的方案具有较好的完整性。

　　第四个小部分：实施创意方案的工作方案。

　　这里的工作方案，相当于是我征集方案中的二次开发。我感觉我本人的征集方案（尤其是构思或思路）是十分可行的，如果能对北京奥运会开幕式、闭幕式起到有益作用的话，再去进行二次开发或请有关部门通过分工与协作来完成也是十分可行的，比如可请"北京天文馆"、"历史专家"、"有关电影导演"、"文艺部门"、"高科技部门"、"灯光视觉专家"等一起进行研究和进行二次开发。

　　到此为止，我重要的关于北京2008年奥运会开幕式、闭幕式创意方案在此就算比较完整地、全面地"摘录"和"介绍"了。这"原方案"的写作已经是很久以前——2005年7月中下旬的事情了。

（三）喜获证书

　　这个征集方案要求正本1份、副本5份、电子版2套，我是在2005年7月下旬完成的，并同时请正巧回"北大"的大姐女儿顺便带到北京以及在北京奥组委规定的这个月底前顺利和安全地专门送到了北京奥组委。大约只过了一个月，我就收到了北京奥组委（文化活动部）于8月23日寄出的"收到和约定确认函"。北京奥组委信函有600字左右，主要是：

> 　　您提交的方案符合征集书的有关要求，并再次提请您知晓北京奥组委有权决定最终的开幕式、闭幕式创意方案。无论是否最终中选，您都应在2008年8月31日前承担相关保密义务，北京奥组委将与您保持联系，并随时通知您是否有进一步合作的可能等方面的内容。

　　这之后，我与北京奥组委还进行了好几次联系和交流，其中最全面和最认真的一次是在2006年5月30日我的生日这一天进行的。这一封电子邮件文字比较长，有9000多字，前面主要是写了一些新的相关信息和新的思考约占整个邮件的近五分之一，后面主要是我"应征方案"中"一字未改"的"摘录"约占整个邮件的五分之四以上。为此，我打算有重点地把这一封电子邮件尤其是前面关于一些新的信息和新的思考在这里摘录或介绍一下：

> 我是北京2008年奥运会开幕式、闭幕式创意方案征集活动6万左右应征人中的409位"手续齐全"应征人之一，我的应征方案后半部分内容不够详细以及文字结构未调整好的原因主要是时间问题。我一直认为自己的直觉十分出众，部分证明如下：可以说我的方案全面包括了其之后所有的国际国内重大体育活动（含2005年日本爱知世界博览会、深圳锦绣中华演出）的"最大亮点"，即他们不仅在我的方案之后，而且没有超越我的内容。其先后具体是指2005年日本爱知世界博览会有以宇宙演化与人类社会产生作为其世博会开幕式的序幕（迟于我2005年3月初给你们发去的电子邮件中的思路），应征截止之后2005年8月初的深圳全国最著名的娱乐中心"锦绣中华"大型文艺演出上有创世纪，相当于我材料中的开天辟地、时间隧道。南京十运会开幕式上有机器人点火，澳门东运会开幕式上也有创世纪，都灵冬奥运开幕式上有"奥运五环组合拼图"以及2004年雅典闭幕式之前"可能"猜中的雅典闭幕式应以螺旋形的抽象银河系作会场主景。这些完全不是一个简单的巧合，而是"直觉"使然。敬请仔细查看我以下的"一字未改的原件摘录"以及2005年已经上报的原件，并建议把我的这些电子邮件和有关原件尽量转交给已经选定的北京奥运会我国三位总导演等有关人员，也许能从中发现一些有用的内容，因为我应征方案中的"巧合"真是太多了。另外，我应征方案中的"异想天开"或"奇思妙想"也应该是不同寻常的。

我在这封邮件中还写到，北京奥组委于2005年8月23日寄出的挂号信，我已于9月5日收到了，从信中得知我本人应征的"程序关"已过，另外还了解到有数万人参与其中，有几百人提供了规范应征方案，并且已有13人成了北京2008年奥运会开幕式、闭幕式创意方案征集活动的"团队"成员，因此在这里我很想知道其余应征人尤其是我这位应征人的结果。总之，我仍然认为自己的应征方案很好，自信会有一定的收获。

我曾买过一本15万字左右不太厚的书就叫《科学与直觉》。这本书的作者认为，在一定的程度上科学来源于直觉或灵感，直觉与灵感是建立在科学的基础之上的，所以两者是相辅相成的关系。之后在波斯湾多哈举办的亚运会以及俄罗斯索契冬奥会也都采用了大量的"地图"并作为会场的主景。也是那个时间举办的全国第三届体育大会中的"从虚拟到现实"的火炬（第四届正巧在我们合肥举办）与我应征方案中的主火炬"使用名词"——"从虚拟到真实"可以说几乎一样，这么高的准确率都很出乎我本人的意料，这些都应该能够证明我的有关直觉是十分准确的。

钱学森主编过的一本书中，有一篇一两万字叫《相似论》的文章。我本人的应征方案等方面的材料也许是我将来"超前论"的依据之一，其中包括我以前40多篇几乎都是经济方面的论文观点也普遍十分超前（可参见我本人应征方案的第一部分），我可能具有"科学直觉"的部分素质，我特别喜欢看的大哲学家叔本华《论天才》这篇文章中就有许多关于"天才特征特点或特质"方面的论述。

以上的内容基本上就是我这封邮件中关于一些新的信息和新的思考的主要内容，后面的内容可以说全部都是从我的应征方案中并且是"一字未改"地摘录下来的重要内容，下面我打算把这些"一字未改"摘录的"重要内容"和摘录当时的"自我评价"尤其是这些自我评价通过"再概括的形式"在这里再介绍一下。

我一开始就介绍我的方案中，包含"开天辟地"、处处有五环、中国地图主景和世界地图主景等这些重要内容，并且符合"同一个世界，同一个梦想"的奥运口号，也很符合"新北京，新奥运"的追求和"绿色奥运、科技奥运、人文奥运"的理念。（摘录当时的自我评价：应能超过2005年日本爱知世界博览会开幕式宇宙与人类的演化、深圳锦绣中华的创世纪、澳门东运会的创世纪，我的思路的形成时间均在他们之前。西方的"创世纪"，可以说就是东方的"开天辟地"，这样就能使东方和西方的文化很好地结合起来。）

我的方案重点是在"五环由来"、"星星五环"、"射灯五环"、"点燃火炬"、"会场主景"、"视觉效果"以及"开天辟地的故事"、"灿烂中国"、"美好未来"、"有朋自远方来"、"上下五千年"、"梦想成真",还包括"冉冉(旋转)升起的火炬"、"时间隧道"、"五环组合",走上开幕式的主景"中国地图"表明"来到中国"、走上闭幕式的主景"世界地图"表明"走向世界"等内容。(摘录当时的自我评价:以上内容应能相应超过深圳"锦绣中华"上的"时间隧道"、都灵冬奥会开幕式上的"奥运五环组合拼图",我方案中的"从虚拟到真实"和"意想不到的冉冉旋转升起"的火炬效果应能超过刚刚举办的全国第三届体育大会上的"从虚拟到现实"的效果,"真实"与"现实"的含义完全一样,我的方案形成时间均在他们之前,而且我的"时间隧道"和"五环组合"还可与雅典相应的"年轮"和"拼图"比一比。另外,全国第三届体育大会的场景背景"三个半环"应与第三届的"三"、模仿都灵冬奥会场景背景五环组合拼图,不宜超过奥运五环的"整环",而用"半环的拱形或门形"等内容有关。)

我建议开幕式的名字定为"灿烂中国",第一章的名字定为"有朋自远方来",包括"开天辟地"和"龙、儿童、狮子"表演的内容,"开天辟地"既是整个北京奥运会开幕式和闭幕式的主题,又是整个的序幕,更是开幕式的序幕。第二章的名字定为"上下五千年",是指在"中国地图"适当位置上的有关人文表演。(摘录当时的自我评价:建议用孔子的名言。)

评论:北京奥运会"开幕式"的"序幕"完全可以说就是从"有朋自远方来"真正开始的,并与我的内容完全一样,这个评论很短但是很重要。

我还建议第三章和第四章的名字分别定为"人杰地灵"和"天工开物",包括在"中国地图"上通过"时间隧道"以"方阵"的形式展现有关人物、思想、著作等以"人"为主的内容,还包括在"中国地图"上进行多种形式的"五环组合"以及真人加道具一起表演等以"物"为主的,比如是艺术加工后正在进行"活字印刷"的工作场面,以逐步达到会场的最高潮,这时也是"燃放烟火"(环保)的最高潮。(摘录当时的自我评价:其特点就是要通过"时间隧道"以"方阵"的形式来展现以"人"为主的内容和通过"奥运五环组合"来展现以"物"为主的"科学成就"。)

评论：在北京奥运会的人文表演中就有艺术加工后的真人加道具一起表演的正在进行"造纸"或"活字印刷"相关方面的工作场景。

在闭幕式中，我建议名字定为"美好未来"或"美好世界"，闭幕式第一章的名字定为"梦想成真"，包括要能体现出辛勤劳动等方面的场面和解决污染、疾病、恐怖等危机的信心和力量，从而"梦想成真"就一定会在我们的眼前出现。闭幕式第二章的名字定为"欢天喜地"，是指"梦想成真"后的"普天同庆"的场面，然后在一首令人难忘的歌曲以及完美的灯光和烟火中最终静静地落下帷幕。（摘录当时的自我评价：能够很好准确体现出当今社会的现状和问题以及人类社会今后的发展方向。此与后来你们的陈副总导演在接受记者采访时的回答几乎一样，张副总导演在接受中央电视台采访时的回答也基本是这样。）

我建议北京奥运会的主火炬设计总思路可以是"冉冉旋转升起"的形式，具体来说就是要体现出"从虚拟到真实"和"意想不到的冉冉旋转升起"的主火炬效果。我建议主火炬放置在看台上的好处是，升起之前基本上是在看台的下面，然后才逐步升起，所以"冉冉旋转升起"之前有放置或隐藏"主火炬"的机动空间，而且这一点十分重要。另外，我还有备选思路，比如机器人或机械人火炬，配合"火炬手"点燃"火炬"后稳稳升起，但不宜像美国的"自由女神"，还有"超导"、"磁悬浮"方面的"火炬"。（摘录当时的自我评价：其中的"从虚拟到真实"和"意想不到的冉冉旋转升起"的主火炬效果很有特色，升起之前能够很好地隐藏在看台的下面就是必备的前提条件，后来的南京十运会只是与我的机器人方面的火炬点火形式相似，我的主选思路可能更好。）

在这些摘录中，还包括前面已经比较详细介绍过的我本人关于应征方案（第二部分）的特点，这些特点有十几个共五六百字且很有看点。应征方案的可实施性分析报告还可参见应征方案第一部分的相关材料和"附件"，以及参见应征方案第二部分的相关材料。如果能对北京奥运会起到有益作用的话，再去二次开发也是十分可行的，比如可请"北京天文馆"、"历史专家"、"电影导演"、"文艺部门"、"高科技部门"和"灯光视觉专家"等一起进行研究和进行二次开发。

以上摘录之后，这封电子邮件中还包括我对原有应征方案第二部分进行的几点小修改。一是开幕式会场主景中国地图经纬线中的每根都要求上下左右"垂直"或"水平"，这样中国地图上方的"蒙古国"位置就相应变大了，从而就可以放置更大的"奥运五环"，以使效果更好。二是建议改成远古时期五个"彗星"或者一个较大"彗星"分裂为五个较小"彗星"然后撞出"奥运五环"，现在普遍认为是"彗星"给地球带来了生命。这样一来，"开天辟地"、"彗星撞击地球"、"人类产生"就都联系到一起了。三是以中国为主的版图东边有海洋即"水"，"开天辟地"或"宇宙大爆炸"有"火"，总之，不能缺少"水"与"火"。四是闭幕式会场主景世界地图中的"中国版图"（包括有关岛礁等）正好在会场的正中心，故可对其进行升降处理以作舞台，从中还可"走出有关演员"和"运出有关道具"，部分演员和道具"从天而降"也可，这样还有一定的立体效果。

这就是这封电子邮件的主要内容，其中包含了较多的直觉和自信。这封电子邮件发出去两个多月之后，我于2006年8月中下旬终于收到了盼望已久的北京奥组委寄来的盖有"第29届奥林匹克运动会组织委员会"红色大印的精美证书，即"纪念证书"。北京奥组委所发的证书共有两种，一是优胜证书，二是纪念证书。其中，"优胜证书"有13人获得，大约我国有3人，都是大导演，外国有10人，也是大导演或主要是前一些年有关国家"奥运会"开幕式、闭幕式的创意策划专家。不过，我至今还没有很好了解到"纪念证书"有多少人获得，只是估计应该比"优胜证书"的13人要多一些，我的证书很大可能就是我省的唯一。总之，北京2008年奥运会开幕式、闭幕式创意方案征集活动证书，应该是全世界有关方面或综合活动方面的"最大"证书。

评论：一分耕耘，一分收获。当我收到北京奥组委寄来的获奖证书时，我喜悦的心情真很难能用言语来表达，真有"一览众山小"的感觉，以后真不必再去"介意"一些其他事情了。然而，在之后我又获得了更多的前面基本上都已经介绍过的那些荣誉和证书，所以奥组委给我寄来的这本证书也是我的新的起点。不仅如此，而且对我正好时隔十年（实际只差半个月）之后撰写这本书也起到了或更起到了很大的推动作用，甚至对我未来的有关异想天开或奇思妙想同样增添了很大的信心和鼓励。

（四）"好事多磨"

然而，收到的证书却出现了一个小插曲，这就是我的"纪念证书"上的名字"李永进"错打成了"李勇进"。我很快就与北京奥组委的有关部门联系上了，他们说要把我错的证书收回销毁，之后我很快就收到了他们寄来的样式完全一样的新的正确的证书。这个小插曲，这个小故事，暂时先讲到这里，在整个奥运"大故事"将要讲完的最后面还有一个与这个小插曲、小故事有直接关系并且是"更有趣"的"大插曲"或另一个"大故事"也将被介绍出来。

到了2007年的春天，一些媒体上有了有关知名导演举办的"北京奥运献计献策会"这方面的比较详细报道。为此，我专门给北京2008年奥运会开幕式、闭幕式创意方案征集活动工作最主要的一个大导演发去了一封更长的超过10000字的电子邮件。实际上这封电子邮件只是在上封9000多字电子邮件的原文上加了一个1000多字的开头。在这里，我只需要把这个开头介绍一下就完全可以了，其新加的开头的要点是：

> 我讲几个要点：一是进行征集可能是因为创意策划还有难度，存在难度应该属于正常；二是会议上提到的汉字拼图可以搞，但不可过多，而我的方案中则是更大手笔的五环拼图，我方案之后的都灵冬奥会五环拼图是在幕墙上，我的是在场地上的；三是会议上提到的第一方案"盘古开天"与我之前方案中的"开天辟地"可以说是完全相同的，宇宙大手笔很难被人超越，我之前曾建议过把我的方案转交给您本人；四是哪一大赛的最大亮点能与之前我的方案不同，就是最新的德国足球赛两大亮点也是赛场上的阳光顶棚和大屏幕，多哈亚运会的最大亮点也是我方案中的大屏幕以及地图场景；五是我不希望再看到这样的献计献策会，不然大家容易怀疑创

意策划者的水平。

这就是以上"开头"中原文十个问题中比较主要的五个问题，其后面的附件与上一封电子邮件可以说完全一样，所以就不需要重复介绍了。从这封电子邮件中，还可以再次看出我对我本人应征方案的自信和再次推荐的目的。

另外，大概是在这段时间之后，一篇应该是全国最有影响的综合性大报的评论好像是《北京奥运会需要未雨绸缪》。这篇评论说，北京奥运会应该如何创意策划，应该如何克服下雨天的不利影响（除冬奥运等有关运动会之外，绝大多数的运动会一般都不会出现在冬天的下雪天）。这些考虑都很应该、都很正确，因为较小的下雨问题比较容易解决，但是在文章比较靠后面的地方多出了一句意思是"万一遇上较大或很大的雨只好改期进行"或"听天由命"这类的话。我认为，这看似真话或确实是真话，但不宜这样写，而应该是继续请有关人员进一步去寻找解决的可能和可行的办法。为此，我很快就给该报发去了一篇一千多字的电子邮件。现也把这篇电子邮件的主要内容介绍如下：

> 鸟巢正上方的开顶结构现在可以改造一下，曾有人建议采用"升降"的设计思路，我认为仍然很不好，这几乎就等于变成是或还是一个全封闭的体育"馆"了，而应该是"南北片状组合"的"水平"移动式的，仅仅是两字之差，其效果就能极好地体现出来了，这样就可以防大雨（防大雪）和夏天挡强阳光了，当然用高科技把雨"提前"或"推迟"也是解决问题的一个重要的思路。我的方法不仅能完全使其成为国际国内大型活动主要是指体育比赛的体育"场"，而且能完全使其成为关键时候的"全天候"的体育"馆"，所以其名称定为"某某体育综合（或中心）场馆"也是可行的。

按照我的方法，其工程的改造也不是很难，现在进行仍然比较可行，这样一来，就可以"一劳永逸"了。

> 建议鸟巢上面有南北走向的中间最宽约124米（顶棚开口的最

大宽度)、南北两边较窄的两条固定轻质轨道直到南北两边,上面有南北两边相同数量的数片轻质片状顶盖,要求可以根据需要进行水平移动和组合,每个片状顶盖下面东、西各有两个共四个轴承,连接在最大片状顶盖的东、西两边轴承连接点按照力学原理应尽量同步都向里安装一些,使其尽可能小于最宽的124米,这样"受力"将会变小,另外,开顶边沿最好向上高出一点,片状顶盖东西方向还要有一定的拱形弧度,其他较小的片状顶盖设计思路也是一样,两边对应的轴承连接点是变动的,即可以根据两条轨道之间的宽窄逐渐变化而进行合理同步和自动调节,不需要时每个片状顶盖可移到鸟巢上面南北的两边。

另外,只要进一步延长轨道,片状顶盖还可移到鸟巢外围南北两侧的地面上,以作为"实物景点"、"阳光长廊"或"阳光亭"等。如果鸟巢的开顶变小,其利弊都有,所以暂时可不考虑开顶变小,目前只应考虑搞不搞可以水平移动顶盖即"移动式顶盖"的问题。

评论:之后德国足球比赛的会场阳光棚和下一届日本奥运会的会场阳光棚只能挡阳光,而我的"水平移动组合式"的顶盖却是"全天候"的效果,所以我的思路应该是十分有创意的。我估计今后很快就有越来越多的国内国外大型会场可能会采纳我的这一思路。

2008年8月8日,北京奥运会经过精心创意策划终于正式开幕,历经半个月中间时而小雨之后的闭幕式也如期举行,但这中间我们对"大雨天气"是何等担心就可想而知了。

(五)意外之"礼"

北京奥运会全部结束之后不久,北京奥组委"突然"又给我寄来了与两年前我收到的获奖"纪念证书"完全一样的"纪念证书",这就是我在前面所讲的将要在后面继续介绍的那个"更有趣"的"大插曲"或另一个"大故事"。这两个"纪念证书"虽然完全一样,但是"大红公章"的位置还是有一点不同的，所以能够看出是两个证书，而不是"原样"复制的。这次收到之后，我应该也回复他们以确认收到了。

我分析原因，很大可能是因为开始我的名字印错了，我把错的证书寄给了他们，他们担心我万一收不到新的证书，就给我一下子印制了两个，其中留一个备用再寄，以保证我最终能够收到一个。在第一个新的证书收到之后，我应该立即就回复了电子邮件，他们也应该知道我收到了第一个新的证书。在北京奥运会结束之后，当清理工作之时，他们很大可能认为销毁这个精美的"备用"证书实在太可惜了，所以就好心地按照通信地址又给我寄来了一个"纪念证书"。

评论：这应该是全世界特别重要或最为重要的一种综合活动方面的证书，我不仅收到了一个，而且还意外地"多"收到了一个，两个版式完全一样，幸好"红色大印"的位置有点区别，不然其中一个就有可能被看成复制品了。这么重要的证书，我一人有"一式两个"或真正拥有两个，这很大可能就是"首例"，就是我重要的"与众不同"和我重要的"曾经第一"。同样，这很大可能也就是我真正的"独一无二"。当时的错字，现在变成特别重要的好事，这显然很有塞翁失马的感觉，这也十分符合事物可以发展和转化这一哲学辩证思想了。他们大导演的"一等奖"叫"优胜证书"，很有影响，我的"二等奖"叫"纪念证书"，应该也有不小或很不错的影响。这就像奥运的金牌影响很大，银牌甚至铜牌的影响也不会小、也会让人满意。我的"纪念证书"应该是我省的唯一。

第四部分

业余时间与奇人奇事

我早期在业余时间里做得比较有意义的事情主要就是看报刊和部分书籍，我的大部分文章也是在那个时期的业余时间完成的。由于工作性质的原因，我早期的备课和不少的改稿校对也是利用业余时间在家中完成的。在早期的业余时间中，我还把近一半的时间用在体育锻炼上了。之后，随着我的能力、经验和"金点子"的增加，我在有关方面还帮助过一些人创业和找到工作或新的满意工作。在前面的内容中，我已讲了许多关于自己的与众不同和曾经第一，不过我仍然还有一些是"可以"写出来的与众不同和曾经第一，甚至有的还是很极端或很极致的，这些我自己认为的奇人奇事中还包括两三个未来的梦想或未来可能的第一。

一、业余时间扫描

我的业余时间可能不像我写的论文和我获得的北京2008年奥运会开幕式、闭幕式创意方案征集活动证书那样丰富。除了思考之外，我早期就开始喜欢看《参考消息》、《合肥晚报》等有关报纸以及地理、体育、军事等科普、综合方面的刊物和相应的包括数学在内的有关书籍，然后逐步开始增加了20世纪80年代中后期有影响的《经济学周报》、《世界经济导报》，20世纪90年代的证券报刊和世纪之交之后的《天文爱好者》、《中国国家天文》等有关专业报纸和专业刊物，还包括相应的专业书籍，当然还有一些其他的报纸、刊物和更多的书籍。我家里有3500本以上的书，主要是社科、文学、综合、哲学、科普等方面的，不过我自己只有其中的三四百本，而且主要是侧重于科普、综合以及社科、哲学等方面的，我也经常浏览家里的其他书。我对很多方面的书都想浏览或大致翻看一下，这是我读书的最大特点。

虽然我的书较少，但是相对而言这些书的可读性还算是可以的。比如，前面早已介绍过的20世纪80年代较早时候就有的那本畅销全世界的《第三次浪潮》，就是我的第一本好书，而且是当时中国科学技术大学最有名的那位中青年教授帮我们搞到手的。随后，我又有了《领导者》、《大趋势》、《成功之路》、《改革与新思维》、《乱中求胜——美国管理革命通鉴》、《乌托邦》、《太阳城》。后来又不断有了《当代新学科手册》、《系统科学新论》，中科院主编三十本巨著丛书中的《科学难题10000个——数学卷》、《科学难题10000个——物理卷》、《科学难题10000个——化学卷》，科学出版社出版的《好玩的数学》丛书多本，《伟大的博弈》，《中国未来30年》以及《通俗哲学》，钱学森主编的《关于思维科学》，《叔本华思想随笔》，叔本华的《人生的智慧》，还有《爱因斯坦年谱》、《大爆炸——宇宙通史》、《时间简史》、《黑洞战争》、《大设计》、《科学与直觉》、《宏观人才学》、《创造学研究》、《永动机的神话》，最后就是2016年5月和6月新买的也是很喜欢的《一盘大棋》（此书对我写这本书有直接的推动作用，即没有这本书的影响，我至少暂时不会动笔写这本书），基辛格的《论中国》和他的《世界秩序》以及2017年才买的几本书中的《北大哲学课》这些书籍了。

评论：我自己一人的书虽然并不多，但是全家的三四千本书在数量上还是可以的。尽量不再多买书，已是我们家的重要"约定"，不然家里真没有空间了。我自己的书中，有几本特别喜爱，《通俗哲学》、《关于思维科学》、《科学与直觉》、《宏观人才学》以及大哲学家叔本华的书对我都有直接的影响和帮助。

我的父亲对我的影响和帮助，同样是很大的，甚至是最大的。他不仅尽量引导和鼓励他人和我的几个兄弟姐妹写文章，而且带着我这个"老小"写文章。

我早期的一篇文章就属于这种情况，这篇文章的标题是《崇俭黜侈》，属于"杂谈"，大概意思是讲，主张勤俭、反对奢侈，历来是我们的传统美德，即使是封建社会的帝王，他们中有的人也是这样。文章中提到朱元璋就是其中的一个，并举了一些例子。当然，朱元璋"崇俭黜侈"是为了巩固统治，但在客观上有利于生产的发展，有利于人民。我们的党和国家一贯主张勤俭、反对奢侈，我们要将这种作风保持下去。

字数刚超过1000字，第一作者后面也有我名字的这篇文章，最终发表在安徽省委讲师团公开发行的《理论学习》月刊1986年第2期上。

这篇《要正确看待某些消极现象》文章，与上篇属于同一种情况。这篇文章大概意思是讲，在我们这样一个大国里，没有一点消极现象，那是绝对不可能的，问题不在于有没有，而在于怎样对待，而且我国当前的形势是中华人民共和国成立以来最好的时期之一，这是任何人也无法否认的。但有的同志却夸大某些消极现象，甚至散布悲观情绪，否定改革开放，希望这些同志实事求是地看问题，积极投入四化建设。

这篇只有800字左右第一作者后面也有我名字的短文，最终发表在《安徽日报》1986年6月13日《新时期》专栏的论坛版面上。

评论：我在这两篇文章之前只有极个别的文章发表，这两篇文章的发表在一定程度上增加了我对写文章的兴趣。这一方法，对初学者比较有用。有了兴趣，一般就会自然而然动笔和不断提高了。我写这本书的情况基本上也是这样。我写这本书的最初念头算是从1992年的春天开始出现的，但一直动不起来笔，现在笔动起来了也就写得很快了，我还感觉到整本书的开头、篇章的开头以及章节的开头一般也都是很难或是最难写的。"万事开头难"，应该说的就是这种情况。

实际上，在这两篇文章之前的1984年8月，那时我大学毕业才一个月的时间，我的父亲就开始鼓励我写文章。当时，那篇《错对专业户不如古帝王》的文章，是写应该如何对待农村农业生产专业户的，大约1500字，好像只署了我一人的名字，不过好像没有完成发表。再往前一两年，因一知名报纸上的一篇文章，哥哥曾和我联名发表并由哥哥执笔和以哥哥为第一作者的一篇文章叫《为〈为钱正名〉的正名》，当时报纸上的原文《为钱正名》受到争议，所以我们写了这篇文章，结果却没有被这家报社采用。

还有一些写得不顺利的文章，这全部是指我早期的几篇文章。我早期经验较少，由于选题问题或写后总体不满意或没有真正写完等方面的原因，从而使下面这几篇文章就不好去或不能去发表，但其中的有些观点应该还可以。

在1985年11月完稿的《财政杠杆在工资改革中的宏观作用》这篇3500多字文章中，我明确论述了就业不自由（不自主）、劳动人员不能流动对工资体制改革阻力很大，主张实行总额工资制度并与"国民收入"等重要指标的数值和变动挂钩，"宏观"与"微观"相对而言，各省、各系统、各部门、各单位可以层层分解，从而充分发挥财政杠杆在工资改革中的宏观作用。

关于1986年6月完稿的《发展城乡企业横向经济联合必须解决三个问题》这篇只有1800多字的文章，我重点分析了人才、技术、资金这三个问题以及解决的方法，并提出通过"市带县"的方法来解决问题，应该是一条很好的途径。

基本上也算是同时完稿的《试谈谈与财政有关的两个问题》这篇小文章大约只有1000字，主要是谈一定时期或短期内可适度赤字这一问题，长期适度赤字应该也可以。至于能不能长期、要不要适度，"关键"要看效益（包括短期和长期的效益以及经济和社会效益等），这就是"举债"的管控问题，在有合理效益的前提下"举债"可以不封顶。但是"举债"越多，往往效益越低甚至是负效益，有没有效益正常情况下只是举债所有风险管控中的一种"核心"或常见问题，当然其他举债风险也应该考虑。总之，效益虽不是唯一的，但正常情况下应该是最重要的，其他的举债风险只能属于特殊情况了。

未完稿的《必须使工资收入逐步有较大的提高》这篇已写有2500多字的文章，只写完了第一个问题，即在一定情况下"消费也能决定生产"，所以有时也可以"不断适度"打破"工资"与"生产或消费品"的旧的数量平衡，从而建立相对的新的数量平衡。第二个问题只写了一个标题，即打算写改革不合理的价格体系，同时要稳定物价这方面内容，当时准备写几个问题现在已经不重要了，这篇文章大致也是那个时候写的。

我还在"平均分配、按劳分配、按需分配"三者比较分析方面进行过一定的探讨，不过文章只写了一个开头300多字，计划整篇文章的思路是这三大分配各有利弊，不能简单用好坏来区别，而应该根据不同时期或特定的条件来分析。比如，从一般情况看，产品极度短缺条件下应该平均分配，在正常的生产条件下应该按劳分配，产品极大丰富条件下应该按需分配，其中原始社会是低水平的按需分配，也可以说形式上像平均分配，平均分配与按需分配形式上接近但是本质上不同，平均分配是指大家完全一样或基本一样，按需分配是指大家基本一样或也是完全一样。从宏观上看，人与人之间的"基本需求"差别不大，所以可以说平均分配是极度短缺条件下的一种分配方式，按需分配则是在物质资源极大丰富条件下按照"每人大致同样"需要的一种分配或平均分配方式（也有特殊情况）。

评论：我在"能不能长期赤字、要不要适度赤字或举债"，"认为'工资'可以不断适度从有关的旧平衡向新平衡转换"这方面的分析比较新颖，而且都与我国目前通行的积极财政政策能够吻合，有关"平均分配、按劳分配、按需分配各有利弊应该根据条件而定"的分析也较有特色。

我对自己的文学水平是很不满意的，那时大概有几篇好像都没有投出去的小品文在这里只能有选择地提一下了。一是《口味》，主要是讽刺一些文章要符合有关人员的"口味"才能发表。二是《无话可说》，有两小篇，其一是说极个别领导叫人提意见，提后又不高兴，所以"无话可说"；其二是说某些人在工作材料或工作总结中大玩"文字游戏"，所以也"无话可说"了。

那时，我画过的一幅小漫画也比较好玩，名字叫《一刀切》，是讲一方面有些工作或事情不能完全"一刀切"，另一方面应该"一刀切"的时候，由于"刀口"残缺又没有效果或进行不了。那个时候，我还雕刻过三个5到6厘米大小的私人大印，其中刻有我自己名字的这一个，我一直保存到现在。每次在家中的玻璃书柜里看到它，我都觉得真好看、真气派。

我曾经在文章方面帮过好几个人的忙，有两三篇是专门帮他们新写的不长不短的普通文章，比如是《我国现阶段经济是有计划按比例发展的商品经济》这样的一般文章。另外，还有几篇是我利用我的原有文章通过一定的修改之后帮人忙的。

早期和中期，我还有两三篇很想写却一直没有开始真正动笔的文章，其中一篇大致叫"食利者阶层的有关影响"，当然这里一般是指负面的影响，探讨的是西方国家发展变慢与干事的人相对或绝对减少等原因存在关联。

再介绍几个最近六七年之内的这方面情况，我这几年中陆续给同一名香港较年轻的经济学学者建议过三个题目：一是在2010到2011年的时候，建议他可写"欧盟可能很快分裂"这类文章或评论，不论分裂与否这个题目都很超前。不过，后来这名学者在《欧洲经济评论》上发表的却是其他文章，目前好像又开始在美国等国家发表文章了。二是前四五年建议过"人口数量增长可能将被一些国家看重"这类题目，其中当然离不开人口的质量问题。三是最近这一年的最新题目应该是"旅游应当适度"这类题目，我国旅游过分集中负面作用很大。

大概在十多年前，我曾经建议过我爱人写一篇关于"教育资源共享要适度"这方面的文章。我认为可共享但要适度，不宜过多平均使用，共享可节约资源，但不容易得到管理和爱惜，当下的共享单车就是一例。改革的步子不能太小，太大了也不行。我建议要在教育资源的"调剂"上多做文章，处理好"早出人才"与"多出人才"或"广出人才"的关系，目前的重点是要把我国长期倡导的"早出人才"这个工作做好。总的来看，各省之间没有共享，各市之间没有共享，大学之间没有共享，应该都有各自的道理，但是其各自之间早已都有应有的交流，都有应有的"调剂"、"支持"、"支援"与"合作"等。总之，当前首要的工作应该仍然还是如何进一步做好交流和做好"调剂"有关方面的问题，或是"教育资源共享要适度"的这一问题。不过，她后来并没有写这篇文章。

虽然这样，由于我的爱人学习基础很好，前后还是发表了一二十篇教育方面的文章，她后期还以第一主编的身份出版了有国内外专家参加的全套幼儿教科书36册和相应的每本各有近40万字的教学参考书6本。

在我们这个大家庭中，学习氛围总体上确实是很浓的。我的堂伯父翻译过书；父亲是当时全国工会第八次代表大会教育界的几个代表之一，应该是全市教育界的知名专家；大家庭里十几人除一人之外，其他人都是或当过教师；先后有3人毕业于北京大学；我爱人出了一些书；我也发表过不少论文和获得过北京 2008 年奥运会开幕式、闭幕式创意方案征集活动证书等。

评论：以上提出的"食利者阶层"、"欧盟存在分裂风险"、"人口数量增长"、"旅游适度"、"教育资源如何使用"等都很能反映我的思想和我的观点，我感觉自己特别喜欢思考，除了思考之外好像还是思考，就是在梦中好像有时也是在思考问题。

我在一篇介绍西方"兔子理论"的文章中看到，科研工作一般分为三个步骤，一是确定科研项目（或课题）有无价值，这相当于可行性分析或非可行性分析，即草丛中或一个地方有无兔子；二是如果存在价值，就应该分析如何进行实验和完成这个过程，即开枪打中或射中兔子；三是完成实验或科研报告，以及形成成果或完成发表，即捡回或拣回兔子，从而最终完成这个工作，这就是科研工作的"三步曲"，即立项、实验或研究、形成材料报告或发表。一般情况下，我只是在第一个步骤中比较能够发挥自己的思考作用。

在撰写那些文章、积极参加社会活动以及阅览报刊、书籍等日常事务之外，我还把大量的时间花在体育锻炼上。

体育是我的几大爱好之一，大学的时候我的双杠以及单杠就已练得很好，工作以来的最早 8 年时间中，我最大的爱好还是双杠以及单杠。正常情况下，我平均每天用在这方面的时间有 3 个小时左右。因为我那时还住在父母家（父母家住在学校里），锻炼起来确实比较方便。有时我早晨也去锻炼一二十分钟，中午锻炼二三十分钟，傍晚锻炼一个半小时至两个小时是常有的事，就是睡觉之前一般也会去玩上半个小时以上。相对来说，我的"业余水平"还是可以的，双杠最多能撑近 60 个，"一下子"摆动就能在双杠上竖立起来完成标准的"大倒立"并保持一二十秒钟。一些锻炼时的精美照片，我一直保存到现在。在单杠方面，我最拿手的应该就是"双力臂"上杠了，没有经过一定训练的人，进行一次"单力臂"上杠都有点吃力，"双力臂"要比"单力臂"难得多，然而我却可以比较快速地连续进行十八九次甚至二十次以上比较标准的"双力臂"上杠动作——这就是激情，这就是力量，这就是爆发力。

我的"倒立"行走也还可以，篮球场上可以行走一个来回，超过四五十米应该没有问题。我在健美方面的表现同样不错，进入轻量级的"百里挑一"应该没有问题，不过现在早已不如当年了，幸好那时留下了一些算是很美好的健美照片。

很多人都喜欢集邮，我也不例外。实际上，我从20世纪70年代初大约只有10岁的时候就开始玩邮票了，那时还不能算是集邮，只能算是"玩"邮票。我上小学三年级时，同学送了我一些邮票，之后我的大姐很快又给我搞了三五十张邮票，那时我的其他邮票基本上则是从有关信封上搞下来的了。1980年年初，我有了一张并且还是我后来唯一的一张"猴票"，没几个月换给熟人了，还没过几个月，我又用好几张"文革票"把"猴票"换回来并一直保存到了现在。从1980年下半年进入大学的第一年开始，我才能算是比较正规地开始集邮了。先是有同学就是大学的那位戴同学送给我至少50张以上的邮票，后来我还在市邮政部门到我们大学校园卖邮票的车上买过好几次共计几十张邮票，那时这些买卖的邮票大多都是便宜的"盖销票"，当时能这样就已经不容易了。我工作之后，邮票的数量不断增加，我断断续续订了"月票"新票和"年票"年册，还和单位个别同事交换过邮票。邮票之外，我还收藏了一点钱币等方面的东西。以上爱好，到现在都已经没有以前那样强烈了。

2007年1月4日，我看到省城一张大报发起"合肥要不要设置'城市原点'"的讨论，为此，我写了《对"原点"进行质的变更很不可行》这篇刚超过1000字的短文并发给了报社，之后讨论好像很快就不再进行了。我在这篇短文中是这样写的：

我是合肥当地人，对合肥是比较了解的。现在的合肥是从当时已经消失的"合肥三国古城"遗址迁来的，而现在的合肥并没有"迁移"或消失，只是有点向南发展，所以"现在"没有必要对"原点"进行质的变更或进行新的异地设置。我们中华民族的发源地（即中华民族的原点），就一直被认定在黄河一带，是不会因为沿海地方的发展而变动的，只是政治

作者体育锻炼的早期照片（大约1986年）

文化中心变动到了北京，经济中心变动到了上海，以及我国的几何中心还是在兰州（欧亚大陆几何中心也还是在乌鲁木齐）。再说，虽然市政务中心变动到了"西南角"的市政务区，但省政务区很快就要在"东南角"建成，还有东北角的"新站开发区"、"职教城"和西北角的"空港"开发区，以及正北面的发展也都很快会发展起来。这样一来，就是我们省城的"几何原点"可能还在老城区的中心，虽然这是经常变动的，但是变动不大，即与合肥目前老城区文化"发源地"的原点相近。总之，合肥的"发源地"显而易见还在老城区，市政治文化中心变动到了市政务区，省政治文化中心还在合肥市，但正在向合肥市的"东南角"变动。用长远发展的眼光看，"三十年河东三十年河西"，南进政策北向发展，其结果"几何原点"或"几何中心"还在合肥的"文化发源地"或老"原点"附近。所以，对合肥未来的城市发展方向（或方位）不会产生"质"的变化或影响，况且这一"城市原点"（比如包括几何中心和发源地或文化发源地）也不一定就在城市绝对的"正中心"，关键的是城市发展一般不能离开城市的文化底蕴或"根"即发源地。另外，我认为就是城市的坐标原点，目前仍然是在老城区的"中心"，甚至还与老城区发源地的原点吻合。总之，我最终认为目前还不需要开展重新设置城市原点这方面的讨论。

我二三十年前曾经做过扶贫工作。和二三十年前的扶贫工作相比，现在的精准扶贫更好，很有针对性，能够对症下药，但是要处理好"扶贫致富"与"劳动致富"的重要关系。"扶贫致富"的动机或出发点应该没有问题，也可能达到致富的目的，也符合"哲学"上的"动机与伦理"的命题，不过这是静态或单个的分析。如果我们从整个农村的扶贫工作来看，"扶贫"本身也应该是没有问题的，"扶贫致富"是否正确就要认真推敲了，"扶贫"没有效果肯定不行，"扶贫致富"又与"劳动致富"明显矛盾，因此我认为只有"适度扶贫"或"合理扶贫"才能持久进行下去。虽然从来没有讲过是"扶贫致富"，但是我们的宣传中大多是通过"扶贫"如何"致富"的报道，这里的宣传导向有问题。现在极少数的贫困农民想"等着"扶贫或扶贫致富，这是快速致富的捷径——我们等着你们来扶贫，而且能够得到"扶贫致富"更是求之不得。这"等着"本身也不能算是什么错或大错。我认为合适的方法应该是，开始的步骤都还是正确的，只是在扶贫到一定的程度时，比如都已经超过几个或少数最贫困地方（一般只是相对于"当地范围"而言）的时候，这时就应该"合理"逐步抽出力量再去扶贫新排名最贫困的地方，以此类推，这样应该比较可行。关于扶贫力量"逐步"转移之后，原有的部分地方可能出现相应降低效率或返贫的问题，这可根据实际情况解决。所以，宣传工作的导向应该是宣传有多少地方通过扶贫已经脱贫，而且这些地方还将会进一步通过"劳动"致富。总之，"扶贫"与"救灾"很不一样，"扶贫"目标不宜是致富，或应该是"起步"、"观念"和"扶志"的问题，"救灾"目标合理一步到位或客观上致富应该是可以的。

我们常说不要评论人或议论人，而且更不要背后议论人。我们也知道，这里的议论一般是指"说人坏话"，其实这也不能一概而论。大家想一想，我们如果"特别关注"什么事或什么人，总想议论或评论一下，这也是人之常情，如果又没有好的场所或渠道，也就只能这样，不然多少有点虚伪了，当然其动机和目的不能有什么问题。在实际生活中，我们没有哪个人不议论人或不被人议论的，比如我们经常议论什么事或什么人这方面不好、那方面不好，但要客观和一分为二，不要添油加醋。虽然如此，有时还是确实存在负面作用，不过有时也能起到告诫我们自己一定不要发生这方面事情的作用，甚至把话传过去还能提醒对方需要反思和改进。一些当面不好说的话，私下可能好说一点，有关的"度"也要把握得当。如果没有场所可以当面去说，也没有渠道可以反映，又不去议论或发声，大家的一些正常心声又怎么能够让有关的人或部门知道，一些事情或工作又怎么能够提高。

我认为，现在的处罚也有不尽如人意的地方。相对来讲，知法犯法的人，对他们的处罚应该加重一些，但不能过重，不然知法所带来的"负担"就会过高；反之，也不能因为不知法而处理过轻，所以处理不好的话，以上两种情况都可能会造成一些人不愿意去知法了。另外，处罚要有效果，还要轻重合理。

当今城市发展很快，楼房电梯尤其是住房电梯因为费用问题经常造成维修、维护比较困难。不论目前在实际中是怎样收取费用的，一年或一定时期内基金如有节余应归物业或有关公司所有，反之应由物业或有关公司承担，这样可以促进物业或有关公司管理工作质量的提升。

目前，我们国家有的知名电商尤其是最知名的电商估计都已经有了自营或加盟工厂，这样不仅可以降低采购价格，而且可以提高质量、减少假货。同时，"品牌"的影响效应也能一步到位。基本上可以说所有成功的大公司关键时期或关键时刻的资本经营扩张都是这样进行的。总之，该收缩的时候要收缩，同样该扩张或能够扩张的时候坚决扩张，这就是"事半功倍"的作用。

我还对一些名句进行过修改。比如，"得人心者，得天下也"，我把它修改加工成了"得方法者，得人心，得天下也"。我还把"君子爱财，取之有道"修改加工成了"君子爱财，取之有道，用之得当"。另外，现在流行的"先进性出政权"这一提法很好，没有税收不能运转，税率为100%，企业不能生存，所以"税率"必须合理。当下，零钱尤其是零币版本过多，造成这些零币被过度收藏，这是市场上零币不够用的原因之一，过于精美和崭新造成被过度收藏也是原因之一，后者的问题应该很难解决，这是因为不搞精美和崭新也是行不通的，当然零钱和零币流通中的"沉淀"也是原因之一。零钱包括零币过度增加版本除其他合理作用之外的防盗版这一作用很不可取，另外实际价值或材料价值也不能接近或更不能超过面值才行。

关于大家经常议论的"桌子与椅子"、"鸡与蛋"等问题，我认为这不是同一类的问题，可能是同时或不同时出现了桌子和椅子，然后联系配合到一起了，"饭碗与筷子"等方面的有关问题应该也属于这类问题，至于"鸡与蛋"哪在先哪在后这类问题就是"哲学"上的重要难题了。我认为，这应该与进化有关，所以必须要跳出"鸡与蛋"的关系来看这一问题，才有可能将这一问题理解清楚。因此，我认为，要从"单看"鸡或狗或人是如何进化入手，就很好理解了。比如就看鸡的进化过程，开始最初是由单细胞、多细胞到早期的鸡这一过程，早期的鸡很大可能就是直接生出小鸡的，只是后来体内和外部条件（比如温度）发生变化，导致鸡通过不断适应条件或环境变化后直接排出带有一定硬度外壳或膜的卵并孵化出小鸡，这一进化过程可能需要很多年。一开始，小鸡的外壳或膜可能较软，然后进化到现在硬度适中的外壳，按照这种进化的可能性是较大的。反之，反向进行或反向进化或反向变化到以前的"胎生"的可能性在一定条件下也是存在的。所以，我认为"卵生"或"蛋生"来源于"胎生"，先有"胎生"然后才"进化"出"卵生"或"蛋生"，而且应该是很多或几乎所有动物进化的一般规律，完全不需要对"鸡"和"蛋"都去做所谓的"进化"研究，只需要对"鸡"去做正向进化研究就真正可以了，当然也可以去做"蛋"的反向进化研究，结果一样的，"蛋"仅仅是由早期体内的一颗"卵"进化来的。这就等于说，只要首先回答或假设"鸡早于蛋"，然后从进化的角度来证明是否成立即可，如果能够成立即为证毕。通过以上分析，我认为很好地完成了证毕，所以"假设成立"。这也就等于已经很好地"精辟"回答了"鸡与蛋谁先存在"这一千古哲学难题。可见，"鸡与蛋"的关系问题既不是一个真正的难题，又不是一个伪命题，只是大家思考的思路存在问题。现实中的蛇好像就有胎生和卵生两种，这里也可理解成是进化过程不同阶段中的两种具体形式，天文学上也是从处于不同阶段的恒星比较中来研究恒星变化或演化的。未来的狗甚至我们人类也有可能进化成"卵生"或"蛋生"动物，当下的容器胚胎培养试验就相当于从体内向体外的过渡，不仅最终成功的可能性大，而且很快就会使天方夜谭或梦想变为现实，这就是未来所有身体"负担"或"负重"的完全彻底"解放"。

　　还有一些是大家的习惯，比如是枕头还是枕脖、枕颈的问题，大家普遍喜欢"枕头"，但从科学的角度上应该是枕脖或枕颈，"把头枕高"并不科学，所以"高枕无忧"也应该是不科学的。"枕头"、"枕脖"、"枕颈"中的"枕头"不科学，"围巾"、"围脖"、"围颈"中却没有一个不科学、不准确，其中"围巾"是全面的，也包括围头等部位，"围脖"、"围颈"是具体特指的。

　　我十多年前曾经给一家知名的天文科普刊物发去过一封电子邮件，主要是建议增设"天文猜想"栏目。我在电子邮件中谈到以下观点：一是我认为"太阳黑子"有可能是太阳内部高温条件下形成的核废料（渣子）并在其11年的周期中不断进行上下循环。因为是渣子温度较低一些，故称之为"黑子"，黑子向低纬度运动是因为太阳密度小和自转的原因，有黑子的地方比周围低500千米可能是温度低而不再膨胀的原因，不是磁场影响了黑子，而是黑子影响了磁场，并且这一点特别重要。太阳或恒星存在越久，一般"黑子"较多，这已经基本上被证实，甚至有的已经达到其表面的一半以上了，即恒星的老年斑。二是月球因为其分布的物质"比重"存在差别，这应该是固定的一面正对着地球的重要原因，然而不少材料一般是认为月球自转正好到这个程度了。三是我们所讲的宇宙一般就是指我们所在的宇宙，目前已知的这一宇宙视野"半径"至少是137亿光年，就像我们不在太阳系的中心、银河系的中心一样，我们应该也不在我们所在宇宙的中心。我认为，假设就是这么大，随着天文望远镜技术的提高，总有一天在137亿光年之外比如是200亿光年或300亿光年的地方能突然发现新的星空或陆续发现许多的星空即新的宇宙，新的宇宙与我们所在的宇宙可能完全不相连，也有可能部分相连，总之，这就是"天外有天"，而且很可能都还是"无中生有"或从"混沌"中产生的，这就是"宇宙泡"。许许多多相连或是不相连的"宇宙泡"，这就是"多重宇宙"的概念。没有绝对静止的宇宙，我们所在的宇宙正在膨胀甚至最终将会膨胀到消失但会为周边其他的宇宙增加物质内容，从另一角度看，周边其他的宇宙可能已开始吸收我们所在宇宙的物质，造成我们所在宇宙"不断加速"膨胀即超过空间引力临界点后对方的"暗能量"（比"暗物质"难理解）开始逐步产生作用以增加周边宇宙密度并收缩成黑洞或再次大爆炸，此消彼长，不断循环，这可能就是"暗能量"。反之，如果我们所在的宇宙正在收缩，我们的"暗能量"将会"加速"吸收周边宇宙的物质。而且，从两颗恒星或两个星系之间的实实在在物质吸引中，就能得出这个道理。这就是对此消彼长的"多重宇宙"或"永恒宇宙"的理解。但该刊物最终给我的回复是"我们的刊物是正规的，未定论的内容不予刊登"。

我们回头看一下，当年第二次世界大战中，日本最终没有向北（或西北）进攻苏联而是选择了南下。我认为，一方面是因为日本不愿意作为主角德国的配角，这一点很少有人去分析；另一方面是因为日本过于自信和妄想独霸"亚太"（包括南亚等），成为唯一的主角或东方唯一的主角，最终就有了这一结果。

我们都知道，国与国之间的多边关系经常不好处理。比如两个"存在矛盾"的大国A、B各有一个"所谓"较大的盟国a、b，而且担心盟国会逐步不听自己的指挥。通常情况下，A与b也会存在大的矛盾，B与a也会存在大的矛盾，也许下面这种办法比较可行：就是两个大国"谨慎"通过秘密会谈之后找理由几乎同时在一定的时期内把各自所谓对立大国的那个盟国慢慢削弱或不断小打，以免出现大的战火，这样一来，盟国a或b一般就不容易再出现"喧宾夺主"，同时两个大国也不容易再受到各自所谓对立大国那个盟国的一些威胁了。经过一段时间之后，根据需要这一办法还可重复使用，其"副作用"不大。这就是"一箭双雕"的妙处。

评论：我对"原点"、"扶贫"和"议论"的认识应该很有见解，我在"处罚"方面还曾发表过文章，关于"名言"的修改或理解方面也少不了特色，就是在"桌子与椅子"尤其是在"鸡与蛋"这类哲学问题以及"天文"等方面的观点更具经典，更是"独一无二"的。另外，全书还有更多的"亮点"。

我早期制作的卡片中，就已经有相关方面的想法了。当时主要是为了写《学会思考——青年实用方法入门（手册）》那本书而准备的，通过"读一读"、"想一想"、"试一试"，《学会思考》这本书可能将会令你"与众不同"，这就是当时这本书封面的初步设计思路，这也是现在这本书的前身。然而，因为种种原因，我那时最终没能动笔去写，现在只好在这里"有选择地"用一两面来介绍这些"卡片"了。

我认为，可以把"工作认真化，生活趣味化"作为一个人一生的重要目标之一，工作要有敬业、工匠精神，生活要风趣、幽默，人的一生当然还要有尽可能多的知识和创造性。关于自信方面，我认为"自信是相对而言的，不是绝对的"，不自信固然不好，绝对自信就很难进步，应该也不存在绝对自信的人，自己敢讲自己短处的人一般属于自信的人，而怕别人说自己短处的人一般则属于不自信的人。我还认为，"人生如戏"，所以就一定要争取演好人生的这场大戏，不要悲剧，要喜剧。只爱家人或丈夫或妻子的人，是一个十分自私的人，我最赞美的人就是具有"博爱"情怀和爱心的人。人的自控力强，"理性"偏多不一定好，自控力偏弱有可能也是不错的，甚至在某些情况下是很好的。重理性与重情感的差异比较，各有优点和缺点，基本上也是这个道理。人的目的或人类社会发展的目的，就是为了最终有积极意义的"吃、喝、玩、乐"和渴望求解"我们从哪里来，到哪里去"这一谜题。能够发现问题又能解决问题当然很好，不过不制造问题应该更好。

我的这些言论中，有部分是经济方面的，比如可用"机动基金"调节经济发展的冷热；举债并不可怕关键要看效益；"计划"并非不好只是方法或手段落后；主导经济不是非要占比一半以上，只要能够起到"主导"作用也可。这些方面的内容，在前面基本上都已经专门讲过了。

我还有几篇"随笔"，现也打算简单介绍一下。一是《从高考分数看人的作用大小》，这篇文章有七八百字，主要是讲有的学生高考以及大学学习偏科十分明显，但这类人往往也有或更有可能做出特殊的贡献，这就是写我自己的情况的。二是《征婚启事中的用词要求》，这篇文章只有六七百字，主要是讲用词不要俗气、不要夸张，尽量多写爱好，还要有一些风趣等。三是《爱的艺术》，这篇文章有1700字以上，大致是从"被爱"、"能否和怎样接受爱"、"去爱"、"能否和怎样给予爱"这四个方面进行分析的，"爱"一般可分为爱自己、爱他人、爱国家、爱全人类（全世界）以及还有"博爱"等。四是《男人女人谁更聪明》，这篇文章也只有六七百字，从哲学的角度看，世界上没有两个完全一样的事物，其中包括我们"人"，有静态的分析，也有动态的分析，数千年以来从母系社会演变到今天的格局，当然以后还有可能再次改变。总之，"同等"是相对的，"不等"却是绝对的。五是《假如是你》，这篇文章更短，只有三四百字，主要就是想说明对许多问题的处理都需要"换位思考"，这就要求我们必须做到"假如是你"，你应该怎么办。

评论：重新整理和学习大约是30年前的这些"卡片"，从中基本上可以看出我早期出书的打算，从中同样可以看出我早期在人生、经济、哲学等方面的点滴思想。

我还经常给一些人帮忙，这虽然是情理之中的事，但是其中还是有好几件事值得在此提一下。比如2001年前后，我支持朋友开办的霓虹灯经营店得到了不错的发展。2003年8月份前后，我在省城好路段步行街北面附近帮助另一朋友开办的一个大约有近10名工作人员的店至今好像没有赔过一天，其效益比想象的要好不少，也比预期的要好不少。之后没过3年，一家全国著名的歌舞娱乐公司，主要就是受我帮忙的前面那个10人经营店影响，来到我们省城宁国路开办全市一流的大型歌舞娱乐公司，我还在这个公司选址、起名、经营模式等方面给予过一定的出谋划策，当时省城电视台还以"文化"大餐宣传报道过此事。之后又没过3年，我又全权帮助了一家原先只有几十平方米的普通美容化妆店很快升格为拥有三千平方米以上的，总部在省城明光路的全市一流大型美容专业培训学校。

我爱帮助别人，除了上面提到的这些事，还有几件事我可在此提一下。

我在2005年1月份和6月份分别为《合肥晚报》和我省商报报道过的一名困难老人和两名学生给予过一点帮助，在参加汶川地震救灾捐款活动中，我也积极多做贡献……

评论：经常关心和帮助人已是我生活和人生中的重要组成部分。我时而认为，这方面有的人一个半天的报酬是200万美元，有的人是200万元人民币，我虽然偶尔可能得到的只是2万元左右人民币，但是我并不收取甚至还经常帮助对方支付零星费用。不拿群众的"一针一线"，这是我做事的原则。

二、奇人奇事一览

我们知道，世界上不仅绝对没有两片完全一样的树叶，而且有些树叶还存在着明显的不同，甚至有天壤之别。我们每个人一般也是这样，有的人爱好文学，有的人爱好科普；有的人粗心，有的人细心；有的人爱动，有的人爱静；还有很少的人特别喜欢思考，同样也还有很少的人特别与众不同，其中有的人是主观上喜欢刻意表现为"与众不同"，有的人客观上就是天生的"与众不同"。

我应该就有不少"与众不同"的地方，这里包括有关方面的言论和观点，当然还包括较多方面的行为或事情。其中，有的明显还是能够"量化"的，甚至有的可能还是某些方面的"第一"，这应该就是我的"奇人奇事"。

实际上，我的许多有特色的言论、观点、思想以及部分与前面内容有直接关联的奇特行为或者事情，在之前的有关篇章中已经讲过不少了。在这里，我原则上只打算把一些还没有真正提到的趣味故事介绍一下，以增加本书的可读性。

很多人都酷爱旅游，我却不是这样。我刚开始工作的第一年即1984年，这年我才工作好像还不到1个月的时间，单位就征求我的意见要我于8月份去我们省的黄山培训基地参加短期业务学习，我最终还是因为种种原因放弃了，后来又有一些去其他地方的机会，我也都放弃了。前几年，我从黄山周围或山脚下的"翡翠谷"经过一次，但是不能真正算上过山，以致我长期以来直到今天一直没有真正上过黄山。

　　关于"北上广"方面的旅游情况，基本上也是这样。我有几次机会可以去"北上广"，当地的亲戚很多，我怕看不完或不方便就没去了。我完全就没有去过北京，不过在1999年火车经过上海站的几分钟短暂停留时，我算是上了站台，并且还好好地站了一下。其他地方就不太需要介绍了，只有庐山、青岛、杭州、深圳以及离我们安徽最远的我国西北角喀纳斯湖等少数一些地方，我先后去游玩过。祖国的首都和第一大城市以及本省的黄山，我都没有真正去过。我显然就是一个很难遇到的"特例"，其中真正的原因之一就是我确实有点不太喜欢旅游，不过还有一个真正的原因，这就是我更加喜欢天文了。

　　中国的四大名著应该有很多人都知道，有的是全部看过甚至看了多遍，有的可能只是部分看过。然而作为一个综合性大学文科毕业的我，却一直没有好好看过四大名著。高中毕业前后那段时间，我虽然翻看过《三国演义》的前一两页，"话说天下大势，分久必合，合久必分"这一开篇名句可谓经典无比，但是我还是没能坚持看下去。随着年龄的增长和好奇心的增加，我很快有选择地翻看了《红楼梦》中的一二十页精华部分，然而这次我还是没能坚持看下去。另外两本《水浒传》和《西游记》，我就更是没有翻看过了。这在一定程度上注定了我从很年轻的时候就开始不爱好文学，所以我后来只阅读过国内和国外少许纯文学和传记方面的书。我不怎么爱好文学的原因当然是有的，直言主要就是我更加喜欢综合和科普这一类的书籍、报刊和资料。后来我感觉到爱好文学的人一般只是侧重于浪漫、情感这方面的想象，相对比较适合纯文字、纯文学方面的动笔或写作，文笔比较流畅，因为感性偏多，往往欢喜和痛苦都相应偏多，而爱好综合、科普以及自然科学的人一般比较侧重于创造、理性这方面，相对比较适合论文、学术专著方面的撰写，文笔较有力度，因为思维方式和性格稳定的原因往往有关波动相对偏少。总的来说，后者应该更适合我。

　　在前面写的关于"承包"的那篇文章中，我已经提到机关以及党委部门应该也可引入"承包"机制，就是其中的"人事提拔"制度应该也能参考"承包"机制。现有的制度都是"人"制定的，制度固然重要，如果能够合理通过"人"的作用来弥补"制度"或多或少可能存在的不足，总体效果可能更好。目前的集体决定政策一般存在责任不够量化、责任不够具体到人这一缺陷，其结果往往是责任不明，出了问题不了了之。与其这样，倒不如合理引入或参考"承包"机制。比如，有关领导或个人可以"合理"推荐关联岗位或其他岗位的人选，然后组织上的主要工作就是对"人选"进行备案和跟踪考核其所开展的工作，不仅要对有关"人选"奖罚分明，而且要对推荐人奖罚分明，这就是我认为的"承包"或"人事承包"。如果被推荐人受到了奖罚，即使推荐人工作岗位发生了变动，原则上也要对推荐人进行奖罚（就算推荐人存在离退休等情况，也要对其进行合理奖罚）。另外，被推荐人在工作中可能会出现"后天"或好或坏的巨大变化，就是这样也应该对推荐人进行合理和相应的大的奖励或惩罚，我们常讲的"终身制"或"终身责任"就是这么一回事。在"党员发展"等工作方面，我认为也可以采用或参考这种方法。可见，在"伯乐"和"自荐"的工作方法中采用以上方法比较可行，不妨一试。另外，党委领导下的政府负责制与董事会领导下的经理厂长负责制存在相似之处，党委和董事会应该重点关注大方向和在大的方面选用具备什么才能、品行和思想的人，政府和经理、厂长应该重点关注工作的完成，按照"宝塔式"的方法，越是上层，党委和董事会越要发挥作用；越是基层，政府和经理、厂长越要发挥实干作用。

评论：如果一个人喜欢思考，还是发散性思维，那么这个人就有可能有写不完的"奇谈怪论"。换句话说，话题总是讲不完的，所以就是以打引号的"奇谈怪论"为书名，有的人也能写出一本有模有样的"奇书"，即《"奇谈怪论"》。我前面的一些想法，应该就属于这类"奇谈怪论"的范畴，当然也可能还有一些其他的想法。

早就应该搞"光盘"行动了，不然餐桌上的菜饭甚至酒水饮料等方面的浪费势头就很难遏制下去。我在这方面的表现应该很好，比如我在我们市政府的餐厅吃过8年，而且很喜欢最后一批去，所以服务人员对我的印象就特别深，并时而说我是最不浪费的一个人。不仅如此，我还经常把自己的桌面以及同一餐桌的其他桌面顺手搞得整齐和干干净净，用后的餐巾纸如果不怎么脏，我还经常带着或撕下干净的部分带着留作他用。在我回到本单位工作的这3年中，我把这些很好的习惯都原原本本地带回了我们自己的餐厅，所以同样也经常能够得到我们餐厅服务人员的"点赞"。就是在我们窗口正常工作或去书店等什么地方的时候，我一般也能顺手把窗口大厅或书店书架等有关地方搞得很整齐和很清洁。

一个人有没有水平，与"木桶理论"应该相反，"木桶理论"是看木桶最低的边缘或边沿，而人的水平应该是看他的最大贡献。所以，我对自己当年高考一人数学、地理两门高分（可能是当时全省的唯一或极少数人，不过总分并不高），是改革开放早期全日制综合性大学经济系本科毕业大学生，有学士学位，大学期间高等数学、体育以及高等统计学成绩特别好（不过其他成绩却很不好），曾经发表过几十篇观点普遍都很超前的经济方面的论文，获得过国际最大赛事北京2008年奥运会开幕式、闭幕式创意方案征集活动证书，以及建议修改相关部门共同决定的省城道路有关"命名"公示而获得证书，并可能成了推动这方面活动的第一人，还包括第一次写书就能写到近300面而且自己满意、速度很快（因与工作有关，故"全部"是在工作时间中一周五天边工作边写的，估计头尾不到一年就能完成初稿，其中电脑坏了约占一个月，公务约占一个月，实际写作时间不到十个月，比计划快了一两倍）、过程轻松、看点不少等这些情况，还是很自信的——不然就没人信你了。

我们在工作和生活中就有一些不自信的表现，特别明显和常见的应该就是推销保险的业务员了。我对这些业务员说过，业务员是来"介绍"或提供有关服务的，正常情况下不应说是来"打扰"的，我们对你们提供的产品或服务满意，我们就会购买。如果业务员自己都不自信，那么我们很有可能就要怀疑了。当然，也有一些是夸大作用和欺诈的推销，这些都是假的自信。同样，如果教书不自信，学生也很有可能会怀疑老师讲得对不对，也很有可能就不愿学习了。同样，不敢于承认错误和过于隐瞒短处、缺点，也都是不自信的具体表现。"敢于"就是进步的开始，就是进步和成功的一半。这类情况，都是这个道理。

什么叫职业习惯，我认为就是与职业有关的所表现出来的一种特征或特点。体育爱好者有运动的习惯，文学爱好者有动笔的习惯。我喜欢思考，所以就有了思考的习惯，而且因此还有一点不太会"笑"的特点，从而也就很难看到我带"笑"的照片，我周围的人一般都比我会"笑"。我还比较喜欢天文，从很小的时候起就喜欢看天空或晚上的星空，所以我在照相的时候最怕的就是我的"头"很难低得下来，以致照片上的"头"一般总是抬得很高，我周围的人普遍都不像我这样是"高昂的头"。同样的道理，我还有一些比较明显的习惯，比如喜欢用"数学语言"或用"数字"、"数据"来说明有关事情，据说"数学语言"是最"完备"的一种语言，因为"不完备性"理论认为几乎所有事情都是"不完备"的，当然我也喜欢用"哲学思辨方法"来分析有关问题。

天有不测风云，下雨打伞是常有的事，然而伞的最大问题应该就是伞边的小伞头（不是伞顶）特别好脱落这个问题，造成很多所谓的坏伞都被丢弃了。实际上，我们只要稍微加以改进，就能很好地解决这一问题。比如把支撑或连接小伞头的支架头部"打毛"一下，能有"倒刺"更好，小伞头最好用优质较软塑料制成，其"小孔"内部最好也"打毛"一下，这样小伞头就能与支架头部连接牢固了，几乎不需要增加费用。看似小事，如果大家能认可这种伞，实际上全国或全世界的市场是不会不大的。还有一些工艺也是可以容易改进的，比如家用电风扇尤其是小微风扇的风速要设计更好一些、更科学一些，当下的人一般更想要像"微风"这样的风，然而我们的电扇尤其是微风扇却普遍不是这样，其一档（低速）风速往往都偏大，后面一两个档经常用不上，因此我认为设计思路尤其是一档风速的设计思路需要改进一下，不然就不是"微风扇"而是"台风扇"了，改进后应该还能减少成本、增加销售。

一本好书可以说都有一个特别好的书名，"万事开头难"，也有这个意思，因为"头"起好了，下面写起来就容易多了，我以前写那些论文和写这本书的时候都有这种体会。修身或修炼，开始的一段时间如果能够坚持下来，后面的事情就好办多了。早期我还有一些论文因为题目没有起好而没有写下去。这本书的前身即1992年当时的书名《学会思考——青年实用方法入门》也因为起得不够好加上当时的写作方法（打算用"方法论"的方法）对我来说也不够好就更没有写下去了。当然，我曾经起过的有关书名，比如早期的《梦境集锦》和现在的《"奇谈怪论"》或《所谓的奇谈怪论》以及刚刚才想到的《颠倒黑白》等这些书名应该都是很不错的书名，只要我们能够坚持把笔"动"起来，一天写几百字以上，不出一两年就能完成，而且我想这些书应该还将会成为一些很有特色的好书或奇书。在这些书的每一重要地方如果能够相应再加上一些"分析"、"释义"或"评论"方面的内容就更好了。我认为自己的"点子"比较多，所以搞出一些比较好的书名应该是不难的。我几乎每天晚上甚至在白天偶尔的睡眠中都做一两个或两三个梦，如果我文笔真好的话，确实很想写上面关于"梦"的那本书，因为我30多年前就不仅曾经有过这方面的梦想，而且还写过一个"开头"，另外的两本书当然也很想写。不过，我除了思考等几方面之外，对自己在文字、文笔等有关方面的表现真不怎么满意。

我这次把本书的名字定为《独一无二——我的与众不同和我的曾经第一》，可见其中包含了以上两个方面的内容。其原先是《独一无二——我的与众不同和我的所谓第一》，即我"所讲"的或我"所说"的第一，而不是"所谓"的"否定"的那个含义，因为怕混同，后来改成了含有"曾经"这两个字的书名，好像读起来还更有力度，但最终还是改成了《我的思辨人生》这个书名。

我大约是从1992年7月开始玩股票的，当时没有涨跌限制，同年11月前后"氯碱化工"在上海股市上市的当天，我用4000多元钱以5元多一点的价位"满仓"买了800股氯碱股票，一两个星期之后就以当时那一大波"井喷"行情（400点—1500点）中的第一波行情（400点—800点）以14元9角3分的高价全部卖出，当时的800股不算少。当时，"氯碱化工"的最高价也就是15元整，而且可能还是这第一波中涨幅最大的一只股票（当时上海股市好像只有35只股票），当时有时一天能涨百分之四五十或更多，在一定程度上我"可能"就是当时上海股市这第一波行情各种股票所有股民中玩得最好的一个人即第一人，实际上，这主要是碰巧了。后来这些年，我也还有一二十次比较精彩的股票投资经历，但更多的却是不精彩的经历。

　　还有一件事与上面这件事在形式上是差不多的，但本质上差别很大。这就是 1997 年的时候，好像是当年的第四号国库券网上交易当初价位只有 105 元上下，本身的年利率是 10% 以上，10 年期的。当时通货膨胀比较厉害，不过可保值，当时曾在一天或半天中被"大资金"狂炒了一下，但立即就被制止和查处了，价位经过大约一天的时间回到了原位。当时的通胀有点趋好，降低利率已是显而易见的事了，我分析只要降低 1%，这个国库券的价位大致就能反涨 10%，因为是 10 年期的，而且不断降低利率甚至加快降低利率也有很大可能，所以我就全力鼓动整个办公室包括我在内的四名工作人员在低位时共买了两万元的国库券——我分析很快能涨到 170 元左右，我们居然有一人抱到了 160 元上下才卖出，因为还可保值，所以后来涨得比想象得还高出了很多。总之，我们通过谨慎分析只用两个月左右的时间，就赚了 50% 左右的收益。

　　目前，一些单位的工作人员尤其是公务员的跨单位、跨部门交流或内部轮岗虽然有一定的合理性，但是这方面的度和方法也要掌握好，不能为完成任务而交流，不能为完成任务而轮岗，因为"经验"也是一种生产力。这里的"度"可以理解成频率，使用的"方法"还要考虑到"民主"和"人尽其才"。不然，久而久之，我们国家这方面的专家就会越来越少了，"大国工匠"就会很难出现了。我们这个省城开展这项工作在全国是特别早的。同样的道理，我们完善这项工作也应该走在全国的前面，否则就不是"有头有尾"，反而就是"虎头蛇尾"了。

　　一个家庭内部或两个人之间的事，外人"原则上"不应主动过问，同样的道理，一个单位或部门或市或省等地方内部的事，或两个单位或两个部门或两个市或两个省等地方之间的事，外部力量"原则上"也不应主动过问或干涉，这就是我们目前常讲的"私了"即能够"合理"解决的问题应可"私了"，这种方法可行而且便捷。所以，我们更应该把主要精力和力量放在一些复杂、重要、维稳和发展上。

　　人的一生有三分之一是在床上度过的，一些人总感觉"睡觉"是多余的，认为睡觉就是在浪费时间。然而不去"睡觉"，"死亡"应该更快，即我所讲的"睡觉等于死亡，不去睡觉死亡更快"这一笑话。世界上曾经有极个别人有过这方面的不睡觉尝试，比如大洋洲的一个大国就有一个人有过尝试，好像后来还是放弃了。不过，我一般一天睡觉的时间只有五至五个半小时，中午几乎不休息，并且还想再减少一点，这也不一定就是错的。

评论：不浪费、爱整洁这方面的小事如果都做不了，"自信"就更难了，养成一些良好的习惯，多动脑筋，可以在有关方面做出相应的贡献。一个好的开始就是成功的一半，人人都有精彩的时刻，所以需要我们去发现，还可以主动去思考工作中的有关深度问题，就是关于"人员交流轮岗"、"合理对待私了"和"睡觉与死亡"这些话题也有亮点。总之，只要努力，我们这方面的"趣味"就不会少。

一套适合自己居住的房子同样能够增添这方面的"味"，我现在住的房子基本上就符合这个条件。我们居住的这个我们很满意的小区大约有1800套住房，如果不含二三十套联排别墅和其他楼房所有顶层复式房（复式房未必就好），我的房子就在其中最好的一个单元里，同时是小区最好的一个户型，而且是在这个18层楼的第8层即最东边的801室，所以也应该是最好的楼层（这一户型在这个小区的所有房子里最早被卖完）。双电梯且不与我们的房间相连，无震动，周围视野开阔，全明四阳台户型结构"倒L"型即往里带有向北直角走道很时尚，是全小区标准户型中的最好一种或一套，这也能算是我的"第一"。

我在大姐、哥哥、小姐的小孩培养上不仅没有少花时间，而且还动了不少的脑筋。比如大姐的小孩是女孩，她很小的时候，我就教她怎样学习和思考，怎样学习体育，怎样热爱劳动和尊重劳动人民。她特别优秀，在北京大学本科学习期间应该说每年都是班级的第一名或全校的并列第一名。受我影响，她后来还是北京高校女子武术队秘书长，同校研究生毕业以及北美硕博连读毕业后现在香港科技大学工作。哥哥的小孩也是女孩，大学本科毕业之后现在省城的省级重要单位工作。小姐的小孩是男孩，现也在香港科技大学工作（研究），其新婚爱人则是北京大学博士生毕业。这样一来，我们全家兄弟姐妹四家他们三家中包括我哥哥本人在内就有3人是北大的毕业生。另外，前面基本上已经说过，我爱人也曾经是我们省城初中的并列第一和全市高中的语文第一，后来也发表了一些论文和公开出版了40多册（本）幼儿方面的书。同样，我也有很多的论文和奥运证书等。我父亲则是省城教育专家之一并出版了几本书。

虽然我接触电脑很早，但是我这些年的工作主要是窗口咨询服务工作，以致造成了我现在的水平可能还停留在15年前的水平上，甚至还有滑坡。然而在那个时候之前，我一般用两个多小时或半个工作日的时间就基本上能够教会一个人使用五笔字型。其中一级简码25个对照键盘"从中间向两边"几分钟就能记住，而且能同步对应到相应的每一个键上，只死记不看键盘与相应的"键"很难对上，因为死记的简码大约有半数顺序与键盘上的键的顺序正好相反，从而头脑容易错乱。另外，当时我只是初级水平，居然用大约两天的时间就教会了一个中级水平的同事，这是外因即我的一丝不苟的精神在起作用，不过同事的内因（基本功）也是重要条件。

人人都有特别之处，没有癖好或怪癖不太可能，所以我们都有"与众不同"的地方，都是一定程度上或一定范围内的"曾经第一"，而且越是特别、越是怪癖，往往就越"与众不同"，就越具有"曾经第一"的可能。比如，我从20世纪80年代初开始到现在没有抽过一口香烟，不过有同学说我在1989年的同学婚礼上抽过一支香烟。就算这样，我也有近30年没有抽过"一口"香烟了，何况我还觉得烟味并不难闻甚至很香，所以叫香烟。成家以来，我从没有烧过一次比较像样的饭菜，甚至没有买过一次比较像样的菜，不过米和油一般是我去买。2003年6月4日（端午节）清早，我的心脏有一些很明显的不适，这种情况在20世纪90年代中期就有过两次（好像也是春夏之交），也是清早的时候出现过较轻的不适感觉，当时没有太注意，估计这主要与我在早期体育锻炼过猛存在一定关系，其中这新的一次可能还与当时那几年想着多吃能不能长胖存在直接关系。当然从这次开始，我就真正在注意饮食结构了，尤其是在这一次之后的三个月或一百天内，像我这样很喜欢荤菜的人，居然没有吃过一片肉甚至是一点蛋类食物，吃的主要就是黑木耳和蔬菜了。刚开始，我连续三天不敢真正睡一次好觉，我的体重从二十年以来一直保持的120斤，在三年左右的时间内猛然涨到130斤，在这一百天内却迅速倒降到了110斤，相当于一天降了二两肉，幸好几年后又恢复到合理的120斤并稳定了下来。当时北京大学里面的熟人还帮我搞到一份北京心血管方面最著名的洪教授关于健康问题的打印材料，这给了我一些帮助。一位老同事把这份材料带到单位内部有关部门，这个部门复印后加上说明还给单位所有的离退休老同事发了一份。后来书店里也铺天盖地很快地就有这位教授的畅销书了，黑木耳也跟着畅销、价格狂涨，"黑木耳"就这样变成"黑黄金"了。因此，我建议想减肥的人不妨多试一试这个"黑黄金"。

还有一些事比较好玩。20世纪80年代中后期，东方歌舞团来我们这里一座在全国都比较有名的"江淮大戏院"演出，我很巧成了1排1座上的"第一"观众。大约好几年前全国相声小品好像是华东大区这一片的评选汇演在我们这里一座剧院举行，我正前面的这一排连续几人都是全国这方面最知名甚至是第一的演员，主持人每介绍一人，这一人就站起转身向后或"等于"向我鞠躬致谢，当时我正好是在他们后一排的座位上，所以印象深刻。还有一次就是三四年前全世界当代最著名甚至是第一的足球明星即南美洲那位运动员来到我们市政务新区，我傍晚下班后路过某高档大酒店大门口，我在那里临时搭起的舞台或平台边得知了他来到我市的消息，并等了一两个小时，然而他们一行人饭后还是从旁边的什么地方不声不响地走了。

还有一些比较有名的"话"和宣传标语，修改一下之后可能更好。比如，有一句话"帮助别人，快乐自己"改成"帮助别人，快乐大家"可能意义更深。当然，标准提高了，有不少人就不容易做到了，其实"大家"中仍然包含着自己。交通标语"人生美好，步步小心"改成"步步小心，人生美好"应该更好，因为这样一来其"落脚点"明显就不是"小心"而是"美好"了。然而，"人人为我，我为人人"这一宣传标语假如不修改，前后颠倒与否都有一点不够满意，因为这个出发点和落脚点（或因果关系或动机和伦理关系）都隐藏着或带有"自私"的问题。不过，有一些比较重要的路名和地名一时不易或不宜改动的，最好暂时不要改动。比如，我们的市政府从市中心搬迁到七八公里之外西南角的市政务文化新区之初，当时报纸上就讨论市中心原市政府广场（又叫市府广场）这一名字应该怎样改动更好，我就去了这方面的"地名区划办公室"谈了自己的看法。我认为，经过三五年甚至更长时间之后就好水到渠成、顺其自然改动了，因为全市广大人民群众对这个"广场"太熟悉了，好像以至到今天已经大约10年了都还没有真正改动，就是现在我们仍然经常能够听到"去市中心市府广场"或"去市中心老市府广场"这类的话。

一个人活到高寿尤其是100多岁，是求之不得的事。这些老人生活方式或习惯不论好坏往往都很受大家的推崇，比如乐观、早起早睡（或早睡早起）、劳动（或家务）、爱吃红烧肉、咸菜等，我认为其中前三个显然是公认的，后两个就不一定了。我也有一些生活方式或习惯很有特色，除前面已经介绍的情况之外，应该还存在一些与生活或养生有直接关系的方式或习惯。不知对否，但或许好玩。比如，我在家从来不喝茶，工作33年以来在办公室最多只用过半斤茶叶，白开水也好喝，最近10年每年体检都没或不敢抽血，最近8年没吃过一次药（因工作接听电话和咨询过多吃少许含片除外），搬到新房7年在家没吃过一次干饭（单位在中午都是干饭是原因之一），这7年中除正常洗澡（夏天一天一次，冬天近一周一次）之外，还没有洗过一次脚（反而脚的皮肤更好，前面说过在足球场上还能"一脚定乾坤"，所以一定不会是足球场上的踢球"臭脚"）。冬天偶尔3天不洗一次脸，常年每天睡觉只有五个多小时，中午几乎不睡觉（最近10年工作窗口朝九晚五上班，中午不休息是原因之一）。所以，生活中总要有点所谓的与众不同吧。

除此之外，几年之前我仍然还经常自己给自己剪发或修头发，两三次或三五次过后才在理发店里正规理一次发，就是现在我也还经常为自己修剪头发，当然理发的小工具也有两三个，现在原则上都在店里理发了，但次数仍然只是别人的一半左右，因为两个半月甚至是近三个月才理发一次，每次留得很短、长到很长才去理发，所以每一次都有"焕然一新"的感觉。我早期还为家人、同事理过发。

再说一件十分不可思议的事，眼看这本书的初稿就要完成了，之后基本上就能很快轻松地抽出一些时间来好好做其他事情了。我写这本书是从2016年8月2日这一天"突然"开始写的，而且一下子就把绝大部分的精力集中到了这个方面，以致其他方面的事情几乎突然停顿了下来。我记得现在身上穿的这件"深色"长裤好像就是从那个时候开始穿的，中间没有换洗过一次，到目前应该已有十一二个月的时间了。如果确实是这样，那么就真不可思议了。这可以说明：一是写书专注，二是"忘记"卫生，三是免疫力强，四是还有一些比较耗时等方面的考虑。不过，我"很快"就有时间来换洗了。这是正面还是反面的"第一"，或是哪一个级别上的"第一"，我在这里就不打算再去分析和考证了。我们知道，有的人一辈子只洗几次澡，有的人不最终打胜仗、革命不最终获成功，就坚决"不剃胡子"，这些都有一点相似之处，也都有一点"习惯成自然"的味道。

评论：我的房子的房型只是我们小区最好的房型之一，兄弟姐妹四家三个北大毕业生这种情况可能在全国都不多，教人电脑的方法有极致的一面，有些"怪癖"或"癖好"应该能够成就自身的特色或与众不同，别人的方法不一定适合自己，自己的方法也未必就是正确的，有一些事"做与不做"需要分析，有一些事本身可能就没答案，能够尝试的事最好尽量去尝试，还有一些事即使是刻意或有意为之的也未尝不可，这样还有可能会使你拥有更多的"第一"。总之，一个人可以选择不同的生活方式或活法，这里当然可以包括同时选择几种或全部，这样就能够很容易地让你的生活或人生更加丰富多彩，这就能使你的人生变得广阔而不单一，这就能使你的一生变得更充实。所以，人生不仅要"节流"，而且更要"开源"，这样人生的时空就能真正得到拓展，进而等于相应延长了寿命，也等于一个人拥有了多种人生。

我分析问题不仅独特而且全面，前者是因为爱思考，后者要归功于很细致、很细心的缘故。除了爱思考之外，我的另一大特点就是心细。前面已经讲过，我的大学寝室卫生整洁程度被评为全校近一千个寝室的第一名，这与我的努力有较大的关系。另外，我工作以来，十七八年刊物的校对工作几乎没有错字，十四五年窗口的大量工作没有发现差错，其他工作大致也是如此。因此，我估计自己有可能是万里挑一、百万人挑一或很难找到像我这么细心的人，这显然也是我的"第一"吧。所以，一个人没有点所谓的"强迫症"或"强迫"行为应该也是不行的，这与"癖好"或"怪癖"行为的道理几乎完全一样，科学人才的特质也应该普遍是离不开这"怪癖"和"强迫"等方面的行为的。

不过，我早期生活中关于一个"加强排"方面的连载故事（其中还包括两名很特殊的人在内），在这里就不好公开介绍了。

我在"心理学"或实用心理分析上也有一点独到之处。我家中有不少心理学方面的书，这些书全是我爱人的。我大致翻看过其中的不少书，不过我一般只是采用"实用心理分析"，即通过我自己的亲身经历、自身体会以及我自己的实际情况、细心和耐心来开导别人，其效果比较实用，一般只需个把小时或半个小时甚至几分钟即可。我经常说自己有"三大困难"或"几大困难"，这几大困难一般人很可能一个也没有，就是这样我都乐观，别人基本上就不应该和没有理由不乐观了。我这么一说，一般很快就能收到"立竿见影"的效果，并在其他常见的心理问题上也都有较好的作用，这中间少不了真诚的话语，当然也知道乐观一般与所处的环境、期望值、父母遗传包括血型等存在一定的关系，我还认为减轻心理压力同样是一个重要的有效方法，当然我更认为能够真正帮助人和做好事的人就一定不会不愉快，所以这应该更是一个重要的有效方法。我认为所谓的心理问题，主要是要看当事人自己的感受是怕还是不怕、是偏向怕还是偏向不怕以及相应的程度，属于不怕的或轻微的心理特征（或特质）可能还是自己具有"与众不同"的一种真实体验，甚至还能促使自己成为有关方面的"第一"，因此不必过度治疗，如果是较重的，再根据情况而定。我平时爱思考，方法较多，"军师"、"智多星"、"点子大王"——有时别人这样称呼我，这种实用心理分析就是我的重头戏，我最喜欢的工作应该就是"顾问"或去"智库"尤其是去做"宏观工作"了。一个人既没有好的特色，又没有所谓的坏的特色，这个人很可能就真的没有什么"人味"了。

　　通过这本书的写作，一方面可以很好地锻炼一下自己，另一方面还可以把"独一无二"的我的"与众不同"，尤其是我的"曾经第一"，即一个普通人的"与众不同"，尤其是一个普通人的"曾经第一"写出来，这些内容的可比性对一般人应该都比较强，可读性也应该都比较好，所以这应该是一本能够连续看完和立竿见影的书，应该特别适合青年人和中年人阅读，因此应该是一本"励志"方面不错的书，也是一本鼓励一个普通人如何成就"与众不同"和怎样拥有"曾经第一"的好书。

　　因为不同的写作方式是不同个性真实的体现和推崇，所以尊重写作方式是一种进步——药好不好最终看疗效，"存在"就有一定的合理性，原来书可以这么写，原来我也可以写书。我用这种写法自然有自己的风格，也有自己的道理。整本书的题材和体裁，是用"讲故事+评论"手法完成的，总共大约写了好几百个故事和130个左右评论，其中还普遍包括了大量的分析和"方法论"以及"哲学思想"。总的来说，这是一本"自传"方面的书，但又有一点像综合、社科方面的书，正文共有四大部分，比较突出的重点是在二、三两大部分，并且存在着一定的因果关系。一般是因为有了前者才有后者，后者是前者的结果，其中前者的内容（论文）普遍都很重要，后者的内容中又以"北京2008年奥运会开幕式、闭幕式创意方案征集活动证书"（第三部分的第三节）为主即重点的重点，可见这本书实际上主要就是以上两大重点（第二部分和第三部分的第三节或第二部分全部和第三部分关于北京奥运证书内容）的结果或结晶。所以说，如果没有这些论文和北京奥运证书，也就不可能有这本书的写作和将要可能的出版。可见，我写这本书的目的，主要就是很想"介绍"、"宣传"和"推销"自己的观点和思想，尤其是我在经济或综合经济方面的观点和思想，其中包括有关方面的分析方法和部分哲学思想。

　　我还是很喜欢大哲学家叔本华《论天才》中的观点，人的才能一般分为干才和天才两种，干才较多，天才相对较少，干才比较适合普通工作，天才相对比较适合普通人很难干好的工作，总之是相对而言的，或是相对一个或多个方面而言的，或者也是相对一定范围而言的。然而，现在却有一种声音认为，经过观察，"猫"中没有"天才"，只有区别，有些人只是偏才、怪才或一定范围中的和一些方面的偏才、怪才，并且认为天才应该是特指"大天才"或是全才方面的"天才"。"大天才"一般比较好理解，"全才"一般应该没有，"全才的天才"应该是不存在的，前面的"大天才"虽然比较好理解，但是"大"的程度和范围则是相对的（实际上"全"也不是绝对的）。我认为，"天才"一般应该就是在一定范围中在一些方面具有特殊天赋才能的人，"大天才"固然是天才，是大范围有关方面的天才，"小天才"也应该是天才，只是小范围有关方面的天才，至于"天才"的定义是怎样的并不十分重要，"天才"在不同时空中还是不同的。比如今天的天才到明天不一定还是，一地的天才到另一地也不一定还是，所有的科学都是"相对正确"的，要用发展变化的眼光看问题，掌握好这个"度"，即使从小的方面来看，"三人行必有我师"的"师"显然也是"小天才"，"一字之师"的人也有一点"小天才"的正面含义，更何况在其之上一些不太小的"小天才"，把"天才"定义得过于局限，很容易禁锢"天才思想"的发展以及"天才"的产生和"天才作用"的发挥，一个大国或一大群人智慧第一的人应是大天才，一个小国或一小群人智慧第一的人则是小天才。从发散性思维看，只要有一群人的地方就有天才，一大群人的地方有大天才，一小群人的地方有小天才，我们人类是整个广义动物界（含高级动物人类）的天才，大猩猩和猴子等一般是普通动物界的天才。猫和猫不仅有区别，而且智慧相对较高的也应该是"猫"中的天才，蚊子中也应该有天才，即"天才蚊子"也应该是存在的——我们在实际生活中也确实能够感觉到有的蚊子"智力"就很非凡卓越——有时怎么打都打不到（不过我除蚊子之外是不杀生的）。因此，我认为到处都有"或大或小"的天才，天才都是"相对而言"的，即人人都有天才的特征。

所以，我将来很想给自己一个这方面概括性的总结，这就是：有点与众不同、有点曾经第一，有点思想、有点狂想，有点奇才、有点天才。不过，这只是我的几个"有点"而已，因此今后仍然需要加倍努力。

幸福的生活离不开创造，美好的人生少不了追求。我在前面或多或少介绍过的"三永"这三大梦想一定要坚持下去。

评论：从这本书中可以看出，我不仅分析能力较强，而且实用心理分析能力也较强，这是我最明显的两大强项（或方法较多、实用心理分析较好、心细三大强项）。同时能看出，这应该还是一本能够连续看完和"立竿见影"的励志好书，原来书可以这么写，原来我也可以写书，其中包括写作方式独特和创新，有档次、有气派，重点突出、目的明确，有故事、有观点、有思想、有分析、有哲理、有评论，对"天才"的理解很有特色，对自己的评价"几个'有点'"很有自信，三个"曾经第一"的梦想更是我三个"未来第一"的梦想。

最后，我还是认为，不是细节决定成败，细节只是决定成败的一部分，关键要看方向或决策。本书的题材和体裁应该没有重大问题，篇章结构也还合理，而且感觉文笔还有一点不同寻常和力度。所以，我对这本书充满信心。我觉得读者一下子就能看完这一本书。

后 记

这本书在我的努力和大家的支持下，终于完成了。这是我人生中继早期考上大学、工作中发表不少经济论文以及获得几个证书尤其是北京2008年奥运会开幕式、闭幕式创意方案征集活动证书之后的又一件大事。

本书主要是介绍我先后在论文中提出的"东引西伸"、"超前研究"、"经济预警"、"粮食转化"等理念，以及我在北京2008年奥运会开幕式、闭幕式创意方案征集活动等方面的成就，主要意义在于想让大家相信人人都能出书和人人都能成功，主要经验在于对素材的积累和对完成的自信，主要目的在于介绍、宣传和推广我的思想和观点，尤其是我在经济或综合经济方面的思想和观点，其中包括有关方面的分析方法和部分哲学思想，还包括介绍我的北京2008年奥运会开幕式、闭幕式创意方案征集活动证书。我写这本书主要是想通过向大家展示我的生活、工作经历，希望对我们大家的学习、工作和生活产生"立竿见影"的效果，主要内容当然就是体现在我对有关经济论文和北京2008年奥运会开幕式、闭幕式创意方案征集活动证书的介绍和评论等方面。另外，本书尤其是最后一部分的大量言论、观点和想法可能也很值得我们大家去交流一下。

我早期曾经有过写这本书的想法和少许的准备，但是很快就放弃了。当时的书名与现在的书名有一定的区别，与现在的这一写法也有一定的区别。我当时准备用"方法论"的手法写的，而现在的这本书《我的思辨人生》却改用"讲故事+评论"的手法写了，题材和体裁都有了变化，都有了改进。这次重燃"激情"，我倍感难得，所以倍加珍惜。

　　最终，一个特别不爱好文学和文字的人，实际上只用不到一年的时间"第一次写书"就完成了近300面而且过程轻松、内容丰富、看点不少的这本书。大书法家王家琰同志为本书的出版题字祝贺，一些同事提出了有益的宝贵建议，还有很多人也都帮了忙，在此一并表示真心的感谢。最后我认为，只要努力，大家应该都能成功或更能成功。

　　我知道，自己是一个很普通的人，如果这本书能出版和读者见面，同时还能受到一些对励志、综合、社科以及传记等方面书籍有兴趣的读者尤其是学者或经济学方面的学者和专家的喜爱，这样我就十分满意了。

二〇一七年七月十一日